教育部高校思想政治理论课教师研究专项重大课题攻关项目
“高校思政课习近平新时代中国特色社会主义思想教学案例库建设研究”
（项目批准号：21JDSZKZ01）

新时代
高校思想政治理论课
教学案例精选
（第2辑）

主　编　杨慧民　王新影

参编者（以姓氏笔画为序）
王　娜　王冠文　王晶梅　刘秉贤
刘鹏飞　杨丽丽　张　灿　张　超
屈　宏　赵　劲　贾　迪　葛丽君

中国人民大学出版社
·北京·

主要作者简介

杨慧民，大连理工大学思想政治理论课案例教学研究中心主任，马克思主义学院教授、博士生导师。累计44期在“中宣部、教育部全国高校思想政治理论课骨干教师研修班”上介绍案例教学经验。国家高层次人才特殊支持计划教学名师，马克思主义理论研究和建设工程重点教材《马克思主义基本原理》编写组主要成员，国家级精品资源共享课、国家一流本科课程“马克思主义基本原理”建设负责人，国家级教学成果奖二等奖获得者，教育部高校思想政治理论课名师工作室（大连理工大学）负责人。入选全国高校中青年思想政治理论课教师择优资助计划、思想政治教育中青年杰出人才支持计划。主持完成教育部哲学社会科学研究重大课题攻关项目1项、国家社科基金一般项目2项、教育部人文社科项目10多项。在《哲学研究》《光明日报》等发表研究论文70多篇，其中《新华文摘》等全文转载5篇。论文荣获辽宁省哲学社会科学奖·成果奖（第六届）一等奖。在高等教育出版社、中国人民大学出版社主编出版思政课案例教学专著、教材教辅40多部。

内容简介

本书是以马克思主义理论研究和建设工程重点教材《习近平新时代中国特色社会主义思想概论》的主要内容和逻辑结构为蓝本，以活化教学内容、激活课堂教学、推动教材体系向教学体系和信仰体系转化为着力点，以扎实推进习近平新时代中国特色社会主义思想进课堂、进学生头脑为理念而编写的教学参考用书。本书精选和解析了29个学理说得透、事例讲得活、学生听得懂、实践用得上的典型案例。力求既有平实的理论分析，突出思想教育性和理论深度，又有真实案例的细致刻画；既坚持内容为王，又注重学理渗透；既立足“高大上”，又着力“接地气”。全书取材新颖精当，内容鲜活充实，问题讨论层次分明，教学建议贴近实际，总结提升深入浅出，适合广大高校思政课一线教师和思想政治教育工作者阅读使用。

总序

新时代催生新思想，新思想引领新实践。党的十九大报告鲜明指出，“中国特色社会主义进入了新时代”。这是我们党准确把握我国发展新特点新要求所作出的一个重大政治判断。而作出这一重大政治判断的理论标志，是习近平新时代中国特色社会主义思想的创立。习近平新时代中国特色社会主义思想之“新”，主要体现在它创立于新时代中国特色社会主义的伟大实践中。

党的十九大报告将习近平新时代中国特色社会主义思想的主要内容概括为“八个明确”“十四个坚持”，党的十九届六中全会将“八个明确”拓展为“十个明确”，党的二十大报告将其概括为“十个明确”“十四个坚持”“十三个方面成就”。

习近平在党的二十大报告中指出，继续推进实践基础上的理论创新，首先要把握好新时代中国特色社会主义思想的世界观和方法论，坚持好、运用好贯穿其中的立场观点方法，并从六个方面作出概括和阐述，强调必须坚持人民至上、必须坚持自信自立、必须坚持守正创新、必须坚持问题导向、必须坚持系统观念、必须坚持胸怀天下。这一概括深刻揭示了习近平新时代中国特色社会主义思想的理论品格和鲜明特质，充分彰显了习近平新时代中国特色社会主义思想的真理力量和实践伟力。

“十个明确”“十四个坚持”“十三个方面成就”“六个必须坚持”内在贯通、有机统一，凝结着我们党认识世界、改造世界的宝贵经验和重大成果，体现了理论与实际相结合、认识论和方法论相统一的鲜明特色，共同构成了习近平新时代中国特色社会主义思想的科学体系。

学懂弄通落实党的二十大精神和党的二十届三中全会精神，深入推进习近平新时代中国特色社会主义思想坚定不移进教材、生动活泼进课堂、融会贯通进学生头脑，使党的创新理论全面融入高校思想政治理论课，更好武装青年、引领青年，筑牢青年学生成长成才的科学思想基础，使之加深对新时代中国特色社会主义的思想认同、理论认同、情感认同，是当前和今后一个时期全国高校思想政治理论工作者的首要政治任务和庄严使命。

我们推出这套丛书，正是要以全新的理念、扎实的行动将习近平新时代中国特色社会主义思想学深悟透、落到实处；正是要全景展示习近平新时代中国特色社会主义思想指引下的生动实践和伟大成就，充分展示习近平总书记的人格魅力和为民情怀，展现全国各族人民、各行各业因社会发展进步而不断增强的获得感、幸福感、安全感；正是要用生动的笔触、鲜活的案例全方位呈现新时代我们党治国理政的新气象，以及党和国家事业取得的历史性成就、发生的历史性变革，向世人展示一个更加立体、丰富、生动的现代中国。

为了实现这一目标，我们课题组依托教育部高校思想政治理论课名师工作室（大连理工大学）开展工作，用时两年多精心选编了一批学理说得透、事例讲得活、学生听得懂、实践用得上的典型教学案例，既有深入浅出的理论分析，突出思想性和理论深度，又有案例实践的细致刻画，是我们20多年来努力探索思想政治理论课案例教学改革的又一潜心积淀。这一批典型教学案例，折射出以习近平同志为核心的党中央的清醒坚定与从容自信，显示出14亿多中国人的意气风发和昂扬斗志，展现出各行各业砥砺前行的生动实践，昭示了中华民族伟大复兴中国梦的光明道路和壮美前程。

本套丛书主要以马克思主义理论研究和建设工程重点教材《习近平新时代中国特色社会主义思想概论》的主要内容和逻辑结构为蓝本，每个案例所对应的章节内容，我们已尽可能地在教学建议处列出，并在总结提升建议环节结合案例详尽展开论述。同时，为充分展示习近平新时代中国特色社会主义思想深邃的理论视域，把案例教学的潜在优势转化成实实在在的教学效果，在分析案例时我们并非仅仅围绕一个教学主题展开，而是以某一个主题为主线，有所兼顾，以突出思想政治理论课案例教学独有的综合性、贯通性和一体化特点。

我们相信，把这一批典型教学案例“用足、用好、用活”，定能引导当代青年大学生深刻领会习近平新时代中国特色社会主义思想的精神实质和丰富内涵，以紧跟时代的理论自觉、坚如磐石的战略定力、不忘初心的历史担当，勇做新时代新征程的坚定者、奋进者、搏击者；定能凝聚全面建设社会主义现代化国家的强大正能量，提振同心共筑中国梦的精气神，汇聚中华民族伟大复兴的磅礴伟力，提升中国共产党的思想引领力，谱写好新时代社会主义现代化新征程的壮丽篇章。

目录

案例 1

万山磅礴 必有主峰

核心阅读

沧海横流显砥柱，万山磅礴看主峰。中国共产党在筚路蓝缕、波澜壮阔的百年奋斗历程中，形成了确立和维护党的领导核心的优良历史传统和独特的政治优势。形成稳定的、强大的领导核心，是党的领导制度健全完善的重要标志，也是全面发挥政党政治功能的重要保证。遵义会议在建设坚强成熟的中央领导集体等方面，留下宝贵经验和重要启示。中国共产党领导革命、建设、改革的实践证明，领导核心至关重要。伟大的时代，必有高瞻远瞩的领路人指引方向；伟大的事业，必有乘风破浪的掌舵者沉着领航。党的十八届六中全会明确了习近平总书记党中央的核心、全党的核心地位，正式提出“以习近平同志为核心的党中央”，标志着党的领导核心建设进入一个新阶段。习近平同志核心地位的确立，是众望所归、实至名归，是党心所向、民心所向。

万山磅礴，必有主峰；船重千钧，掌舵一人。对于一个国家和一个政党来说，领导核心至关重要。全党有核心，党中央才有权威，党才有力量。中国共产党在百年奋斗历程中，形成了确立和维护党的领导核心的优良历史传统和独特的政治优势。

“领袖就是团结的核心，他本身就是力量”

红墙青瓦，翘角飞檐；木门石柱，抱厦一圈。贵州省遵义市红花岗区老城街道子尹路96号，一幢二层小楼沿街而立。毛泽东题写的“遵义会议会址”黑底阴刻贴金木匾，熠熠生辉，庄严肃穆。登上二楼，一间仅有27平方米的小客厅里，保留着一张长方桌，桌子四周围着一些木边藤心折叠靠背椅。时光闸门仿佛徐徐打开，当年的场景历历在目。这里，见证了毛泽东在党中央和红军的领导地位的确立。

1935年1月15日至17日，中国共产党在遵义城召开了政治局扩大会议。因为战事等原因，11名政治局委员中参会者6人，5名政治局候补委员中有4人出席。出席会议的还有红军总部和各军团负责人以及中央秘书长邓小平。李德及担任翻译工作的伍修权也列席了会议。

1月15日晚上，开会的人陆续到来，会场没有严格的排序。其中，王稼祥是被担架抬进来，躺在藤椅上开会的。

会上，博古作了《关于反对敌人第五次“围剿”的总结》报告（主报告）。他过分强调客观困难，而不承认自己在军事指挥上犯了错误。接着，周恩来就军事问题作副报告。他指出红军第五次反“围剿”失败的主要原因是军事领导战略战术的错误，并主动承担责任，同时批评李德、博古在军事指挥上的错误。随后，张闻天作批评错误军事路线的报告（亦称“反报告”），批评了博古、李德在军事指挥上的错误。接着，毛泽东开始发言，在长篇发言中，他指出了导致第五次反“围剿”失败和大转移严重损失的原因；批驳了博古在总结报告中对错误的辩护；比较系统地阐述了适合中国革命战争特点的战略战术和今后军事行动的方向。他尖锐地批评博古、李德错误的军事指挥，说他们只知道纸上谈兵，不考虑战士要走路，要吃饭，还要睡觉，也不问走的是山地、平原还是河道，只知道在地图上一画，限定时间打，这样当然打不好。这完全是瞎指挥！

在毛泽东发言之后，王稼祥立即旗帜鲜明地发言支持毛泽东的意见和张闻天的“反报告”。刘伯承、彭德怀等红军前线将领也纷纷表达意见，拥护毛泽东的正确主张。一向谦虚稳重的朱德说：“如果继续这样领导，我们就不能再跟着走下去！”

李德听着伍修权翻译与会者的发言，神情十分沮丧，一支接一支地抽烟，他表示“完全坚决的不同意对于他的批评”，并为自己的错误辩护。博古虽然没有完全承认自己的错误，但他表示愿意遵守少数服从多数的组织原则。

遵义会议增选毛泽东为中央政治局常委。会议关于“取消（最高）三人团”的这一项决定，不仅撤销了博古对军事的指挥权，而且正式撤销了李德的指挥权。这在中国共产党同共产国际的关系史上是第一次。1963 年，毛泽东在一次会见外宾时指出，“真正懂得独立自主是从遵义会议开始的”。

遵义会议后不久，成立由周恩来、毛泽东、王稼祥组成的三人小组，负责全军的军事行动。毛泽东进入了当时最重要的军事领导机构。邓小平后来回忆说，会后的行军中，他和毛泽东、周恩来、张闻天等是在一起的。每天住下来，要等各个部队的电报，一直等到深夜，再根据这些电报确定红军的行动。在重要问题上，大都是毛泽东出主意，其他同志同意的。尽管名义上毛泽东没有当什么总书记或军委主席，但他实际上对军队的指挥以及在重大问题上的决策，都为别的领导人所承认。朱德曾赋诗曰：“群龙得首自腾翔，路线精通走一行。左右高低能纠正，天空无限任飞扬。”

遵义会议事实上确立起毛泽东在党中央和红军的领导地位，但其核心身份尚未得到全党的普遍认同。1936 年 6 月，张国焘在“北上”还是“南下”问题上与中央产生分歧，后悍然率军南下，另立“中央”，造成严重的负面影响；1937 年 11 月，王明从苏联回国后，以共产国际的“钦差大臣”自居，试图将个人凌驾于党中央之上。在同错误路线的斗争中，全党进一步认识到毛泽东的正确意见和维护毛泽东核心地位的重要性。王稼祥在 1938 年召开的党的扩大的六届六中全会上传达了共产国际“在领导机关中要在以毛泽东为首的领导下解决”的重要指示，进一步巩固了毛泽东在全党的领导地位。1945 年 6 月 19 日，党的七届一中全会选举毛泽东为中央委员会主席、中央政治局主席和中央书记处主席。至此，毛泽东无论在实际上还是形式上都成为中共中央最主要的负责人，以毛泽东同志为核心的党的第一代中央领导集体建立起来。正如邓小平所说的："领袖就是团结的核心，他本身就是力量。"党心归一、军心归一。中国共产党有了自己深孚众望的领导核心，确立了强有力的党中央权威，党的事业取得了空前伟大的成绩。

新时代的领路人

当历史脚步跨进21世纪第二个十年时，遇到了一个新的历史节点。国内国际形势错综复杂，中华民族伟大复兴进入关键一程，世界经济进入深度调整阶段。2010年10.6%，2011年9.6%，2012年7.9%……经过改革开放30多年的高增长，刚刚成为世界第二大经济体的中国GDP增速走出下行曲线。改革进入深水区，传统发展模式难以为继，各种矛盾叠加，风险隐患集聚。党内存在不少落实党的领导弱化、虚化、淡化问题，一些贪腐问题触目惊心。正是在这样的历史背景下，中国共产党召开十八大，选举习近平担任总书记。

出生在红色革命家庭的习近平，从小受到严格的革命传统教育。2001年10月15日，家人为习仲勋在深圳举办88岁寿宴，唯有时任福建省省长的习近平因公务繁忙而缺席。他在写给父亲的拜寿信中，深情地说："您像一头老黄牛，为中国人民默默地耕耘着。这也激励着我将自己的毕生精力投入到为人民群众服务的事业中。"出生在干部家庭的习近平却自称"永远是黄土地的儿子"。2004年8月，时任浙江省委书记的习近平在接受延安电视台《我是延安人》节目专访时，回忆起在陕西省延川县梁家河村的7年插队岁月。他说："个人确实是一种脱胎换骨的感觉。"他永远难忘临别时全村老少流泪相送的感人场景。在党的十八大以前44年的工作履历中，习近平从下乡知青成长为党的领袖，从农村大队党支部书记到党的总书记，从普通公民到国家主席，从一般军官到军委主席，从政经历遍及党、政、军各个领域，历经村、县、地、市、省、直辖市，直至中央等所有层级的主要岗位，每一层级都历练多年，都扎扎实实而政绩卓著。正是经过长期的实践锻炼，厚植了他治国理政的根基，一经站上领导党、国家和军队的最高岗位，就立刻展现出非同凡响的领袖风范。

2012年11月15日，上午，北京。

人民大会堂东大厅鲜花盛开，暖意融融，气氛庄重而热烈。

11时53分，习近平等7位十八届中共中央政治局常委，在热烈的掌声中步入大会堂东大厅，微笑着向在场的中外记者挥手致意。

习近平代表新一届中央领导机构成员表示定当不负重托，不辱使命。面对500多名中外记者，刚刚当选为中共中央总书记的习近平话语坚定有力："全党必须警醒起来。……打铁还需自身硬。"

2个月之后，在十八届中央纪委二次全会上，习近平道出了反腐败斗争的铿锵誓言——"坚持'老虎'、'苍蝇'一起打"！

随着中央八项规定等一系列制度的出台，全面从严治党在全党展开。从抓"舌尖上的浪费"到抓"车轮上的铺张"，从查"月饼盒里的不正之风"到查"楼堂馆所的豪华"，坚决反对形式主义、官僚主义、享乐主义和奢靡之风，一系列举措剑指人民群众反映强烈的突出问题。一些身居高位的"老虎"落马，犹如一记记惊雷响彻，一次次刷新人们对共产党反腐决心的认识。习近平领导全党进行了前所未有的自我革命，赢得全国人民的高度信任。国家统计局调查数据显示，人民群众对党风廉政建设和反腐败工作的满意度，从党的十八大前的75%攀升至2016年的92.9%。

党经过革命性锻造，更加坚强有力，为全面深化改革提供重要政治保证。习近平以“明知山有虎、偏向虎山行”的果敢担当，挂帅中央深改组（委），领导出台数百个重大改革方案、上千项改革措施，实现改革由局部探索、破冰突围到系统集成、全面深化的转变，各领域基础性制度框架基本建立。

习近平50多次调研扶贫工作，足迹遍及14个集中连片特困地区，翻山越岭到20多个贫困村访贫问苦。脱贫攻坚的重大决策，在深入实际、深入基层的调查研究中一步步形成、深化。

作为中央军委主席，习近平引领人民军队在新时代实现由大到强的“关键一跃”。人民军队从思想作风、组织架构到武器装备都焕然一新。

在国际人士眼中，习近平是中国新理念的倡导者、新形象的塑造者、新方案的推行者。他领导指挥了一系列扩大战略优势、维护国家权益的伟大斗争，实现钓鱼岛领海日常巡航，推进南海岛礁建设，“南海仲裁”成为一张废纸。他倡导的“构建人类命运共同体”理念被写入联合国决议。美国前国务卿基辛格评价他为“中国新一轮革新的中心人物，全球最有影响力人物之一”。

领航掌舵谋全局，思想引领向复兴。2016年10月召开的党的十八届六中全会，明确了习近平总书记党中央的核心、全党的核心地位，正式提出“以习近平同志为核心的党中央”。这是党心军心民心所向，注定在中国共产党历史上留下浓墨重彩的一笔。

思考讨论

1. 伟大的事业需要坚强的领导核心。你如何理解党的十八届六中全会提出的“一个国家、一个政党，领导核心至关重要”这一论断？

2. 党的十八届六中全会正式提出“以习近平同志为核心的党中央”，如何理解必须坚决维护习近平总书记党中央的核心、全党的核心地位？

3. 为什么说“两个确立”具有决定性意义？你认为应如何增强核心意识？

教学建议

本案例主要适用于导论“深刻领悟‘两个确立’的决定性意义”部分的辅助教学。本案例主要介绍了以毛泽东同志为核心的中国共产党历史上第一个稳定的成熟的领导集体的形成和新时代习近平总书记党中央的核心、全党的核心地位确立的非凡历程。通过本案例的教学，学生可以加深对“两个确立”的重要意义的理解和认识。

组织教学建议

第一，由于案例篇幅较长，建议教师提前发布给学生课下阅读，让学生课前了解案例内容。在运用本案例之前，可以组织学生课外线上观看由中宣部联合中央党史和文献研究院、中央广播电视总台、中央军委政治工作部等单位共同摄制的大型电视专题片《领航》的第一集《掌舵远航》。该专题片用丰富翔实的文献史料、日新月异的国家发展成就和平实鲜活的百姓故事，展现大国领袖领航掌舵的指引伟力，表达“人民领袖爱人民，人民领袖人民爱”的真挚情感。通过观看视频，学生可以进一步理解习近平这位新时代领航者的无畏担当、人民情怀和非凡韬略，更加坚定沿着正确航向行稳致远的信心和信念，为课堂案例讨论顺利进行打下良好基础。

第二，在讨论中，应注意引导学生结合史实和实际客观评价领袖人物在历史发展中的重要作用，加深对确立和维护党的领导核心重要性的认识。可以从三个维度把握确立和维护党的领导核心的重要性。一是从理论维度看，坚持无产阶级政党领导是科学社会主义的一条基本原则。能否形成坚强有力的领导核心，是马克思主义政党在政治上是否真正成熟的关键。政党没有自己的领袖，就不能形成统一的意志，就不会有战斗力、号召力和凝聚力。一个政党是否成熟，虽然可以从不同方面去考察和评判，但首要的和决定性的因素是领导核心是否成熟。二是从历史维度看，形成稳定的成熟的领导集体和坚强的领导核心是实现民族解放和国家振兴的重要保证。遵义会议以前，中国共产党缺乏坚强有力的领导核心，导致党的事业屡遭挫折，甚至面临失败的危险。遵义会议事实上确立了毛泽东同志在党中央和红军的领导地位，开始形成党的第一代中央领导集体，这之后的党的事业就势如破竹，胜利前进。三是从实践维度看，全面推进强国建设和民族复兴伟业面临世所罕见的矛盾和问题，比任何时候都更加需要一个坚强的领导核心、一个引领时代的卓越领袖人物。党的十八届六中全会正式确立习近平总书记党中央的核心、全党的核心地位，这是历史和人民的共同选择、郑重选择、必然选择。

第三，要注意引导学生全面把握“核心意识”和“领导核心”的含义，从而加深对“两个维护”的重要性及其相互关系的认识。“核心意识”和“领导核心”在党的话语系统中有相互联系、层层推进的三重含义：一是指中国共产党，即中国共产党作为执政党是领导中国特色社会主义事业的核心力量。正如习近平在党的十九大报告中所指出的：“党政军民学，东西南北中，党是领导一切的。”党的领导直接关系着中国特色社会主义的性质、方向和命运，是做好党和国家各项工作的根本保证，是我国政治稳定、经济发展、民族团结、社会稳定的根本点，绝对不能有丝毫的动摇。二是指中共中央委员会，特别是中央政治局和中央政治局常委会，是对全党实行集中统一领导的核心。事在四方，要在中央。党中央集中统一领导是党的领导的最高原则。习近平指出：“如果党中央没有权威，党的理论和路线方针政策可以随意不执行，大家各自为政、各行其是，想干什么就干什么，想不干什么就不干什么，党就会变成一盘散沙，就会成为自行其是的‘私人俱乐部’，党的领导就会成为一句空话。”三是指中央政治局常委会这个核心领导层中的核心领袖。党的总书记就是中央领导集体“一班人”的班长，既是领路人，又是带头人。经历过各种艰难险阻考验的中国共产党深刻认识到，有一个坚强核心至关重要。中国没有共产党这个核心，各项工作就缺乏主心骨，很难整合各方力量；全党没有党中央这个核心，就会缺乏统一的意志、统一的行动和统一的步调，从而削弱党的向心力、战斗力；党中央没有一个众望所归的核心领袖，就很容易出现权力掣肘、难有作为的局面。维护党中央权威和维护习近平总书记的核心地位是有机统一的。维护习近平总书记的核心地位，就是维护党中央权威；维护党中央权威，首先要维护习近平总书记的核心地位。

总结提升建议

第一，确立和维护无产阶级政党的领导核心，维护党的领袖的权威，是马克思主义建党学说的一个基本观点。唯物史观既充分肯定人民群众创造历史的决定作用，又承认和肯定领袖人物在推动社会变革、历史发展和文明进步中具有的开创性、引领性作用，为正确认识党的领导核心的地位作用奠定了理论基础。马克思、恩格斯在总结巴黎公社的经验时曾指出，巴黎公社“就是由于缺乏集中和权威”而失败的。列宁特别强调党的杰出领袖对党的意志统一的决定性作用。马克思主义经典作家揭示了马克思主义政党确立领袖核心的必要性和重要性，也说明能否形成一个强有力的中央领导集体和领导核心，是马克思主义政党政治上是否真正成熟的关键。在延安时期，毛泽东在论述党的领导核心问题时指出，领导核心只能有一个。一个桃子剖开来有几个核心？只有一个核心；实行一元化的领导很重要，要建立领导核心，反对“一国三公”。邓小平晚年在总结党的历史经验时指出：“任何一个领导集体都要有一个核心，没有核心的领导是靠不住的。”他强调：“党一定要有领袖，有领导核心。”“领袖就是团结的核心，他本身就是力量。”确立党的领导核心不是根据个人意志，不是凭借政治权力，而是依据马克思主义政党建设的内在要求、党和国家事业的现实需要和实行民主集中制的科学安排。

第二，确立习近平总书记的核心地位，是对党的优良传统的继承，是党和国家事业发展的必然选择。一个国家、一个政党，领导核心至关重要，这是我们党的宝贵经验。从中国共产党的历史来看，全党真正认识维护党的领导核心的重大意义并转化为行动自觉，经历了一个较长的过程。中国共产党人在建党之后很长一段时间里，没有形成稳定的中央领导集体和坚强的领导核心，在重大决策和重要人事问题上受到共产国际的影响和制约。这是党的事业屡遭挫折甚至面临失败危险的重要原因。28 年新民主主义革命，位于时间轴中点的遵义会议是一个伟大的转折点，这次会议事实上确立了毛泽东在党中央和红军的领导地位，开始形成党的第一代中央领导集体，从此，中国革命就在正确路线指引下走上胜利发展的道路。党的历史表明，党的领袖是增强党内团结的纽带，也是党中央坚强有力的关键，如果没有政治上成熟的领导集体和领袖，无产阶级革命和建设事业就会遭到挫折。全党有核心，党中央才有权威，党才有力量。进入 21 世纪，世界正经历百年未有之大变局，我国正处于实现中华民族伟大复兴的关键时期。复兴路上，没有坚强有力的领导核心，就会进退失据、贻误战机，甚至出现颠覆性失误。大国的扬帆远航，离不开掌舵者；民族的复兴征程，呼唤领路人。党的十八大以来，习近平展现了作为党的核心、人民领袖、军队统帅的坚定信仰信念、鲜明人民立场、顽强意志品质、卓越领导能力，赢得了全党和全国人民的衷心拥护和国际社会的高度赞誉。确立和维护习近平总书记党中央的核心、全党的核心地位，是进行具有新的历史特点的伟大斗争、坚持和发展中国特色社会主义伟大事业的迫切需要，是党和国家的根本利益所在，关乎旗帜道路方向，关乎党运国脉军魂，对于维护党中央权威、维护党的团结和集中统一领导，保证党和国家兴旺发达、长治久安、人民幸福安康，具有重大而深远的意义。

第三，党的十八大以来党和国家事业取得历史性成就、发生历史性变革，最根本的原因在于以习近平同志为核心的党中央掌舵领航，在于有习近平新时代中国特色社会主义思想的科学指引。党的十八大以来，面对国内外诸多风险挑战的考验，习近平高瞻远瞩、总揽全局，举旗定向、掌舵领航，勇担时代重任、推动历史变革，团结带领全党全军全国各族人民全面开创了中国特色社会主义伟大事业和党的建设新的伟大工程新局面。习近平指挥部署反腐败斗争、脱贫攻坚战等事关党和国家全局的重大工作和重大斗争，改革呈现出全面发力、多点突破、纵深推进的局面，解决了许多长期想解决而没有解决的难题，办成了许多过去想办而没有办成的大事，推动党和国家事业取得历史性成就、发生历史性变革。习近平以马克思主义政治家、思想家、战略家的非凡理论勇气、卓越政治智慧、强烈使命担当，提出一系列具有开创性意义的新理念新思想新战略，为习近平新时代中国特色社会主义思想的创立发挥了决定性作用、作出了决定性贡献。党的领导核心不是自封的，更不是身在其位便可自然而成。习近平总书记党中央的核心、全党的核心地位，是在领导和推进伟大斗争、伟大工程、伟大事业、伟大梦想的实践中形成的。正是因为有习近平掌舵领航，全党才有了顶梁柱，全国 14 亿多人民才有了主心骨，党和人民的伟大事业才有了不断破浪前行的“定海神针”和“压舱石”。正是因为有习近平新时代中国特色社会主义思想的科学引领，全党全军全国各族人民才有了思想上的“定盘星”、行动上的“指南针”。实践深刻昭示，党确立习近平总书记党中央的核心、全党的核心地位，确立习近平新时代中国特色社会主义思想的指导地位，是时代呼唤、历史选择、民心所向，是新时代中国战胜风险挑战、取得辉煌成就的根本所在。

第四，必须把忠诚核心、拥戴核心、维护核心作为最大的政治，牢固树立“四个意识”，坚决维护党中央权威和集中统一领导，坚决维护习近平总书记党中央的核心、全党的核心地位。中国特色社会主义进入了新时代，比历史上任何时期都更接近实现中华民族伟大复兴的目标。越是接近目标，遇到的艰难险阻就越多，世界变局和复兴全局相互激荡，新矛盾和旧问题彼此交织，可预见风险和不可预见挑战接踵而来……目标越是远大，航程越是风高浪急，就越需要有领导核心的掌舵领航。回顾我们党的百余年奋斗历史，有两条经验至关重要：一是要坚持高举旗帜，二是要坚决维护核心。旗帜就是信仰和力量，就是方向和形象；核心就是领袖和统帅，就是主心骨和掌舵人。维护党的领袖的核心地位，维护党中央的权威，是党始终保持战斗力、凝聚力、统一意志，立于不败之地，并能够不断发展壮大的根本保证。党的十八届六中全会号召全党牢固树立“四个意识”。“四个意识”是相互联系、相互作用的，形成一个有机联系的统一整体。其中，政治意识是根本，大局意识是前提，核心意识是关键，看齐意识是保证，四个方面统一于增强核心意识，统一于向核心看齐。服从核心、维护核心就是服从大局、维护大局，就是最大的政治。全党要不断增强维护习近平总书记党中央的核心、全党的核心地位的思想自觉、政治自觉、行动自觉，把增强“四个意识”、坚定“四个自信”、做到“两个维护”融入血脉灵魂，真正做到情感上衷心爱戴核心、思想上高度认同核心、政治上坚定维护核心、组织上自觉服从核心、行动上紧紧跟随核心。凝心聚力向未来，接续奋斗启新篇。

■ 启示意义

第一，德才兼备，方堪重任。“才者，德之资也；德者，才之帅也。”修齐治平、立德修身是中华民族的优秀传统。在中国革命斗争和改革发展进程中，我们党更是强调按照德才兼备、以德为先的原则选拔干部。毛泽东之所以成为党的第一代中央领导集体的核心，是因为他有坚定的革命意志、极高的理论修养、追求真理的执着精神、超凡的领导才能和人格魅力，团结了一大批党的领袖人物，多次从危机中挽救了中国革命，使中国革命从山重水复走向柳暗花明。习近平之所以成为党中央的核心、全党的核心，是因为他始终站稳人民立场，以非凡的气魄和卓越的领导能力，带领全党和全国人民革故鼎新，不懈奋斗，使我国改革发展稳定、内政外交国防、治党治国治军各个方面都取得了伟大的历史性成就，以实实在在的工作成绩赢得了党心、军心、民心。今天我们要进行伟大斗争、建设伟大工程、推进伟大事业、实现伟大梦想，需要更多的既政治过硬又本领高强的人才。当代大学生应向领袖学习，在实践中不断提高自己的综合素质和能力，早日成为合格的社会主义建设者和可靠接班人，担当起新时代赋予的重任。

第二，艰难困苦，玉汝于成。困难挑战、坎坷挫折虽然会让人痛苦，但也能让人锻炼成长、获得成功。古人云：“天将降大任于是人也，必先苦其心志，劳其筋骨，饿其体肤，空乏其身，行拂乱其所为，所以动心忍性，曾益其所不能。”领袖风范的形成非一日之功，与其成长历练高度关联。毛泽东、习近平都是经过长时期、多岗位、多层级、多方面政治历练过的领袖。理论素养的积淀、党性修养的锤炼、逆境困境的磨砺、实践实干的锻造，铸就了毛泽东、习近平作为核心领导必备的强大的政治意志力、全局掌控力、变革创造力、凝聚感召力。无论环境多么复杂，挑战多么严峻，他们都能从容面对。横空大气排山去，砥柱人间是此峰。要成大器，必须经过艰难困苦的磨炼。当代青年人要像领袖那样，不惧逆境的磨难、基层的艰苦，勇于迎接各种风浪的考验，在磨砺中成长，用奋斗书写青春，用行动实现理想。

案例 2

脱贫路上，黄文秀用生命谱写新时代青春之歌

核心阅读

全面建成小康社会是我国社会主义现代化进程中的一座重要里程碑，是实现中华民族伟大复兴中国梦的关键一步。脱贫攻坚期，全国累计选派 25.5 万个驻村工作队、300 多万名驻村第一书记和驻村干部深入基层一线，披坚执锐持续向贫困宣战，让鲜红的党旗始终在脱贫攻坚主战场高高飘扬。黄文秀同志就是这个群体中的优秀一员，她是在习近平新时代中国特色社会主义思想教育指引下成长起来的优秀青年代表，用青春扎根基层、把深情奉献乡土、以行动诠释赤诚，将生命永远定格在扶贫路上，用短暂而精彩的一生谱写出令人感动和敬仰的新时代青春之歌，为在中华大地上全面建成小康社会、实现中华民族伟大复兴贡献了青春力量。

2021 年 2 月 25 日，全国脱贫攻坚总结表彰大会在北京人民大会堂隆重召开，庄严宣告脱贫攻坚战取得了全面胜利。大会授予黄文秀“全国脱贫攻坚楷模”称号，但这位正值芳华的壮族姑娘已经长眠在了广西百色市的百福园公墓。在黄文秀同志不幸离世后，习近平对她的先进事迹作出重要指示，号召广大党员干部和青年同志要以黄文秀同志为榜样，不忘初心、牢记使命，勇于担当、甘于奉献，在新时代的长征路上作出新的更大贡献。作为当代优秀青年的代表，黄文秀以自己的实际行动践行了共产党员的初心和使命，也激励鼓舞更多的有志青年积极投身于中国特色社会主义伟大实践，为实现中华民族伟大复兴贡献青春力量。

大山的女儿又回到了大山

1989 年，黄文秀出生于百色市田阳县巴别乡一个农民家庭。2008 年，黄文秀考入山西长治学院，学习的是思想政治教育专业。入学军训刚结束，她就积极申请入党，递交了入党申请书。“只有把个人的追求融入党的理想之中，理想才会更远大。我迫切要求加入中国共产党。”她的申请书深情而坚定，虔诚而执着。2011 年 6 月，品学兼优的黄文秀光荣地加入了中国共产党。

本科毕业后，黄文秀考取了北京师范大学的硕士研究生，并在 2016 年毕业后毅然选

择返乡，作为优秀选调生进入百色市委宣传部工作。谈到自己回到家乡的初衷，黄文秀曾动情地对导师说：“我来自广西贫困山区，我要回去，把希望带给更多父老乡亲，为改变家乡贫穷落后面貌尽绵薄之力。”就这样，大山的女儿带着她满腔的赤诚和让乡亲们过上更好生活的强烈信念回到了哺育她成长的家乡，回到了父老乡亲的身边，也踏上了脱贫攻坚的新征程。

走好新时代的长征路

一代人有一代人的长征，一代人有一代人的担当。在坚决打赢脱贫攻坚战的历史征程中，黄文秀积极响应组织号召，于 2018 年 3 月 26 日来到乐业县新化镇百坭村担任驻村第一书记。百坭村是自治区级深度贫困村，2017 年底，全村共有 460 户 2 068 人，贫困发生率高达 22.88%，实现脱贫攻坚的任务十分艰巨。当时组织考虑到一个女孩子去偏远的百坭村开展工作不方便，但黄文秀主动承担责任，而且决心特别坚定。

驻村工作开展得并不容易，黄文秀需要经过语言关、劳动关和信任关等重重考验。为了更好地打开工作局面，她积极向村里的老支书讨教工作的“诀窍”，认识到自己只有真正融入百坭村这个大家庭才能赢得村民的信赖和支持。为此，她学了村子里常用的壮语和桂柳话，主动到贫困户家里帮他们扫院子、干农活、种油茶、摘果子，一边干活一边唠家常。时间久了，村民们慢慢接受了这位新来的驻村第一书记，也就把她当成了自家人，“你这个丫头，还真是难‘缠’得很哩”。

在黄文秀居住过的驻村宿舍中，简易书架上摆着两本驻村日记，用真诚朴素的文字记录着她扶贫路上的心路历程和工作足迹：“我是我们村脱贫攻坚的第一负责人，我还不够勇敢”，“我们村产业园的牌子一直在努力中，5 个致富带头人也在培养中，每天都很辛苦，但心里很快乐”，“发现我的方言进步了，可以和贫困户完整用桂柳话交流了”……

为了帮助村民们走上致富路，黄文秀带领村干部积极筹措资金硬化通屯路、安装路灯、修建蓄水池，逐步改善乡亲们的生产生活条件。她还利用休息时间，把贷款买来的私家车当作工作车，花 2 个月时间遍访全村 195 户贫困户，绘制了百坭村“民情地图”，把每一户的住址、家庭情况、致贫原因等都详细标注出来。等把村里的情况摸透了，她又和村“两委”班子一起商讨挖掘百坭村的资源优势，学经验、找路子，大力发展杉木、八角、砂糖橘、枇杷等特色种植产业，千方百计拓宽群众增收渠道。在帮助村民实现经济致富的同时，黄文秀还不忘带领村民一起实现“精神致富”，她联络母校师生来村里开展支教，为筹办百坭村幼儿园多方奔走；开展文明家庭评比、村规民约吟诵等活动，丰富群众的精神文化生活，激发群众的脱贫内生动力，真正做到了“扶贫”和“扶智”“扶志”的有机结合。

在驻村满一周年的时候，黄文秀的汽车仪表盘的里程数正好到了两万五千公里，她发了一个朋友圈：“我心中的长征，驻村一周年愉快。”秉持着“长征的战士死都不怕，这点困难怎么能限制我继续前行”的强大信念，黄文秀带领群众在脱贫路上攻坚克难，取得了累累硕果：百坭村的贫困发生率从 22.88%降至 2.71%，88 户 418 人顺利脱贫，村集体经济收入实现增收 6.38 万元，还获得了 2018 年度百色市“乡风文明”红旗村荣誉称号。2020 年底，百坭村成功脱贫摘帽，村子的面貌也发生了翻天覆地的变化：旧村部所在的百布屯，新民居整齐分布，卫生室、小超市、电商扶贫网点以及健身场地等一应俱全，一个规模更大的榨油作坊已经建成。曾被黄文秀写进日记的泥泞颠簸砂石路，也已变成了平坦的水泥路。惠及百坭村的高速公路、二级公路已经贯通，新建的村级幼儿园也在 2021 年 9 月迎来首批入园的孩子。

接过黄文秀的“接力棒”

黄文秀年轻的生命最终定格在 2019 年 6 月 16 日。这一天她利用周末回家看望病重的父亲，因暴雨心系驻村群众的生命财产安全，连夜开车返回工作岗位，途中遭遇山洪暴发不幸遇难，年仅 30 岁。此后，黄文秀先后被追授“时代楷模”“全国三八红旗手”“全国优秀共产党员”“最美奋斗者”“全国脱贫攻坚楷模”等称号，获得了“全国五一劳动奖章”“中国青年五四奖章”“七一勋章”等荣誉，还入选了感动中国 2019 年度人物。黄文秀离开了，但她不懈奋斗的身影、温暖如朝阳的笑容已经被记录在新时代脱贫攻坚的实践中，也将永远刻录在共和国的时代光影中。

而在脱贫攻坚的战场上、在乡村振兴的征程上，无数像黄文秀一样的第一书记和帮扶干部们还在接续奋斗。身为百色市委宣传部干部的杨杰兴、黄旭先后接过黄文秀驻村第一书记的“接力棒”，他们沿着“扶贫产业路”继续奔走，跑项目、找资金、请专家，千方百计拓宽群众致富门路，让百坭村砂糖橘产业不断发展壮大，该项产业惠及脱贫户 195 户 888 人，实现脱贫户产业覆盖率 100%。硕士毕业于中山大学的“90 后”女孩黄思薇是黄文秀的老乡，原想毕业留广州当记者的她，在黄文秀精神的感召下也选择回到家乡工作，并在 2021 年 3 月成为百坭村新到任的驻村干部。受到黄文秀的影响，百坭村越来越多的年轻人选择返乡发展。“90 后”梁祥会办起了农家乐，他表示：“文秀书记为村里做了很多实事，我们回来就是想把家乡建设得更美。”用自己的青春和汗水让家乡更美、让人民过上更幸福的生活、让国家更加繁荣富强，这就是当代中国青年交给祖国和人民的时代答卷。

摆脱贫困，是中国人民孜孜以求的梦想。脱贫攻坚战的全面胜利，标志着我们党在团结带领人民创造美好生活、实现共同富裕的道路上迈出了坚实的一大步。但脱贫摘帽不是终点，而是新生活、新奋斗、新征程的起点，是实现中华民族伟大复兴中国梦的新起点。

思考讨论

1. 2019 年感动中国组委会给予黄文秀的颁奖词是这样写的：“有些人从山里走了，就不再回来，你从城里回来，却再没有离开。来的时候惴惴，怕自己不够勇敢，走的时候匆匆，留下最美的韶华。百色的大山，你是最美的朝霞，脱贫的战场，你是醒目的黄花。”黄文秀为打赢脱贫攻坚战、全面建成小康社会献出了青春和生命，结合案例，你认为应该如何理解中国梦与个人梦之间的关系？

2. 2021 年 2 月 25 日，习近平在全国脱贫攻坚总结表彰大会上发表重要讲话，指出：“一部中国史，就是一部中华民族同贫困作斗争的历史……摆脱贫困，成了中国人民孜孜以求的梦想，也是实现中华民族伟大复兴中国梦的重要内容。”立足民族复兴的历史征程，应如何认识全面建成小康社会在我国社会主义现代化进程中的重大意义？

3. 脱贫攻坚伟大斗争锻造形成了伟大的脱贫攻坚精神，请谈谈你对脱贫攻坚精神的理解。

教学建议

本案例主要适用于第二章第一节“中华民族近代以来最伟大的梦想”部分的辅助教学。案例主要介绍了脱贫攻坚楷模、驻村第一书记黄文秀在脱贫攻坚一线的奋斗历程，以及和黄文秀一样还继续奋进在新时代长征路上的优秀青年群体的先进事迹，正是因为他们的倾力奉献、苦干实干，才能取得脱贫攻坚战的全面胜利，才能在中华大地上全面建成小康社会，向着实现中华民族伟大复兴中国梦的目标坚定前行。

组织教学建议

第一，教师在讲授“中华民族近代以来最伟大的梦想”这一知识点时，可以先对中国梦的丰富内涵进行系统讲解，之后将本案例引入教学，并组织学生围绕实现中华民族伟大复兴中国梦这一主题，结合案例内容展开讨论，引导学生认识到：中国梦与每个人密切相关，实现中华民族伟大复兴的中国梦，需要一代又一代有志青年接续奋斗；作为肩负民族复兴重任的时代新人，青年学生应该把个人理想融入国家和民族的事业之中，把个人命运与国家和人民的命运联系在一起，在实现中国梦的实践中放飞青春梦想，让青春在为祖国、为民族、为人民、为人类的不懈奋斗中绽放绚丽之花。

第二，教学中应准确把握本案例的教学重点：全面建成小康社会是我国社会主义现代化进程中的一座重要里程碑，对推进中国式现代化具有重大意义。围绕这一教学主题，教师应对全面建成小康社会的历史意义和重要影响进行全面讲解。经过全党全国各族人民共同努力，在迎来中国共产党成立一百周年的重要时刻，我国脱贫攻坚战取得了全面胜利，我国创造了又一个彪炳史册的人间奇迹。这些历史性成就的取得，离不开以黄文秀为代表的数百万扶贫干部的倾力奉献、苦干实干。黄文秀的先进事迹彰显了当代青年勇于担当、勇于奋斗、勇于奉献的精神品质，也为广大青年树立起青春榜样，能够激励更多的有志青年满怀信心和激情地接过历史的接力棒，凝聚起实现中华民族伟大复兴的青春力量。

第三，教师在教学中可以对案例内容进行适当的扩展。案例主人公黄文秀是当代青年的优秀代表，也是全国奋战在扶贫一线的25.5万个驻村工作队、300多万名驻村第一书记和驻村干部的优秀代表，他们同近200万名乡镇干部和数百万村干部一道奋斗，连通了脱贫攻坚伟业的“最后一公里”，在党的坚强领导下创造了彪炳史册的人间奇迹：现行标准下 9 899万农村贫困人口全部脱贫，832个贫困县全部摘帽，12.8万个贫困村全部出列，区域性整体贫困得到解决，完成了消除绝对贫困的艰巨任务。因此，在教学中可以将黄文秀的事迹与35年坚守太行山的“新愚公”李保国，献身教育、扶贫点燃大山女孩希望的张桂梅，用实干兑现“水过不去、拿命来铺”誓言的黄大发，扎根脱贫一线、鞠躬尽瘁的黄诗燕等脱贫攻坚楷模的事迹相结合，引导学生更直观地了解脱贫攻坚事业中涌现的优秀代表和他们的感人事迹，更深刻地认识到脱贫攻坚成果的来之不易，也更加坚定助力实现中华民族伟大复兴中国梦的决心和意志。

第四，教学中可以将案例的文本内容在课前发放给学生，课上则可以通过播放影像资料的方式来辅助学生深入认识案例内容。课后可以推荐学生观看讲述黄文秀先进事迹的相关影片，如由广西壮族自治区党委宣传部联合浙江省委宣传部、北京师范大学、广西广播电视台、浙江天光地影影视制作有限公司等单位创作出品的电视剧《大山的女儿》。另外，中共百色市委、百色市政府、北京师范大学、长治学院于 2021 年 6 月共同出品了纪录片《文秀，你好》，影片采用大量珍贵的真实素材，包括黄文秀生前所写的日记、笔记和照片、录像等资料，通过老师、父母和同学、朋友的视角充分展现了她励志求学、战胜贫困、反哺家乡、扎根脱贫攻坚一线的奋斗历程。这些影像资料，可以引导学生全面了解黄文秀的感人事迹，激发学生投身中国特色社会主义实践、助力实现民族复兴梦想的情感共鸣和思想认同。

■ 总结提升建议

第一，实现中华民族伟大复兴，是中华民族近代以来最伟大的梦想，也是中国共产党矢志不渝的奋斗目标。近代以来，国家蒙辱、人民蒙难、文明蒙尘，中华民族遭受了前所未有的劫难。从那时起，实现中华民族伟大复兴，就成为中国人民和中华民族最伟大的梦想。为此，中国共产党自成立之日起，就肩负起实现中华民族伟大复兴的历史使命，正如习近平指出的那样："一百年来，中国共产党团结带领中国人民进行的一切奋斗、一切牺牲、一切创造，归结起来就是一个主题：实现中华民族伟大复兴。"在中国共产党的带领下，中国人民向着民族复兴的目标不断迈进，迎来了从站起来、富起来到强起来的历史性飞跃，为中华民族伟大复兴奠定了坚实的政治基础和物质基础。中国特色社会主义进入新时代以后，无论综合实力、经济实力、科技实力、国防实力，还是国际地位、国际影响力，都得到了前所未有的提升，我们比历史上任何时期都更接近、更有信心和能力实现中华民族伟大复兴的目标。案例中介绍的脱贫攻坚战的胜利就是我们在实现民族复兴进程中取得的一项里程碑式的重大成就，为全面建成社会主义现代化强国、实现中华民族伟大复兴打下重要基础。以黄文秀为代表的驻村干部和各行各业的人民群众一起，为打赢脱贫攻坚战贡献了宝贵力量，也为我们继续向着第二个百年奋斗目标迈进提供了强大精神动力。

第二，中国梦体现了中华民族和中国人民的整体利益，是每一个中华儿女的共同期盼。实现中华民族伟大复兴的中国梦，本质是国家富强、民族振兴、人民幸福。国家富强，就是要在全面建成小康社会的基础上，全面建成富强民主文明和谐美丽的社会主义现代化强国；民族振兴，就是要使中华民族更加坚强有力地屹立于世界民族之林，为人类作出新的更大的贡献；人民幸福，就是要坚持以人民为中心，增进人民福祉，促进人的全面发展，使人民朝着共同富裕的方向稳步前进。由此可见，中国梦把国家的追求、民族的向往、人民的期盼融为一体，是国家的梦、民族的梦，也是每一个中国人的梦。经过全党全国各族人民持续奋斗，我们打赢了脱贫攻坚战，全面建成惠及十几亿人口的更高水平的小康社会，人民群众的获得感、幸福感、安全感显著增强，也更加坚定向着民族复兴的目标奋进。就像案例中介绍的那样，脱贫攻坚、全面建成小康社会为每一个中国人提供了施展才干、实现梦想的广阔舞台，每个人所进行的努力又都为实现中国梦贡献了力量。作为新时代的追梦人，以黄文秀为代表的驻村干部们扎根乡村带领乡亲们脱贫致富，在让贫困村脱贫摘帽、助力实现民族复兴梦想的同时，也彰显了个人价值、实现了自己的梦想。中国梦就是要让每个人获得发展自我和奉献社会的机会，让人民共同享有人生出彩的机会，共同享有梦想成真的机会，共同享有同祖国和时代一起成长与进步的机会。

第三，实现中华民族伟大复兴是一个接续推进的历史过程，全面建成小康社会是以中国式现代化全面推进强国复兴的新起点。党的二十大报告提出，“我们经过接续奋斗，实现了小康这个中华民族的千年梦想，我国发展站在了更高历史起点上”，“我们坚持精准扶贫、尽锐出战，打赢了人类历史上规模最大的脱贫攻坚战”。脱贫攻坚战的全面胜利，为实现全面建成小康社会目标任务作出了关键性贡献，有力推动了中国式现代化进程，为全面建设社会主义现代化国家、实现中华民族伟大复兴创造了重要条件，积累了宝贵经验。党的十八大以来，以习近平同志为核心的党中央把脱贫攻坚作为全面建成小康社会的底线任务和标志性指标，作出一系列重大部署，走出一条中国特色减贫道路，这是中国共产党人不忘初心、牢记使命的生动实践，也推动党的执政能力进一步得到提高，让党在农村的执政基础更加牢固。案例中黄文秀担任驻村第一书记的百坭村在打赢脱贫攻坚战后，也将在一批又一批驻村干部的带领下继续奋斗在全面推进乡村振兴的新征程上，为推进农业农村现代化不懈奋斗。

第四，伟大事业孕育伟大精神，伟大精神引领伟大事业，伟大的脱贫攻坚精神是打赢脱贫攻坚战的强大精神动力。和黄文秀一样，数百万扶贫干部在脱贫攻坚工作中倾力奉献、苦干实干，超过 1 800 人牺牲在脱贫攻坚一线，在与贫困作斗争的生动实践中锻造形成了“上下同心、尽锐出战、精准务实、开拓创新、攻坚克难、不负人民”的脱贫攻坚精神。脱贫攻坚精神，是中国共产党性质宗旨、中国人民意志品质、中华民族精神的生动写照，是爱国主义、集体主义、社会主义思想的集中体现，是中国精神、中国价值、中国力量的充分彰显，既赓续传承了伟大的民族精神，也体现了顺应时代潮流、引领社会风尚的时代精神，是引领中国人民不怕困难、艰苦奋斗的强大精神动力。习近平曾语重心长地指出：“脱贫摘帽不是终点，而是新生活、新奋斗的起点。解决发展不平衡不充分问题、缩小城乡区域发展差距、实现人的全面发展和全体人民共同富裕仍然任重道远。我们没有任何理由骄傲自满、松劲歇脚，必须乘势而上、再接再厉、接续奋斗。”在“三农”工作重心从脱贫攻坚历史性转移到全面推进乡村振兴的时代背景下，依然需要继续弘扬脱贫攻坚精神，脚踏实地、久久为功，坚决战胜前进道路上的一切艰难险阻，不断夺取坚持和发展中国特色社会主义新的更大胜利。作为建设社会主义现代化强国的生力军，广大青年更应大力弘扬脱贫攻坚精神，立志高远、脚踏实地、埋头苦干，在报效祖国、服务人民、奉献社会的过程中助力实现民族复兴。

■ 启示意义

完成脱贫攻坚、全面建成小康社会的历史任务，实现中华民族伟大复兴中国梦，离不开中国共产党的坚强领导，离不开像黄文秀一样数百万扶贫干部的倾力奉献、苦干实干，离不开伟大脱贫攻坚精神的涵养激励。习近平曾深刻指出："中华民族伟大复兴，绝不是轻轻松松、敲锣打鼓就能实现的"，"必须进行具有许多新的历史特点的伟大斗争，必须准备付出更为艰巨、更为艰苦的努力"。这就要求我们在全面建成社会主义现代化强国的新征程中更加坚定、更加自觉地牢记初心使命、坚定理想信念，在全面建成小康社会的新起点上继续奋斗，为实现民族复兴的历史宏愿矢志不渝、砥砺奋进，共同开创美好未来。未来属于青年，希望寄予青年，新时代的中国青年要以实现中华民族伟大复兴为己任，认真学习以黄文秀为代表的青年榜样的先进事迹和奋斗精神，从自身做起、从小事做起，不断增强本领才干，以青春之我、奋斗之我为民族复兴铺路架桥，为祖国建设添砖加瓦，书写出无愧于时代的人生篇章。

案例 3

习近平总书记的人民情怀

核心阅读

“为什么人的问题，是检验一个政党、一个政权性质的试金石。”“江山就是人民，人民就是江山”，这是中国共产党政权建设的核心理念。人民立场是中国共产党的根本政治立场。“中国共产党领导人民打江山、守江山，守的是人民的心。”坚持以人民为中心是新时代坚持和发展中国特色社会主义的基本方略之一，也是贯穿党治国理政全部活动的一条红线。习近平总书记是践行以人民为中心的发展思想的光辉典范。习近平总书记的人民情怀是为民、忧民、亲民、敬民、惠民情怀的集大成者。“我将无我，不负人民”，这是习近平总书记对人民的真挚告白和坚定誓言，彰显了以习近平同志为核心的党中央把人民放在心中最高位置、丹心如一为人民的深情厚谊以及为中国人民谋幸福、为中华民族谋复兴的殷殷初心和崇高使命。

从陕北的小村庄到党中央，从农村大队党支部书记到党的总书记，习近平一路走来，始终心怀家国、躬身为民，时刻把让人民生活幸福作为“国之大者”。

镜头一：“我将无我，不负人民”

“最后，我有一个很好奇的问题，不知能不能问一下？您当选中国国家主席的时候，是一种什么样的心情？”

2019 年 3 月 22 日下午，意大利众议长菲科同习近平主席举行会见，临近结束时，突然抛出了这句话。

习近平主席的目光沉静而充满力量，他说，这么大一个国家，责任非常重、工作非常艰巨。“我将无我，不负人民”。我愿意做到一个“无我”的状态，为中国的发展奉献自己。

稍作停顿，他继续讲道，我相信可以通过我的努力、通过全中国 13 亿多人民勠力同心来担起这副重担，把国家建设好。

“欢迎你到中国去！看看古老而现代的中国，看一看勤劳智慧的中国人民。”收到习近平主席的邀请，菲科朗声答道：“我一定会去的!”

习近平主席访问欧洲的这个镜头让一直关注中国的外国人士印象深刻，感受到了中国共产党领导人的为民情怀和使命担当。类似的镜头和感受有过多次：2012 年 11 月 15 日，十八届中共中央政治局常委同中外记者见面时，新任中共中央总书记习近平的宣示朴素而坚定："人民对美好生活的向往，就是我们的奋斗目标。"2013 年 3 月 19 日，习近平主席在接受金砖国家媒体联合采访时说："对我来讲，人民把我放在这样的工作岗位上，就要始终把人民放在心中最高的位置，牢记人民重托，牢记责任重于泰山。"2014 年 2 月 7 日，在黑海之滨的索契，习近平主席在接受俄罗斯电视台记者专访时说："我的执政理念，概括起来说就是：为人民服务，担当起该担当的责任。"

2021 年 4 月的一天，习近平总书记来到广西全州县毛竹山村考察，走进王德利家中。

"总书记，您平时这么忙，还来看我们，真的感谢您。"王德利由衷地说。

"我忙就是忙这些事，'国之大者'就是人民的幸福生活。"习近平总书记微笑着回答。

温暖朴素的话语，直抵人心。

镜头二："我们都是种庄稼出身"

2014 年 5 月 9 日，习近平总书记来到河南省开封市尉氏县张市镇高标准粮田综合开发示范区考察。他走进田间，仔细查看麦穗灌浆情况，与农机人员、农民、农业合作社人员亲切交谈。从良种培育到套种间距，从降雨情况到病虫害防治，从田间管理到收获收割，从产量预测到村民收入，习近平总书记问得十分详细。他说："我们都是种庄稼出身，小麦长势这么好，我和你们一样欣慰。"

民以食为天。14 亿多人的吃饭问题，习近平总书记念兹在兹。

2021 年 10 月 21 日，山东省东营市黄河三角洲农业高新技术产业示范区，习近平总书记来到盐碱地大豆育种与生产示范田。

沿着一条小路，他走进田里，俯身摘下一个豆荚，轻轻捻开，仔细察看成色，顺手将一颗豆子放进嘴里，细细咀嚼后说："豆子长得很好。"

这一幕，让一旁的农技负责人罗守玉既惊讶又感到亲切："这是老农民才有的动作呀。"

习近平总书记有着深厚的"农民情结"，他称自己是"黄土地的儿子"，还曾多次谈到自己在陕西梁家河度过的 7 年农民时光。他曾感慨地说："我觉得在我一生中，对我帮助最大的是两种人，一种就是革命老前辈，一种就是我那陕北老乡。"

习近平总书记常说："乡亲们一天不脱贫，我就一天放不下心来。"他跋山涉水，走遍 14 个集中连片特困地区，50 多次调研扶贫工作，领导历经 8 年的脱贫攻坚战取得全面胜利。在庆祝中国共产党百年华诞的历史性时刻，习近平总书记在天安门城楼上庄严宣示："江山就是人民、人民就是江山，打江山、守江山，守的是人民的心。"

坚定有力的话语，激荡在每一位中华儿女心头。

镜头三："不得罪成百上千的腐败分子，就要得罪十三亿人民"

2015 年 1 月 13 日，十八届中央纪委五次全会上，习近平总书记的一番话振聋发聩：

"人民把权力交给我们，我们就必须以身许党许国、报党报国，该做的事就要做，该得罪的人就得得罪……不得罪成百上千的腐败分子，就要得罪十三亿人民。这是一笔再明白不过的政治账、人心向背的账！”

党的十八大以来，习近平总书记带领全党开展了一场雷霆万钧的反腐败斗争。在一次中央政治局常委会会议上，他这样为中央巡视组的同志撑腰打气：“不管级别有多高，谁触犯法律都要问责，都要处理，我看天塌不下来。”

“老百姓是天，老百姓是地。”他反复强调：“人民群众反对什么、痛恨什么，我们就要坚决防范和打击。人民群众最痛恨腐败现象，我们就必须坚定不移反对腐败。”

一批“大老虎”纷纷落马，无数腐败“小苍蝇”受到严肃处理，以如此的力度重拳反腐，面临的压力和挑战可想而知。习近平总书记这样说：“不是没有掂量过。但我们认准了党的宗旨使命，认准了人民的期待。”

“天下何以治？得民心而已！天下何以乱？失民心而已！”习近平总书记曾引用这句古语指出新时代全面从严治党的出发点和落脚点。他将作风建设视为党群干群关系的“晴雨表”，亲自部署、率先垂范、紧抓不放、久久为功，让中央八项规定成为新时代共产党人的一张“金色名片”。

镜头四：“为了保护人民生命安全，我们什么都可以豁得出来！”

2020年1月23日10时，位于长江中游的超大城市武汉，因罕见的疫情宣布“封城”。

作出这个决定，史无前例、世无先例。

“一千多万人的大城市，突然要凝固起来，静止下来，会带来各种问题”，“但该出手时必须出手，否则当断不断、反受其乱”。习近平总书记以巨大政治勇气作出这一关键决定。

大年初一，本是万家团圆、欢度春节的日子。

中南海怀仁堂，习近平总书记主持召开中央政治局常委会会议，表情凝重。

“大年三十我夜不能寐。”“本来想是让大家过个好年。现在疫情形势紧急，不得不把大家召集起来，一起来研究部署这个问题。”

在疫情防控最危急的日子里，他时刻牵挂受疫情影响的群众安危，惦念着战斗在一线的“白衣将士”；他主持召开21次中央政治局常委会、中央政治局会议研究决策；他对派出到湖北前方的中央指导组作出上百次重要指示，交代指导组的负责同志“有什么情况、有任何需要，可以打电话直接和我说”。

“为了保护人民生命安全，我们什么都可以豁得出来！”总书记的话重若千钧。

2020年3月10日，习近平总书记专程前往“封城”中的武汉，走进社区、亲切慰问。他要求社区工作者把工作做得更细更有温度，他还特别细心叮嘱：“武汉人喜欢吃活鱼，在条件允许的情况下应多组织供应……”总书记的话，温暖了武汉人民的心。

正是依靠人民，这场抗疫斗争创造出令世界赞叹的东方奇迹。

镜头五：“中国要飞得高、跑得快，就得汇集和激发近14亿人民的磅礴力量”

2019年3月4日，习近平总书记看望参加全国政协十三届二次会议的文化艺术界、社会科学界委员，并参加联组会，听取意见和建议。他指出，中国要飞得高、跑得快，就得汇集和激发近14亿人民的磅礴力量。

眼睛向下、走进群众，向人民问计、听人民心声，是习近平从政一以贯之的品格。

人民的所思所盼装在总书记心中，融入国家发展的顶层设计。

2020年9月17日，湖南长沙，九所宾馆。

习近平总书记专门请来基层代表，听取大家对“十四五”规划编制的意见和建议。他们中有乡村教师、农民工，也有货运司机、种粮大户。大家你一言我一语，道急难愁盼、谈难点痛点、提解决办法。

为起草好“十四五”规划建议，2020年7月到9月，习近平总书记接连召开7场专题座谈会，听取方方面面的声音。

习近平总书记在2024年新年贺词中再次强调：“我们的目标很宏伟，也很朴素，归根到底就是让老百姓过上更好的日子。”

思考讨论

1. 把人民放在心中最高位置，习近平总书记是这样说的，更是这样做的。他用自己的言行，为践行以人民为中心的发展思想树立了光辉典范。你如何理解习近平总书记的“初心”和人民情怀？

2. 如何理解“江山就是人民，人民就是江山”的深刻内涵？为什么说坚持以人民为中心是新时代坚持和发展中国特色社会主义的根本立场？

3. 习近平总书记指出，让人民生活幸福是“国之大者”。作为新时代的青年应如何学习总书记的这种人民情怀，践行以人民为中心的发展思想？

教学建议

本案例主要适用于第四章第一节“江山就是人民，人民就是江山”部分的辅助教学。本案例主要介绍了习近平总书记无限热爱人民、矢志造福人民、深深扎根人民、始终信仰人民、紧紧依靠人民、团结引领人民的深厚的人民情怀和“我将无我，不负人民”的崇高境界，体现了以人民为中心是习近平新时代中国特色社会主义思想的出发点和落脚点，坚持以人民为中心是新时代坚持和发展中国特色社会主义的根本立场。

组织教学建议

第一，在运用本案例之前，可以组织学生观看由中央电视台制作的时政微视频《初心》，让学生更直观地感受习近平总书记根植大地、心系百姓、不忘初心的人民情怀。《初心》以短视频方式，选取习近平在陕西梁家河、河北正定、福建宁德等地生活、工作时的片段，简洁精要地讲述了他一路走来坚守不变的初心。短视频全部采用习近平本人在资料片中的自述和历史见证者的回忆，生动具象。通过观看短视频，学生能真正看得见、听得着、感受到党的总书记的初心是什么，明白为什么不能忘记这个初心、如何做到不忘初心，体会到习近平总书记的人民情怀，深深扎根于人民的大地。在讨论案例之前，也可以组织学生观看新华社国内部承制、新华通讯社出品的系列纪录片《情怀》中的第一集《人民情怀》，了解半个世纪前，在陕北下乡插队的习近平就已经厚植下深深的人民情怀。他在体验群众疾苦中萌生人民情怀，在地方治理实践中厚植人民情怀，在革命家风传承中升华人民情怀，在担当崇高使命中彰显人民情怀。

第二，引导学生结合案例读懂和领悟习近平总书记至深至厚的人民情怀。一是热爱人民、情系人民。习近平总书记是在人民中成长起来的领袖。在梁家河插队当知青时，“人民”二字已铭刻在青年习近平内心深处。党的十八大以来，习近平总书记的人民情怀贯通在新时代治国理政的伟大实践中，不断深化升华。习近平总书记走遍集中连片特困地区，因为“乡亲们一天不脱贫，我就一天放不下心来”。一间间村舍，见证了总书记对贫困群众的深厚情怀。总书记始终牵挂群众安危，以“为了保护人民生命安全，我们什么都可以豁得出来”的决心抗击世纪疫情，最大限度保护了人民的生命安全和身体健康。二是尊重人民、不负人民。习近平总书记以巨大的政治勇气和强烈的责任担当，带领人民攻坚克难、勇开新局，推动党和国家事业发生历史性变革；以“不得罪腐败分子，就必然会辜负党、得罪人民”的清醒坚定不移全面从严治党，认真解决群众反映强烈的突出问题。一件件实事、一份份牵挂，汇聚成至深、至浓、至热的人民情怀，升华为那一句最深情的告白和最坚定的誓言——“我将无我，不负人民”。三是依靠人民、造福人民。习近平总书记深深扎根人民，始终牢记自己是“黄土地的儿子”；他矢志造福人民，始终不忘“让全体中国人都过上更好的日子”的目标；他紧紧依靠人民，团结引领人民，始终深信“中国要飞得高、跑得快，就得汇集和激发近14亿人民的磅礴力量”。在他心中，让人民生活幸福是“国之大者”。习近平总书记的人民情怀，饱满深厚，隽永悠长，是为民、忧民、亲民、敬民、惠民情怀的集大成者。

第三，教师在讨论过程中，要引导学生提高认识，既要从细微之处感受习近平总书记的人民情怀，也要从中国共产党的根本宗旨和立场、建设中国特色社会主义的根本目的、习近平新时代中国特色社会主义思想的基本方略、新发展理念等理论高度和深度来理解总书记的人民情怀，并努力向习近平总书记学习，坚持人民至上，厚植人民情怀。习近平总书记的人民情怀，归根到底是中国共产党根本宗旨和初心使命在情感上的生动体现。经历百年沧桑历史的中国共产党，不管世情、国情、党情如何变化，全心全意为人民服务的根本宗旨矢志不渝，为人民谋幸福、为民族谋复兴的初心使命始终不变。人民立场是马克思主义政党区别于其他政党的显著标志，是中国共产党的根本政治立场，也是习近平新时代中国特色社会主义思想的根本立场。社会主义国家的性质、无产阶级政党的性质和宗旨，决定中国共产党的一切活动的根本目的都是为了人民，为了最广大人民群众的根本利益。建设中国特色社会主义的根本目的，就是“一切为了人民”。人民至上是贯穿习近平新时代中国特色社会主义思想的一根红线，是以习近平同志为核心的党中央治国理政最鲜明的价值取向。坚持以人民为中心是新时代坚持和发展中国特色社会主义的基本方略之一。坚持以人民为中心的发展思想是新发展理念的“根”和“魂”。强国之路、复兴之路必然是一条富民之路。

总结提升建议

第一，人民立场是中国共产党的根本政治立场。中国共产党是人民的党，为人民而生，因人民而兴，根基在人民、血脉在人民、力量在人民。习近平总书记用“江山就是人民，人民就是江山”这一质朴的话语深刻揭示了人民与政权之间的辩证关系，充分说明我国国体政体的人民性。党依靠人民创造历史伟业，人民是中国共产党执政兴国的最大底气，是决定党和国家前途命运的根本力量，是我们党的生命之根、执政之基、力量之源。“江山就是人民，人民就是江山”，这是由我们党的性质、宗旨决定的。人民性是马克思主义的本质属性和最鲜明的品格。作为马克思主义政党，中国共产党自诞生起始终坚守“人民是历史的主体”“人民是创造历史的动力”等唯物史观基本观点，把坚持人民利益高于一切鲜明地写在自己的旗帜上。习近平总书记的人民情怀，总在朴实之语中彰显，常在细微之间绽放。从决战决胜脱贫攻坚到全面推进乡村振兴，从实现全面小康到迈向共同富裕，胸怀让人民生活幸福这个“国之大者”，以习近平同志为核心的党中央始终站稳人民立场，把人民放在心中最高位置，把人民对美好生活的向往作为奋斗目标，不断把为人民造福事业推向前进。

第二，坚持人民立场，就要始终牢记为中国人民谋幸福、为中华民族谋复兴的初心和使命。习近平总书记的人民情怀及其与人民心心相印、与人民同甘共苦、与人民团结奋斗的实践行动，生动诠释了中国共产党人的初心使命。中国共产党为人民夺取政权、打下江山不容易，为人民巩固政权、守住江山更不容易。“打江山、守江山，守的是人民的心。”必须始终以真挚的人民情怀滋养初心，时刻不忘我们党来自人民、根植人民，人民群众的支持和拥护是我们党永远立于不败之地的根本。党的百余年历史就是一部党与人民心连心、同呼吸、共命运的历史。党的十八大以来，习近平总书记在不同时期、不同场合，用质朴的语言和实实在在的行动表达着他对人民的挚爱和为民服务的情怀。他日理万机、夙夜在公，只为亿万人民。“人民对美好生活的向往，就是我们的奋斗目标。”生动、真切的语言，体现出习近平总书记心中时刻牵挂的，正是最广大的人民群众。他考察调研中接触最多的是人民群众，决策部署中关注最多的还是人民群众。大至人民的生命安危，小到群众的柴米油盐，在总书记心中都是牵挂不忘的大事。总书记感知着百姓冷暖，回应着群众期盼。“我将无我，不负人民”的坚定誓言，彰显总书记与人民心心相印、同甘共苦的真挚情怀和“人民至上”的价值理念。

第三，坚持人民立场，就要坚持以人民为中心的执政理念，将其贯穿于党和国家事业发展各方面。“坚持以人民为中心”有着丰富和深刻的思想内涵，包含着一系列相互联系、相辅相成的思想和观念。一是尊重人民主体地位，坚持人民是历史的创造者，是社会历史发展的真正推动者这一唯物史观的基本原理；二是坚持人民立场，坚持全心全意为人民服务的根本宗旨，永远把人民对美好生活的向往作为奋斗目标，始终把人民利益摆在至高无上的地位；三是坚持贯彻群众路线这一党的生命线和根本工作路线，坚持一切为了群众，一切依靠群众，从群众中来，到群众中去；四是坚持以人民为中心的发展思想，把增进民生福祉作为发展的根本目的，让发展成果更多更公平惠及全体人民，朝着实现全体人民共同富裕不断迈进；五是在政治建设、国家治理和社会治理中，保证人民当家作主的权利。“以人民为中心”是党的十八大以来，习近平总书记反复强调的核心执政理念，是新时代坚持和发展中国特色社会主义的基本方略，揭示了习近平新时代中国特色社会主义思想的根本立场、价值内核、精髓要义、出发点和落脚点，淋漓尽致地展现了习近平总书记的人民情怀。坚持以人民为中心，才能筑牢我们党长期执政最可靠的阶级基础和群众根基。坚持以人民为中心，就要像习近平总书记那样，厚植把人民放在心中最高位置的真挚情怀，全心全意为民，念兹在兹忧民，贴心交心亲民，诚心诚意敬民，公平公正惠民。

第四，以人民为中心的发展思想，是“人民至上”价值取向在发展观上的创造性运用，是人民情怀在思想理论上的充分表达，必须落实到各项决策部署和实际工作之中。坚持以人民为中心的发展思想是新发展理念之魂，鲜明回答了“依靠谁发展、为了谁发展”这一发展中的根本问题、原则问题。有坚持以人民为中心的发展思想，才会有正确的发展观、现代化观。党的二十大报告将“以人民为中心的发展思想”作为前进道路上必须坚持的重大原则之一。中国式现代化是全体人民共同富裕的现代化，要把以人民为中心的发展思想贯穿到“五位一体”总体布局和“四个全面”战略布局之中，坚定不移走共同富裕道路。全面落实以人民为中心的发展思想，必须学习习近平总书记为民不遗余力的无私无我的精神境界，坚持人民至上、站稳人民立场、把握人民愿望、尊重人民创造、集中人民智慧，贯彻党的群众路线，把为人民造福的事情真正办好办实，推动全体人民共同富裕取得更为明显的实质性进展，不断把人民对美好生活的向往变为现实。要始终把人民安居乐业、安危冷暖放在心上，用心用情用力解决群众关心的实际问题。把为民办事、为民造福作为最重要的政绩，把为老百姓办了多少好事实事作为检验政绩的重要标准。永远保持同人民群众的血肉联系，始终同人民群众想在一起、干在一起、风雨同舟、同甘共苦。

■ 启示意义

第一，真正的人民情怀要内化于心、外化于行。心行统一、落实到实践中的人民情怀，才是真正有意义、有价值的人民情怀。百余年党史，就是一部践行党的初心使命的历史，就是一部为人民谋幸福的历史。习近平总书记从人民中走来，与人民同行、为人民奋斗的脚步从未停歇，对人民的关怀“实打实”。他谋划着国计民生的大事，也操心着百姓身边的小事，以率先垂范的实际行动，诠释了“心里装着人民、时刻想着人民、讲话贴近人民、奋斗为了人民”的为民情怀。体味习近平总书记的人民情怀，关键就是要化作为人民造福的实际行动，要像习近平总书记那样，树立正确的人民群众观，在实践中坚定不移贯彻“一切为了群众，一切依靠群众，从群众中来，到群众中去”的群众路线，把真挚的人民情怀化作全心全意为人民服务、为人民谋幸福的具体行动。

第二，常怀爱民之心、为民之志、惠民之情，人生奋斗就有了不竭的精神动力。心中有民，奋斗就有动力；心中有责，肩上就有担当。对于中国共产党人来说，“人民”是不变的价值指向，“为人民”是不变的价值追求，“人民性”是永恒的价值底色。习近平总书记对人民群众的情感来源于在实践中与人民群众的密切接触。正是因为“情为民所系”，推动着他“权为民所用，利为民所谋”，把群众的“小事情”放在心上，把人民的“大责任”扛在肩上。人民至上、以人民为中心，把造福人民的实事、大事、难事办实、办好、办妥，这是习近平总书记念兹在兹的执政信条和最鲜明的政治品格。大境界造就大胸怀。在新时代新征程中，广大青年施展才干的舞台无比广阔，实现梦想的前景无比光明。但要认识到，有了情系人民、为民担当的博大胸怀，才能在有益于社会和人民的实践中实现自身价值。要像习近平总书记那样始终把人民立场作为根本政治立场，把人民利益摆在至高无上的地位，在真心实意向人民学习中丰富自己的人生经验、提高为人民服务的本领，让青春在全面建设社会主义现代化国家的火热实践中绽放绚丽之花。

案例 4

三明医改启示录

核心阅读

三明医改是中国医改的“标杆”。2012 年以来，福建省三明市以解决群众“看病难”“看病贵”为目标，不断突破旧有利益藩篱和体制机制障碍，以公立医院综合改革为切入点，以医药、医保、医疗“三医联动”为基本路径，大胆推进医药卫生体制改革。三明医改经历整治以赚钱为中心、推进以治病为中心、探索以健康为中心的三个阶段，闯出了一条破解医改难题的新路子，实现了“三个回归”——公立医院回归公益性质，医生回归看病角色，药品回归治病功能，贡献了中国新一轮医改进程中备受瞩目的地方样本，开创了中国医改的“三明模式”，三明成为全国首个深化医改经验推广基地。2021 年 3 月，习近平赴三明市进行了实地考察，强调指出：“三明医改体现了人民至上、敢为人先，其经验值得各地因地制宜借鉴。”2024 年 6 月，国务院办公厅印发《深化医药卫生体制改革 2024 年重点工作任务》，提出因地制宜学习推广三明医改经验。

2012 年以来，福建省三明市发扬改革精神，不回避矛盾，持之以恒深化医药、医保、医疗“三医联动”改革，在紧密型县域医共体建设、医疗信息化普及、加强健康管理等领域积累了有益经验，取得了明显成效。

2021 年 10 月，国务院医改领导小组印发《关于深入推广福建省三明市经验深化医药卫生体制改革的实施意见》，提出进一步加大力度推广三明医改经验，深化医药、医保、医疗联动改革，促进优质医疗资源均衡布局等举措。

近年来，随着三明医改经验从地方走向全国，优质医疗资源布局更加均衡，人民群众看病就医更加便捷。

治混乱、堵浪费——整治以赚钱为中心

回顾三明医改初衷，三明医改第一任“操盘手”、三明市医改领导小组原组长詹积富总结为 4 个字——“不得不改”。三明市是一座因三线建设而兴起的老工业城市，经济体量小，退休人员占比较高，“未富先老”现象明显。2011 年，当地职工医保统筹基金收不抵支，基金亏损高达 2 亿元以上，已超过一个地级市能承受的极限。

三明市以落实政府主导责任为抓手，成立领导机构、结束多头管理，迈开医改第一步。2012年1月，由市委市政府、市发改委、市财政局、市人社局等多部门联合组成的三明市深化医药卫生体制改革领导小组办公室成立，詹积富副市长任组长，三明医改正式拉开帷幕。

2009年新医改在全国范围内启动后，政府以增加投入的方式补贴老百姓以及医疗机构失去药品加成后的损失，以求缓解“看病难”“看病贵”的痼疾，但是效果不佳。三明医改另辟蹊径，从存量着手，先压虚高药价、堵浪费，终于触及了此前未曾动摇过的“以药养医”根基。医改前三明市在医院收取的医疗费用中，超过60%为药品费用。

医改首先改什么？凭借多年医药工作经历和长期深入一线调研的心得，詹积富决定以“药改”为抓手，打响第一枪，首先从药品利益链上开刀，将治乱象、堵浪费作为“第一把火”，烧向流通领域虚高的药品和医用耗材价格。通过在全市范围内推行医疗机构用药限价采购、执行“两票制”（在采购中，药品从药厂卖到一级经销商开一次发票，经销商卖到医院再开一次发票，减少中间流通环节）、实行“一品两规”（一个品种只入选两个品规），并对各医院使用的“疗效不确切、价格很昂贵”的辅助性、营养性药品使用情况进行实时监控，严控大处方、大检查，三明的药品价格和医疗费用迅速实现“断崖式”下降。

“两票制”等改革动了少数既得利益者的“奶酪”，三明医改一度遭遇不少质疑。“何必得罪那么多的厂长？何必得罪那么多的院长？何必得罪几百万个医药代表？何必得罪那么多大专家？”4个“何必”，道尽当时摆在詹积富面前的难，但詹积富和同事们坚定不移，“对于共产党员来说，造福百姓，就要敢于啃硬骨头”。关键时刻，中央和福建省多次肯定三明医改探索，旗帜鲜明地为三明医改“保驾护航”。

曾几何时，三明市三元区岩前镇乌龙村农民凌清富一度想要放弃治疗。因为他吃的一种叫吉非替尼的抗癌药，一年就要花七八万元。2019年，三明市执行“4+7”药品集中采购的参考价格后，吉非替尼价格下降80%，再加上医保报销，凌清富每年只要3 000多元就能吃得起“救命药”。

建章程、立制度——推进以治病为中心

在医改治“乱”的同时，三明建章程、立制度，系统推进医药、医保、医疗的“三医联动”改革，一体推进以治病为中心的转变。针对存在的突出问题，三明医改抓住了关键的“六个头”，即“管好医院户头、斩断药品抽头、激励仁心笔头、用好基金寸头、减少病人床头、延长健康年头”；实现“三个回归”，即公立医院回归公益性质、医生回归看病角色、药品回归治病功能。

三明市从改革医药管理体制入手，建立跨地区药品耗材联合限价采购“三明联盟”，进一步破除以药补医机制，切断了以药补医链条，推动药品回归治病功能。

三明医改的一大亮点，就是在全国开先河，推行医院院长、医生（技师）年薪制。医改前的三明跟其他地方一样，医院绩效工资从医疗总收入中提取，但医生看病问诊的医疗行为并不值钱，最赚钱的办法就是多开药、多检查、多用耗材、多做化验。降药费，降检查、检验费，提高医务性服务收费占比，这在三明模式中被称为“腾笼换鸟”，其真正的改革目标是要腾笼换“医”——提升医疗服务价格，消除医院医生逐利冲动，促进公立医院良性发展。

2013年开始，三明市对22家二级以上医院都实行了院长目标年薪制和医生（技师）、临床药师目标年薪制，2015年又将在职在岗的护理、药剂、行政后勤人员纳入目标年薪管理，通过工分制来计算，打破了人员工资与科室创收挂钩的分配模式。三明市医院在岗职工平均年薪由2011年的4.22万元提高到2022年的20.11万元。公立医疗机构书记（院长）、总会计师年薪由政府发放。对院长，主要考核次均费用、药占比、住院率等体现办院方向的指标；对医务人员，则主要考核工作量和医德医风。全市3 000多名医生在获得体面阳光收入的同时，也回归了看病的角色。

三明医改牢牢牵住医保这个“牛鼻子”，大力改革医保管理体系。2013年，三明市在全国率先将原来24个医保基金经办机构进行整合，组建了市医疗保障基金管理中心。2016年，三明市又率先实行“招采合一”，将药品采购和医疗服务定价等职能统一到新组建的医保局，切断医院与药品耗材供应商之间的资金往来，解决了医院、药品供应商、医保机构之间的“三角债”关系。在全国率先实行“三保合一”，即将城镇职工医保、居民医保、新型农村合作医疗三类医保经办机构整合。实行医保基金打包支付，医保基金结余部分纳入医疗服务性收入，健康促进经费从医疗机构的成本中列支，增强公立医疗机构节约成本、提高效能的内生动力。

治未病、大健康——探索以健康为中心

2016年，习近平在全国卫生与健康大会上强调，没有全民健康，就没有全面小康。要把人民健康放在优先发展的战略地位。牢记总书记嘱托，三明医改进入3.0阶段，树立大健康、大卫生理念，在全市各总医院全覆盖建设健康管理中心和疾病管理中心，打造医防融合的服务模式，促进公立医院由“以治病为中心”向“以健康为中心”转变，将健康服务重心向前端延伸。

横亘在中国医改面前的大山，分级诊疗一直是最难撼动的那一座。社区卫生中心门可罗雀，上级医院虹吸基层病人，让“看病难”多年无解。整合县乡村三级医疗资源，构建紧密型医疗共同体，把县医院、乡镇卫生院、村卫生室整合为一个法人，人、财、物一体化，变竞争为协同，突出健康管护，是三明医改开出的“药方”。通过组建县级紧密型医共体——县总医院，担负起为全县居民健康负总责的职责，并将县域内医保基金打包给县总医院，“超支自负、结余留用”。在此基础上，将市县两级医院医护人员的收入和下基层坐诊、健康管理、疾病防控等挂钩，推动分级诊疗落到实处。2023年9月，三明市卫健委等四部门联合印发《关于深化紧密型县域医共体人员管理的意见》，旨在推动县域医共体的人、事、钱等全面统筹，强化基层医生编制和补助保障改革，推动人才和资源下沉，真正实现医共体内“一家人”“一条心”“一本账”。

三明基本实现常见病多发病在市县解决、头痛脑热在乡村解决。将乐县古镛镇和平村村医黄金华是第一批与乡镇卫生院签约的乡村医生，由单干的“个体户”转为紧密型医共体成员后，他的职责发生重大转变：“过去我每天坐在诊所坐等村民上门看病抓药，现在我是辖区内1 000余名村民的健康‘守门人’，每天一半以上时间走村入户，村民们的健康情况直接关系到我的绩效。”

三明医改给百姓带来直观红利：2023 年全市人均医疗总费用 2 336 元，仅为全国的 1/3，2022 年人均预期寿命达到 80.18 岁，高于全国和全省人均预期寿命。

三明医改下一步将在紧密型医疗卫生共同体的基础上构建“健康服务共同体”，努力构建“健康全程管、卫生有保障、医疗高质量”的现代化卫生健康服务体系。

思考讨论

1. 从医保基金险些穿底的“后进生”到全国医改样板，三明在挑战医改这道世界性难题中究竟做对了什么？三明医改改了什么？取得了哪些成果？

2. 2021 年 3 月，习近平赴三明市考察，强调指出：“三明医改体现了人民至上、敢为人先，其经验值得各地因地制宜借鉴。”三明医改积累了哪些宝贵经验？是否可复制推广？

3. 作为新医改的样本，三明模式已向全国推广，但各地在推广三明医改经验中还存在一些堵点和难点。你认为难在哪里？堵在何处？如何才能从根本上解决老百姓“看病难”“看病贵”问题？

教学建议

本案例主要适用于第四章第三节“全面落实以人民为中心的发展思想”部分的辅助教学。本案例主要介绍了福建省三明市牢牢站稳人民立场，坚持人民至上、健康至上，坚持敢为人先、敢于斗争的精神，持续推动体制机制改革，三明从医保基金险些穿底的“后进生”，成长为全国医改样板的改革历程和发展轨迹，彰显了“一切为了人民健康”、造福民生的医改宗旨和以人民为中心的发展思想。

■ 组织教学建议

第一，在运用本案例之前，可以组织学生课外线上观看由中央广播电视总台和国家卫生健康委员会联合摄制的四集纪录片《为了人民健康》，全面梳理了新中国从积贫积弱到建立世界上最大规模的基本医疗保障体系的艰苦奋斗历程。其中第二集《利民为本》重点介绍我国基本医疗卫生服务体系的历程和成果，肯定新医改，聚焦福建省三明市的医药、医保、医疗“三医联动”改革，称其开创了中国医改的“三明模式”，为全国提供了可借鉴的成功经验。也可以组织学生观看中共福建省委宣传部、中共福建省委党史研究和地方志编纂办公室、福建省广播电视局、福建省广播影视集团联合摄制的文献短纪录片《与新中国一起走过》第 28 集《三明医改》和中央广播电视总台央视新闻《思想的力量》系列微纪录中第六集《三明医改启示录》，让学生能更直观地感受医改的“三明模式”及其影响力，为课堂案例讨论提供良好的基础。

第二，在进行案例讨论时，可以结合案例内容设置一些环环相扣的问题引发学生思考：三明医改为何改？为谁改？改了什么？面临哪些阻碍？如何克服困难与挑战？取得了什么成果？有哪些经验？经验是否可复制推广？能否可持续发展？为何受世人瞩目？通过激发学生的问题意识，促进学生思考，深化学生对三明医改总体情况的了解，加深学生对医改这个世界性难题的认识，明确三明医改的成功经验及其彰显的以人民为中心的发展思想。

第三，引导学生学习三明医改推动者彰显的人民至上、敢为人先、改革创新、砥砺前行的精神、勇气与智慧。2021 年 3 月 23 日，习近平在三明市沙县总医院考察时勉励大家："我很关注你们的改革。这是一种敢为人先的精神，人民至上、生命至上理念的觉悟担当。"医改是世界性难题，要想通过深化改革，让百姓得实惠，就意味着要破除重重阻力，调整利益格局，必须要有"敢于突进深水区，敢于啃硬骨头，敢于涉险滩"的魄力。三明医改是一个闯出来、干出来的医改样板。常怀为民之心，多兴利民之事，这是三明医改的责任担当。常怀为民之心，方能不畏艰险，直面挑战；多兴利民之事，就要开拓创新，不断进取。三明医改经验中，改革创新的决心和勇气是浓墨重彩的一笔，这种勇气源自"坚持以人民为中心"的价值取向。民生改善只有进行时，全面深化改革永远在路上。党的二十届三中全会把"坚持以人民为中心"作为进一步全面深化改革必须贯彻的重大原则之一。坚持以人民为中心，就能为推进医改注入源源不断的动力。

总结提升建议

第一，医改是党中央作出的重大决策部署，是以人民为中心的发展思想的具体体现。健康是人全面发展的基础。医药卫生事业关系千家万户幸福，是重大民生问题。坚持以人民为中心是新时代坚持和发展中国特色社会主义的基本方略之一，也是新时代坚持和发展中国特色社会主义的根本立场。落实以人民为中心的发展思想，必须把为人民造福的事情真正办好办实。要坚持问题导向，敢于正视问题，善于发现问题，真正把情况摸清、把问题找准，拿出破解难题的实招、硬招。民有所呼、政有所应。"看病难""看病贵"是老百姓最关心的话题之一。以探索和深化医改推动健康中国的建设，是坚持以人民为中心发展思想的必然要求。党的十八大以来，以习近平同志为核心的党中央把保障人民健康放在优先发展的战略位置，将深化医改纳入全面深化改革统筹推进，围绕解决"看病难""看病贵"两个重点难点问题，坚持用中国式办法破解医改这个世界性难题，深入推广以三明医改为代表的典型经验，建成了世界上规模最大的医疗卫生体系，群众看病就医更方便、更实惠、更高效、更顺畅。习近平在党的二十大报告中明确指出，新发展阶段要"推进健康中国建设……把保障人民健康放在优先发展的战略位置"。2024 年 2 月 28 日，国家卫生健康委就卫生健康进展成效举行发布会，强调将以地市为单位深入推广三明医改经验，让群众在改革中有更多实实在在的获得感。

第二，三明牢牢站稳人民立场，将"以人民健康为中心"的理念贯穿医改始终，是全面落实以人民为中心的发展思想的具体体现。以人民为中心，在"三医"领域就是以人民健康为中心，减轻群众就医负担、增进民生福祉。从表面上看，三明医改的直接动因是十多年前本地医保基金面临"穿底"之忧，实际上则是从人民群众的角度出发，正视问题，努力解决"看病难""看病贵"的问题，解决医疗行为与医学本质不尽吻合的问题，触及改革不合理的管理体制和制度，改变医院的运行机制。三明医改通过整治回扣和不正确的医疗行为，让患者真正受益；通过建章程、立制度让医疗回归医学本质；通过构建健康保障体系，以老百姓不得病、晚得病、少得病为依归，真正实现以人民健康为中心。三明医改坚持卫生医疗事业的公益性，不忘初心使命，大力践行“健康中国”战略，把满足人民群众日益增长的医药卫生需求、不断提高人民群众健康素质作为改革预期的效果，改革红利惠及普通百姓，为全国医改树立了学习样板，闯出了一条切实可行的医改道路。三明医改实施10余年，实现了放缓医药总费用增速、减轻患者负担、降低药品费用的“三降低”以及提升医务人员薪酬、优化医院收入结构、使城镇职工医保基金扭亏为盈的“三提升”，实现了“百姓可以接受、财政可以承担、基金可以运行、医院可以持续”的医改目标，筑牢医保坚实后盾，托举人民美好生活。

第三，三明医改以公平可及和群众受益为导向，以大改革思维推动制度创新，积累了具有推广价值的宝贵经验。习近平曾多次指示要总结推广三明医改经验。三明医改的经验主要有以下几点：一是建立高效有力的医改领导体制和组织推进机制。三明市委市政府敢于担当、敢于碰硬是医改成功的首要因素。三明市委市政府一把手抓医改，联合多部门成立三明市深化医药卫生体制改革领导小组办公室，结束多头管理，切实发挥了政府的主导作用。二是按照“腾笼换鸟”的思路，大力深化医药、医保、医疗“三医联动”改革。这是三明医改的核心经验。实行药品耗材联合限价采购，将腾出的空间主要用于调整医疗服务价格，优化医院收入结构，建立公立医院良性运行机制，让公立医院回归公益性质、医生回归看病角色、药品回归治病功能。三是创新薪酬分配激励机制。实行全员目标年薪制、年薪计算工分制，激发医务人员厚德精业、全心全意为病人服务的工作热情。四是强化医疗机构监督管理。严格医疗机构用药管理，对医院运行、门诊和住院次均费用增长等进行重点监控。五是改革完善医保基金管理。在全国率先实行城镇职工医保、居民医保、新型农村合作医疗“三保合一”，合理确定医保支付标准，为参保人员提供公平的基本医疗保障。六是上下联动促进优质医疗资源下沉。组建紧密型县域医疗共同体，有效推动医疗资源下沉和分级诊疗落到实处，让群众“看病难”的问题得到解决。上述经验体现的都是把人民健康作为中心、把人民需求作为目标的医改理念。三明医改所解决的主要问题，比如药品耗材虚高、“以药养医”、过度医疗现象突出等，均为全国普遍性存在的问题，因此，三明医改对全国公立医院综合改革具有重要的借鉴和推广意义。三明医改探索的“三医联动”、“两票制”、年薪制、“三保合一”和组建医保局等做法已上升为国家医改的顶层设计。

第四，三明医改在前行过程中能够不断啃下各种“硬骨头”，根本在于坚持党对医改工作的统一领导，切实以人民为中心，始终把人民生命安全和身体健康放在第一位。被称作三明医改的“操盘手”的詹积富感慨地说：如果没有习近平总书记坚持以人民为中心的发展思想，没有他对三明医改的关心，也就没有三明医改的经验。“三明之所以能一路破冰、攻坚克难，最核心的在于党中央坚定有力的支持。”医改之所以成为世界性难题，是因为涉及多方利益调整，受利益驱动和人为因素影响较大。医改过程是个利益博弈和调整的过程，既要以敢为人先、敢于斗争的精神突破利益藩篱，又要努力制定利益相关者能够接受和认可的改革方案。切中关键，抓住重点，探索出多方共赢机制，是三明医改的一个鲜明特点。三明医改得到了政府、公立医院、医务人员、患者及医药配送企业等利益相关者的肯定与认可。患者与医务人员成为三明医改主要目标受惠主体，是改革红利的流向终端。医保基金的结余减轻了政府负担，政府声望因此有所提高。医院可支配收入增加，医疗质量与服务均有所提升，医院可持续发展能力增强。对医药配送企业来说，信息更公开透明，回款周期缩短，财务成本降低。针对三明医改，也有过不少争议，层层阻力也曾险些让这场改革搁浅。但三明医改人始终谨记“为何改、为谁改”这一根本问题，坚持人民至上，决心把有利于人民的改革进行到底，得到党中央和地方党委政府的高度重视，得到人民群众的支持拥护，改革就有了最大的底气。

启示意义

第一，破困突围，最根本的路径是改革创新。改革往往是从破解难题开始的。面对医药费用过快增长导致医保基金面临“穿底”风险的问题，三明市基于大改革思维推动制度创新，以问题为导向，敢于直面问题、锐意进取、破除旧例，实事求是理顺政府健康治理体制，向“以药养医”痼疾开刀。三明用一记记突破藩篱的改革重拳，为中国医改探路。三明医改的成功离不开医改推动者砥砺改革创新的精神、勇气与智慧。当代大学生作为祖国未来的希望，应该努力培养革故鼎新、一往无前的精神，敢于直面风险挑战，有不达目的不罢休的韧劲，激扬“闯”的精神、“创”的劲头、“干”的作风，在担当中历练，在尽责中成长，让青春在新时代改革开放的广阔天地中绽放。

第二，以人民为中心，绝对不能停留在口头上，要全方位贯穿于经济社会发展的各个环节，体现在人民群众获得感、幸福感、安全感的扎实提升上。三明医改的成功离不开医改推动者的政治决心和使命担当。三明医改首先切断利益链条，对医药企业、医疗机构、医务人员严格监管，触及了“以药养医”的根基。这种敢为人先的勇气来自一切为了群众健康、“人民至上、生命至上”的改革初心。三明医改破除了公立医院逐利机制，从根本上解决了公立医院公益性和运营性难以兼顾的问题，用一项项改革红利，为群众提供“全方位、全过程、全周期”的卫生与健康服务。学习推广三明医改经验，就要像三明市那样，把以人民为中心的理念化作全心全意为人民服务、为人民谋幸福的具体行动。新时代中国青年要厚植人民情怀，在学习中增长知识、锤炼品格，在工作中增长才干、练就本领，以真才实学服务人民，以创新创造贡献国家！

案例 5

浙江嘉兴：向“共同富裕典范城市”蝶变跃升

核心阅读

嘉兴，是一座被红色基因浸润的城市。100 年前，嘉兴南湖的一叶画舫上，诞生了中国共产党，中国革命的航船从这里扬帆起航。100 年后，这片炽热红土焕发出新时代田园牧歌、诗画江南的美丽新颜，均衡富庶发展的名片愈擦愈亮，一幅共同富裕的画卷徐徐展开。2021 年，嘉兴实现了城乡居民收入倍差 1.6∶1，在中国地级市中最小；农村居民人均收入居中国地级市之首，村集体经济经常性收入全部超 120 万元……嘉兴的城乡差距持续缩小，走在了全国最前列。嘉兴这些成绩，离不开习近平 20 载一直情系“红船精神”起航地的殷殷嘱托。作为建设共同富裕示范区的典范城市，今日嘉兴正继续全力加速奔跑，力求为浙江省乃至全国实现共同富裕先行探路。

“轻烟漠漠雨疏疏，碧瓦朱甍照水隅。”100 年前，嘉兴南湖的一叶画舫上，诞生了中国共产党；100 年后，在这片炽热红土上，一幅共同富裕的画卷徐徐展开：2021 年，嘉兴人均 GDP 为 11.6 万元，是世界平均水平的 1.47 倍，超过世界银行高收入经济体标准，城乡居民家庭恩格尔系数分别为 26.5%和 27.3%，均达到“富足水平”，嘉兴是浙江乃至中国最均衡的地方之一。那么，嘉兴是如何做到的？可以提供哪些可复制、可推广的“嘉兴经验”？

擘画共富蓝图，20 年久久为功

嘉兴共富成绩的取得，离不开习近平 20 载一直情系“红船精神”起航地的殷殷嘱托。

2002 年 10 月 22 日，习近平履新浙江的第 11 天，就来到嘉兴考察调研。

2004 年春，时任浙江省委书记的习近平专程到嘉兴进行蹲点调研，指出：“嘉兴完全有条件成为全省乃至全国统筹城乡发展的典范。”2004 年成为嘉兴统筹城乡发展的里程碑之年。

2006 年 1 月 4 日，时任浙江省委书记的习近平来到嘉兴海盐县调研，明确提出“在提高县域经济实力上当好示范、在建设社会主义新农村上当好示范、在党的先进性建设上当好示范”的“三个示范”要求。

2017 年 10 月 31 日，党的十九大闭幕仅一周，习近平就带领新一届中央政治局常委专程前往上海和浙江嘉兴，瞻仰中共一大会址和南湖红船……

截至 2022 年 9 月，习近平先后 26 次到嘉兴考察调研，对嘉兴发展进行悉心指导、作出重要指示，有力推动着嘉兴的经济发展和共同富裕的进程。

牢记嘱托，嘉兴 20 年来一张蓝图绘到底，锚定目标不放松，走出了一条新型城镇化与新农村建设双轮驱动、生产生活生态相互融合、改革发展成果城乡共享的统筹城乡发展之路。

创新驱动引领高质量发展

在海宁市天通瑞宏科技有限公司的展厅内，陈列着一个射频领域的核心元器件滤波器。这颗比芝麻还小的器件，是手机处理信号的关键。类似这样的企业，如今在海宁半导体产业园内已签约了 30 多家，为嘉兴的高质量发展注入动能。

位于桐乡市的浙江华腾牧业有限公司未来猪场内，5G 机器人穿梭其中，全天候、全方位巡查与消毒；猪舍外，电子屏上清晰显示着猪舍内的二氧化碳浓度、氨氮浓度、温湿度等各项环境指标。管理未来猪场 1.5 万多头生猪，只需 4 个工作人员。

共同富裕，根本靠发展；高水平的均衡，离不开高质量的发展。眼下，创新驱动引领高质量发展的交响曲，正在嘉兴大地弹唱。

自 2003 年浙江清华长三角研究院落户嘉兴以来，在生命健康、数字创意、生态环境等关键领域已设立超过 50 个创新研发平台，致力于构建创新要素向企业集聚的通道。

秀水新区的天鹅湖未来科学城，则正在打造创新人才的生态圈，力争通过 5～10 年引进 5～10 家总部企业，完成 100 亿元以上投资，形成 1 000 亿元以上产值，引进 10 000 名以上高端人才。

通过改革创新推动发展、推进资源要素的市场化配置，瞄准高质量发展方向的嘉兴，正迸发出强劲动力：战略性新兴产业比重、增加值增速均居浙江省第一。

城乡一体诗意生活

夏花烂漫的季节，漫步在雪水港村，每家每户楼前楼后都栽种着鲜花。绿荫掩映之中，老人谈笑风生、孩童嬉戏玩耍，一派安宁和乐景象。对于雪水港村村民来说，现在的家，简直就是现实中的世外桃源。

如何缩小城乡差距，让农民富起来？嘉兴作出诸多尝试。从率先免征农业税，到出台城乡一体化发展规划纲要，再到统筹城乡发展水平连续多年居浙江省首位，嘉兴走出了一条特色鲜明的城乡一体化发展之路。

产业兴旺是实现农村繁荣的基础。为解决村级集体经济发展难题，嘉兴推动抱团发展、农业经济开发区等发展模式，还首创“飞地抱团”，助力经济薄弱村“摘帽”，成为实现先富带后富的“引擎”。前述雪水港村，就是依靠抱团发展，使集体经济得以迅速发展。

嘉善县大云镇缪家村曾是个贫困村，村民年人均收入不足千元。近年来，入股“飞地抱团”，通过盘活土地空间资源提升村集体经济“造血”功能，缪家村走出了“强村富民”之路。

2020 年，嘉兴市所属 5 个县（市）财政总收入全部超百亿元，率先在浙江省 11 个地市中实现“村村百万”。到2021年6月，嘉兴已累计建成“飞地抱团”项目110个，涉及1 342村次，收益率普遍在8%～12%之间。2023年，嘉兴农村居民人均可支配收入达到49 643元，居浙江省首位，在浙江省已连续20年名列前茅。

发展成果人民共享

晚饭过后，家住浙江嘉善姚庄镇的居民宋月红像往常一样出门，沿着商业街走走看看。姚庄镇，这个位于嘉兴东北部的“临沪水乡”，10多年来持续推动中心镇集聚。截至2021年5月，已有7 000多户农村居民“带地进城”，农户集聚率达到70%。村民生活已与城里人无异。

这几年，坚持“城乡一体、普惠均等”原则，嘉兴已构建了覆盖城乡、较为完善的公共服务体系，率先在中国实现“村村通公交”、义务教育均衡发展县“满堂红”、城乡居民养老保险全覆盖等。城乡一体，正“化”为嘉兴百姓的幸福生活，助推这座城市迈向共同富裕之路。

在桐乡洲泉镇，村民梁新会讲述了一次让他颇为感慨的“家门口”求医之旅。不久前，梁新会的母亲右腿骨折，原本想在镇卫生院简单治疗后转诊上级医院。但她很快转变了想法：“杭州的医生每周都来，家门口就能挂上专家号，看病治疗和城里人一样方便。”截至2021年8月，嘉兴全域已建成“20分钟医疗卫生服务圈”，基层就诊率达72.11%。

在城乡教育均等化方面，嘉兴也交上了满意答卷。2013年，嘉兴所有县（市、区）被教育部评为全国义务教育发展基本均衡县（市、区），其中海盐县率先实现义务教育“零择校、零择班、零择座、零指定”，100%就近划片入学，被评为义务教育优质均衡发展“全国样板”。

在秀洲区王店镇，趁着工作间隙，村民王阿姨打开手机App，查看父母昨晚的睡眠数据。“父母年纪大了，我们工作忙又不经常回家，现在通过手机随时随地都可以看到老人的健康状况，感觉很安心。”秀洲区推广“智慧养老”模式。截至2021年8月，当地已为9.3万名老人编制了一张“数字网”，融合医疗、护理、康复、养老等服务，全方位监测老人日常起居数据。

基层党建打造红色引擎

在海盐县通元镇，45岁的马伟华有个绰号叫“放羊倌”。他依托湖羊专业合作社，打造了一个共同富裕红色引擎——“新生代农民创业党支部”，成员之间以技术互助、信息共享、营销协作等方式形成“党群创业共富联合体”。到2021年8月，已带动100多农户从事湖羊养殖，走向共富。

在与海盐县毗邻的海宁市，这种“共同富裕红色引擎”式的基层党组织也是无处不在。海宁市还发布了党建引领共同富裕十大行动计划，推出红色堡垒全域建强行动、党员干部城乡结亲行动、党群创业项目培育行动等十项举措，共富引擎作用日益凸显。

嘉兴市基层党建的另一个突出特色，是组建了大量功能型、行动型“产业链党建联盟”，把支部建在“链”上。这个联盟可以整合产业链上下游的产、学、研、供、销、金融等资源，打造致富链、健全帮扶链、延伸服务链，是促进共同富裕的直接推力。

问渠那得清如许？为有源头活水来。嘉兴基层党建的创新实践，得益于多年来实施的

“党群创业共富工程”。该工程旨在打造“党建为引领、支部带党员、党员带群众的共同富裕样本”，实现“党组织政治属性与服务功能的有机统一”。正是有这么多能征善战的基层党支部，嘉兴共同富裕的步伐才跑得更快。

思考讨论

1. 在建设“共同富裕美好社会”的道路上，嘉兴这个红船起航地的“共富图景”格外令人瞩目。今日嘉兴描绘了一幅怎样的共富图景，有哪些可复制可推广的“嘉兴经验”?

2. 嘉兴扎实推进共同富裕所取得的成绩，在很大程度上源于其能够坚持正确的原则和科学的思路。请结合实际谈谈新时代促进全体人民共同富裕的原则和总体思路。

3. 嘉兴在推进共富之路上取得的成绩，离不开习近平20载情系“红船精神”起航地的殷殷嘱托。请结合实际分析，党的领导及党建工作在实现共同富裕过程中具有怎样的作用。

教学建议

本案例主要适用于第四章第三节“全面落实以人民为中心的发展思想”部分的辅助教学。案例介绍了浙江嘉兴牢记习近平的殷殷嘱托，以创新驱动引领高质量发展、统筹城乡发展、推进民生建设、注重党建引领，高标准实现产业发展、城乡繁荣和人民幸福，均衡共富水平走在浙江全省乃至全国前列的典型事迹。

组织教学建议

第一，要引导学生体会嘉兴在共同富裕之路上取得的突出成绩，从而坚定学生对中国最终实现共同富裕的制度自信。嘉兴在共同富裕道路上取得的成绩十分亮眼。结合案例文本，可重点从如下三方面加以强调：一是嘉兴的“富裕”。共同富裕，前提是富裕。2021年，嘉兴人均GDP为11.6万元，是世界平均水平的1.47倍，超过世界银行高收入经济体标准，城乡居民家庭恩格尔系数分别为26.5%和27.3%，均达到“富足水平”，城市综合实力列全国百强城市第35位。二是嘉兴的“均衡”。共同富裕，关键是均衡。嘉兴在统筹城乡发展方面走在前列。如今，嘉兴所有村集体年经常性收入都超过120万元，所有县（市、区）都是统筹城乡发展全国前40强。2021年，嘉兴农民人均收入达4.36万元，连续18年为浙江最高。嘉兴城乡居民收入倍差1.6∶1，居浙江最小，统筹城乡发展水平居浙江全省第一，是浙江乃至全国发展最均衡的地方。三是嘉兴的民生进步。在经济发展的基础上，嘉兴在城乡公共服务均等化、民生保障、文化建设、生态发展等诸多方面均走在前列。例如嘉兴率先在全国实现“村村通公交”、义务教育均衡发展县“满堂红”、城乡居民养老保险全覆盖、优质医疗资源“双下沉、两提升”，还连续8年在浙江全省基层公共文化服务评估指标排名中位列第一，农村15分钟文化圈和城市10分钟文化圈基本形成。

第二，要引导学生了解习近平长期以来对嘉兴共富发展的高度关注，体会中国共产党矢志不渝带领人民推进共同富裕的伟大实践。嘉兴奔赴共同富裕所取得的成绩，离不开习近平20载一直情系“红船精神”起航地的殷殷嘱托。截至2022年9月，习近平曾先后26次前往嘉兴调研指导，对嘉兴发展寄予厚望。2002年10月22日，习近平履新浙江的第11天，就来到嘉兴考察调研。2004年，时任浙江省委书记的习近平指出：“嘉兴完全有条件成为全省乃至全国统筹城乡发展的典范”。2006年1月4日，习近平来到嘉兴海盐县调研，明确提出“在提高县域经济实力上当好示范、在建设社会主义新农村上当好示范、在党的先进性建设上当好示范”的“三个示范”要求。2017年10月31日，党的十九大闭幕仅一周，习近平就带领新一届中央政治局常委专程前往上海和浙江嘉兴，瞻仰中共一大会址和南湖红船。多年来，嘉兴始终牢记习近平的殷殷嘱托，不断推进统筹城乡发展，提升人民群众生活水平，走出了一条推进共同富裕的新路子。

第三，要引导学生把握本案例的展示思路。红船起航地嘉兴近年来在共富发展道路上成绩亮眼，案例不仅展示了嘉兴的美好共富图景及推进共富的主要举措，更将嘉兴共富发展的深层原因如党的领导和基层党建引领纳入其中，力求全面展现嘉兴共富发展的奥秘。案例共包括五个组成部分。案例第一部分即“擘画共富蓝图，20年久久为功”，意在展现习近平对嘉兴共富发展的高度关注和蓝图擘画，强化党的领导在嘉兴共富过程中的重要地位。案例第二、三、四部分即“创新驱动引领高质量发展”“城乡一体诗意生活”“发展成果人民共享”，分别从产业振兴、城乡协调、人民幸福这三方面展现嘉兴在共同富裕方面取得的优异成绩以及在此过程中采取的有力举措。案例第五部分即“基层党建打造红色引擎”，描述了嘉兴以基层党建为引领，多措并举实现党组织政治属性与服务功能的有机统一，推动共同富裕的创新实践。

第四，要引导学生联系嘉兴推进共同富裕的历程，体会党的十九届六中全会所宣示的“两个确立”的重大意义。党的十九届六中全会全面总结党的百年奋斗重大成就和历史经验，宣示了“两个确立”的重大政治成果，即确立习近平同志党中央的核心、全党的核心地位，确立习近平新时代中国特色社会主义思想的指导地位。这对新时代党和国家事业发展具有决定性意义。就嘉兴的发展实践来看，2002年以来，习近平先后20多次到嘉兴考察调研，对嘉兴各方面工作进行悉心指导、作出重要指示，开启了嘉兴经济发展最有活力、人民生活水平提高最快、社会大局最和谐稳定、生态环境改善最明显、人民群众获得感幸福感安全感最高的新阶段。嘉兴这些年的发展成就，从市域层面充分展现了习近平同志作为党中央的核心、全党的核心治国理政的大智慧、运筹帷幄的大担当、不负人民的大情怀，充分彰显了习近平新时代中国特色社会主义思想的真理力量、实践力量、精神力量，充分印证了“两个确立”的决定性意义。习近平对嘉兴的关心关爱和指示指引，是嘉兴各项事业高质量发展最宝贵的思想财富和精神财富，成为红船起航地奋斗新征程的指路航标。

总结提升建议

第一，高质量发展是促进共同富裕的基础，要在高质量发展中促进共同富裕。习近平深刻指出：“共同富裕是社会主义的本质要求，是中国式现代化的重要特征”，“坚持以人民为中心的发展思想，在高质量发展中促进共同富裕”。在高质量发展中促进共同富裕，这是我们党关于高质量发展和共同富裕的理论实践的深刻总结。在高质量发展中促进共同富裕，体现了生产决定分配、生产力决定生产关系的马克思主义基本原理。中国特色社会主义进入新时代，党中央提出高质量发展这一新理念。相比于高速增长重视解决总量问题，高质量发展更加重视解决结构问题，要通过解决发展不充分不平衡问题，使发展更加协调、更具包容、更有韧性。平衡和共享，是高质量发展的价值追求，从这个意义上说，共同富裕是高质量发展的应有之义、内在要求，也是高质量发展的根本目的。对高质量发展来说，共同富裕不单单是指向性的目标，也是驱动性的力量源泉。推动高质量发展、实现全体人民共同富裕，必须深刻把握二者一体两面正相关双向运动的辩证关系，更加精准、更为稳妥地制定和实施政策，让广大人民群众获得感、幸福感、安全感更加充实、更有保障、更可持续。嘉兴在推进共同富裕过程中，聚焦高质量发展，以科技创新和数字变革催生新的发展动能，为共同富裕奠定了坚实的物质基础。

第二，统筹城乡发展是促进共同富裕的重要抓手和关键一环。城市与乡村是人民生产生活的基本空间载体。人类社会发展历程显示，城乡关系经历着一个从低水平共存到分离、对立再到逐渐走向高水平融合的过程。从空间视角看，共同富裕包含城乡之间的共同富裕，城乡之间的融合水平度量着共同富裕的实现程度，城乡统筹是实现共同富裕的应有之义。党的百年奋斗历程，某种程度上可谓一部不断缩小城乡差距、促进城乡融合、实现全体人民共同富裕的历史。由于历史遗留等原因，我国城乡发展不平衡、农村发展不充分问题依然突出。习近平指出，“促进共同富裕，最艰巨最繁重的任务仍然在农村”，“必须清醒认识到，我国发展不平衡不充分问题仍然突出，城乡区域发展和收入分配差距较大”。因此，在推动城乡统筹高质量发展中扎实推动共同富裕，不仅是理论的要求，也是现实的呼唤。嘉兴经过多年改革实践，逐步走出了一条独具特色的城乡统筹发展之路，为全省乃至全国贡献了“嘉兴经验”。

第三，党的领导是推进共同富裕的根本保证。正如党的二十大报告所指出的，“中国特色社会主义最本质的特征是中国共产党领导，中国特色社会主义制度的最大优势是中国共产党领导”，共同富裕作为中国特色社会主义的本质要求，必须以党的领导为其根本政治保证。长期以来，中国共产党从理论和实践两方面对实现共同富裕进行了一以贯之的持续探索，实现了人民生活从温饱不足到总体小康再到全面小康的历史性跨越，创造了人类现代化发展史上的奇迹。在一个 14 亿多人口的国家实现全体人民共同富裕，这是人类历史上最为宏大、最为复杂、最为迷人的事业之一。要成就这一事业，不允许我们出现任何重大偏差，更不能出现颠覆性错误。只有坚持以马克思主义为指导的中国共产党的领导，才能够深刻把握共同富裕的内涵与要求，最终实现共同富裕。嘉兴在追求共同富裕的过程中，能够在全域、全民、全面富裕方面走在前列，除了嘉兴自身的良好基础和不懈努力，同样离不开党的领导的方向指引和蓝图擘画，特别是习近平 20 载一直情系“红船精神”起航地的殷殷嘱托。

第四，基层党建是引领共同富裕的“红色引擎”。火车跑得快，全靠车头带。办好中国的事情，关键在党。基层党组织是党在各地区各领域工作的基础，也是推进共同富裕的重要组织力量。推动共同富裕必须坚持党建引领，充分发挥基层党组织战斗堡垒和党员先锋模范作用，将原本较为分散的资源有效整合起来，带动民众走向致富之路。党建赋能共同富裕具有严密的理论逻辑、厚重的历史逻辑和深刻的现实逻辑，也是实现共同富裕的现实需要。新发展阶段，要增强基层党组织的政治领导力、思想引领力、群众组织力和社会号召力，突出政治引领，调动一切积极因素，激发人民群众积极性、主动性和创造性，推动经济发展，帮助人民群众增收致富，缩小城乡差距，为促进全体人民共同富裕奠定基础。嘉兴充分发挥基层党建引领共同富裕的“红色引擎”作用，多年来实施“党群创业共富工程”，打造“党建为引领、支部带党员、党员带群众的共同富裕样本”，实现“党组织政治属性与服务功能的有机统一”。这是嘉兴共同富裕走在前列的重要奥秘。

第五，扎实推进共同富裕，必须坚持正确的原则和科学的思路。促进共同富裕，要把握好鼓励勤劳创新致富、坚持基本经济制度、尽力而为量力而行、坚持循序渐进的原则。总的思路是，坚持以人民为中心的发展思想，在高质量发展中促进共同富裕，正确处理效率和公平的关系，构建初次分配、再分配、第三次分配协调配套的制度体系，加大税收、社会保障、转移支付等的调节力度并提高精准性，提高中等收入群体比重，增加低收入者收入，调节过高收入，取缔非法收入，形成中间大、两头小的橄榄型分配结构，促进社会公平正义，促进人的全面发展，使全体人民朝着共同富裕目标扎实迈进。上述原则和思路是就国家总体而言的，也为各地区推进共同富裕提供了基本遵循。嘉兴扎实推进共同富裕所取得的成绩，在很大程度上源于其能够坚持正确的原则和科学的思路。

启示意义

要处理好“全局与局部”的关系，既要统筹兼顾，又要重点突破。共同富裕是一个总体性概念，“共同”意味着一个都不能少、一处都不能落。这要求党和国家应着眼全局，统筹兼顾，协调好各局部之间的关系，避免各提各的指标、各定各的标准。与此同时，共同富裕的实现有赖于各个局部的发展，局部的重点突破有助于形成示范效应，更好带动全体人民在动态发展中迈向共同富裕。嘉兴在共同富裕的道路上走在浙江省乃至全国前列，折射出嘉兴主动融入国家发展全局，以一域之“典范”助力实现全体人民共同富裕的城市担当。

案例 6

特区中的特区：深化改革开放的“前海样本”

核心阅读

党的十八大后，习近平考察的第一站，是深圳前海。在前海石旁，习近平深情寄语：“精耕细作，精雕细琢，一年一个样，一张白纸，从零开始，画出最美最好的图画。”一张白纸绘丹青，一片滩涂起新城。十多年来，前海这片被总书记寄予厚望的试验田，始终坚持高水平开放、高标准改革、高质量创新，从“吃螃蟹”到“新标杆”，从“荒滩涂”到“梦工厂”，从“浅水湾”到“聚宝盆”，呈现出全面发展、多点突破、纵深推进的改革开放新局面，为新时代深化改革开放提供了极具价值的“前海模式”。

1980 年 8 月 26 日，改革开放的“第一炮”在深圳蛇口“炸响”，这个曾经贫穷落后的小渔村成为改革开放的“窗口”，走出了令人惊叹的“深圳速度”，成就了举世瞩目的“深圳样板”。如今，深圳的改革开放步入深水区，深化改革开放必须寻找新的动力引擎。“惟思将来也，事事皆其所未经者，故常敢破格。”于是，“前海深港现代服务业合作区”构想应运而生，并在深圳特区成立 30 周年之际变成现实，上升为国家战略之一。

一个曾经仅有 15 平方公里的“弹丸之地”，何以能够承载“特区中的特区”“珠三角的‘曼哈顿’”“浪漫水城”等诸多想象？

前海虽不大，但“底气”很足、“背景”很硬：依山傍海，毗邻港澳。它的背后，是 5.6 万平方公里、7 000 多万人口的粤港澳大湾区，以及 200 多万平方公里、约 4.6 亿人口的泛珠三角。合作区设立以来，前海始终牢记习近平“依托香港、服务内地、面向世界”的嘱托，致力于发展成为改革创新的高地、对外开放的枢纽、创业奋进的热土。时隔 40 年，在与蛇口一山之隔的前海滩涂上，一幅深化改革开放的新时代蓝图被擘画出来。

镜头一：制度创新的“前海高度”

“制度创新”是前海开发开放的内生动力，也是前海改革的核心任务。自合作区成立以来，前海对标国际最高标准，持续推进制度创新，落实好先行先试政策，打造以投资便利化、贸易便利化、金融开放创新、事中事后监管、法治创新和体制机制创新六大板块为支撑的制度创新“前海模式”，形成一大批集成性、系统性制度创新成果。截至 2024 年，前海在投资便利化、贸易便利化、金融开放等方面累计推出制度创新成果835项，其中在全国复制推广94项，率先实施企业注册登记“证照分离”、注册资本认缴制、进口商品全球溯源核放、多国集拼等一批原创性、引领性、系统性改革举措。

前海还出台了全国自贸区首个法治建设规划纲要和专项行动方案，涵盖立法、执法、司法、守法等法治运行的各环节。最高人民法院第一巡回法庭、最高人民法院第一国际商事法庭、最高人民法院“一带一路”经济纠纷调处中心落户前海。深圳知识产权法庭、金融法庭及广州海事法院深圳法庭也落户前海，专业审判机构门类齐全。前海还设立了全国第一家按法定机构模式治理的仲裁院、第一家港澳台和外国法律查明基地、首个国际仲裁海外庭审中心、首个自贸区公证处，再加上华南地区仅有的两家外国律师事务所在前海设立代表处，从而形成了最小区域里最完整的公共法律服务链条。足不出前海，即可解决一系列法律问题。

镜头二：产业和人才聚集的“前海密度”

前海积极推进深港合作重大平台建设，着力构筑“261162”前海产业生态圈。所谓“261162”，即前海“两城六区一园一场六镇双港”建设规划，涉及金融业、服务业、商贸物流、数字经济、文化创意、国际法务、国际高端智库等多类产业集聚区的载体搭建，鼓励香港金融、会展、现代海洋、科技服务、数字创意等优势产业到前海发展。随着前海扩区，其多元化产业前景完全打开，产业之间的对接和集群效应凸显。

前海还出台了各类金融业支持政策，打造跨境人民币贷款、跨境双向发债、跨境双向股权投资、跨境双向资金池、跨境资产转让、跨境金融基础设施等“六个跨境”金融特色品牌。对港企按一般扶持标准的1.2倍执行。推出资质认可、合伙联营、项目试点、执业备案等一系列便利化措施，税务师、建筑师、导游等22类港澳专业人士在前海仅需备案即可执业。

前海着力打造好医院、学校、养老、商场、餐饮、超市、公园、休闲等设施和场所，重点支持港澳和国际高水平医院在前海合作区设立机构，建设特色民办双语学校、港人子弟学校以及外籍人员子女学校。位于前海的南方医科大学深圳医院是全省首家按照广东省2020版新标准评审并顺利通过的三级甲等综合医院，该院开设了“国际医学部”；前海蛇口自贸区医院则与联合医务中国有限公司达成合作，将建设国际名医诊疗中心暨互联网国际诊疗平台，正式为两地居民提供“港医通”服务。前海还创新城市规划设计模式，推广建筑信息模型、区块链、大数据等智能治理思维和手段，高标准布局建设“五网”基础设施和公共服务设施，提供国际化高品质公共服务，实施最严格的生态环境保护制度，打造宜居宜业的新样板和粤港澳大湾区的新名片。

镜头三：对外开放的“前海广度”

前海合作区实施利港惠港的“万千百十”工程和深港合作专项行动计划，累计推出上百条利港惠港政策。《内地与香港关于建立更紧密经贸关系的安排》框架下的对港开放措施在前海全面落地。“深港通注册易”“深澳通注册易”等商事服务项目，将深圳的政务服务延伸至港澳地区，实现香港投资者足不出港办理前海商事登记。在前海的港商开发项目，可以适用香港模式进行建设、管理、服务，允许选聘香港的专业机构及专业人士。前海还首创“港籍陪审”和“港籍调解”制度，首创部分适用香港法律审判涉港涉外商事案件。前海深港创新中心、深港设计创意产业园、深港基金小镇、深港青年梦工场等重大平台，内地首家港资控股证券公司汇丰前海证券、粤港澳大湾区首家港资背景的外商独资私募证券投资基金管理公司东亚联丰等知名企业，相继进驻前海。截至 2023 年末，前海拥有港资企业 9 000 多家，吸引超过 1 万名港人工作生活，港资占实际使用外资比例达 87.5%。

高水平开放当然不会在深港合作领域停步。前海正加快建设全方位、全球性的外资外贸重大平台：推动设立“中国前海”船籍港，打造粤港澳大湾区航运服务功能枢纽；创设特殊监管区域货物流转多式联运出口模式，有效串联前海湾保税港区与中欧班列，打通中欧物流大通道；推动华南地区唯一集“海、陆、空、铁”于一体的太子湾国际邮轮母港开港运行。前海与印度尼西亚、白俄罗斯、阿联酋、印度等多个国家签订合作协议，中白工业园成为境外中资工业园的标杆；率先发起建立“一带一路”港口联盟，推出自贸区首个“一带一路”法治地图，设立“一带一路”法律服务联合会，成立“中非联合仲裁深圳中心”；率先建设“一带一路”跨境投资与贸易公共服务平台，整合对外投资审批管理、国别贸易投资指南、主权信用评级、纠纷调解和快速维权服务等综合功能；建立粤港澳商事调解仲裁联盟，构建“一带一路”国际仲裁多边合作机制。2022 年 1 月 4 日，前海正式启用深港国际法务区，探索不同法系、跨境法律规则衔接，建设国际法律服务中心和国际商事争议解决中心。截至 2023 年，世界 500 强企业中已有 158 家在前海设立机构，前海集聚中国 500 强企业、行业龙头企业、上市企业等近 22 万家。

思考讨论

1. 推进前海开放开发，是习近平谋划、部署、推动的国家改革开放重大举措。作为曾经的“荒滩涂”，前海为何会被中央赋予如此重大的改革试验任务？“服务区”建设以来，前海进行了怎样的实践探索，取得了哪些成就？

2. 党的二十大报告指出要坚持深化改革开放。深入推进改革创新，坚定不移扩大开放。请联系案例和国内外发展实际谈谈新时代坚持深化改革开放的重大意义。

3. 前海践行着敢为天下先的“吃螃蟹”精神，流下了艰苦奋斗、精耕细作的汗水，实现了“一年一个样”的最初梦想。请思考“前海样本”为进一步全面深化改革开放提供了哪些启示？

教学建议

本案例主要适用于第五章第三节“将改革开放进行到底”部分的辅助教学。案例展示了深圳前海自获批深港现代服务业合作区以来，牢记习近平的嘱托，致力于发展成为改革创新高地、对外开放枢纽、创业奋进热土的典型事例。

组织教学建议

第一，本部分教学主题所涉及的知识点跨度较大，建议教师在课前为学生布置自主学习内容，主要包括对改革开放历史沿革的梳理、对改革开放时代背景的认知、对改革与开放关系的把握等。

第二，教师应引导学生把握，前海深港现代服务业合作区是在新时代全面深化改革开放的背景下建立的，是支持香港经济社会发展、提升粤港澳合作水平、构建对外开放新格局的重要举措，对推进粤港澳大湾区建设、增强香港同胞对祖国的向心力、支持深圳建设中国特色社会主义先行示范区具有重要意义，是新时代深化改革开放的试验田。前海不但肩负着支持香港经济社会发展、丰富“一国两制”实践、深化对港开放合作的使命，更肩负着探索全面深化改革创新经验的使命。

第三，教师要引导学生梳理和总结前海深化改革开放的具体举措。前海不但“依托香港”，也“服务内地”“面向世界”，是国内国际双循环的重要纽带。结合深港两地的各自优势，前海持续推动构建高水平社会主义市场经济体制，不断探索制度的“前海高度”；加快健全产业链、人才链，提升产业发展的“前海密度”；不断探索高水平开放模式，为国家构建双循环新发展格局探路，持续拓宽对外开放的“前海广度”。

总结提升建议

第一，改革开放是决定当代中国前途命运的关键一招，也是决定实现“两个一百年”奋斗目标、实现中华民族伟大复兴的关键一招。40 多年的改革开放，创造了世界经济发展史上的奇迹，我国 GDP 年均增长率超过 9%，远超同一时期其他主要经济大国的增长率。40 多年的改革开放，使得我国实现从高度集中的计划经济体制到充满活力的社会主义市场经济体制，从封闭半封闭到全方位开放的历史性转变，从生产力相对落后的状况到经济总量跃居世界第二的历史性突破，从人民生活温饱不足到实现全面小康的历史性跨越，改革开放为实现中华民族伟大复兴提供了充满新的活力的体制保证和快速发展的物质条件。40 多年的实践充分证明，改革开放是推动中国发展的根本动力。步入新时代，党中央根据国内国际形势变化，高瞻远瞩地提出全面深化改革开放，这是对我国客观经济规律和发展趋势的自觉把握，是适应我国发展新阶段要求、塑造国际合作和竞争新优势的必然选择。站在新的历史起点，全面深化改革开放，既面临着向第二个百年奋斗目标迈进的历史新征程，又面临着内外环境变化带来的新挑战、新任务，阻力前所未有。为此，要逢山开路，遇水架桥，推动改革开放向纵深发展。

第二，新时代坚持深化改革开放，需要构建高水平社会主义市场经济体制。构建高水平社会主义市场经济体制，目的是进一步破除体制机制障碍，形成互利共赢、多元平衡、安全高效的开放型经济体系。前海以制度创新为引领，打造以投资便利化、贸易便利化、金融开放创新、事中事后监管、法治创新和体制机制创新六大板块为支撑的“前海模式”，奠定了前海作为“制度创新策源地”的地位，为深化改革开放提供了源源不断的新动力。从某种程度上讲，所谓前海模式，就是不断探索完善社会主义市场经济体制的模式。前海的实践表明，以制度创新推动构建高水平社会主义市场经济体制，是以对外开放的主动赢得经济发展和国际竞争中的主动的必然要求。

第三，新时代坚持深化改革开放，需要营造高水平的营商环境。营商环境就像空气，空气清新才能吸引更多投资，才能吸引更多的人才。前海在物理空间、政策空间和民生空间不断提升开放合作等级，打造产业聚集载体，加快深港产业融合，鼓励支持香港金融、会展、现代海洋、科技服务、数字创意等优势产业到前海发展。同时，推动各式各类政策落地以及创新合作区治理模式，不断吸引产业集聚，不断吸引并留住人才。产业和人才作为最重要的生产要素为前海合作区建设提供了坚实的物质基础。从某种程度上讲，所谓前海模式，就是不断聚集优质产业和人才的模式。前海的实践表明，新时代坚持深化改革开放，营造具有市场化、法治化、国际化、幸福感的一流营商环境是重要的基础。

第四，新时代坚持深化改革开放，需要不断探索高水平开放模式。我国已经进入新发展阶段，在构建新发展格局过程中，高水平开放促发展促改革促创新的作用更加显现，必须拥有宏大的世界眼光。前海按照国际化法治化的要求建立健全联通港澳、接轨国际的现代服务业发展体制机制，通过“一带一路”建设打通中欧物流大通道，不断扩大金融业对外开放和提升法律事务对外开放水平，使得深港全方位合作走深走实，国际化城市新中心渐具规模。从某种程度上讲，所谓前海模式，也是不断拓宽世界眼光、探索高水平开放的模式。前海的实践表明，新时代坚持深化改革开放，要不断增强国内国际两个市场两种资源的联动效应，持续构建高质量“引进来”和高水平“走出去”有机结合的对外开放模式。

启示意义

任何一项改革都不是一劳永逸的，需要根据时代的变化适时引向深入。改革开放是中国特色社会主义在发展过程中对生产关系和上层建筑的某些方面和环节进行变革的重要举措。改革是开放的条件，开放是改革的外部推动力，二者相辅相成、相互促进。前海的生动实践告诉我们，封闭最终只能走进死胡同，只有坚持深化改革开放，道路才能越走越宽。当今世界正经历百年未有之大变局，我国正处于全面建设社会主义现代化国家开局起步的关键时期，经济社会的高质量发展、人民日益增长的美好生活需要，无不呼唤更大力度、更高水平、更深层次的改革开放。只有坚定不移深化改革开放，着力破除深层体制机制障碍，不断彰显中国特色社会主义制度优势，才能持续增强实现中华民族伟大复兴的动力和活力。

案例 7

“锡”式创新奏响高质量发展新乐章

核心阅读

创新是第一动力。无锡，一个以“无”字打头的城市，因创新而在高质量发展道路上“有”所作为。自2009年国家传感网创新示范区落户无锡以来，无锡坚持实施创新驱动核心战略和产业强市主导战略，构建互联产业集群，在创新主体培育、载体平台建设、创新资源集聚等方面数箭齐发。无锡坚持生态优先原则，在发展中保护，在保护中发展，使经济发展和生态建设比翼齐飞，为建设“强富美高”新无锡持续注入强劲动力。2017年，无锡GDP便已迈过万亿门槛。截至2021年，无锡市科技进步贡献率达67.6%，自2013年起连续9年位居全省第一。在2023年科技部发布的国家创新型城市评价排名中，无锡居全国城市第12位。“锡”式创新犹如绚烂而铿锵的序曲，奏响我国从经济大国迈向经济强国、产业强国和科技强国的新乐章。

金山冉冉波涛雨，锡水茫茫草木春。行至无锡，一幅充满富裕感、科技感、幸福感的画卷跃然眼前。“万亿之城”“生态之城”已成为无锡的标签，创新使无锡找到一条光明而美好的高质量发展之路。

抓准机遇，不遗余力打造物联网产业集群

中国物联网看江苏，江苏物联网看无锡。

2009年，国家传感网创新示范区在无锡设立，无锡成为中国物联网产业发展的先驱。之所以选择物联网，是因为无锡市为传统工业大市，物联网的各种技术和应用，如传感技术对改造传统工业、提升作业效率非常重要。2013年，《无锡市微电子产业发展规划（2013—2020年）》出台，其中明确提出集成电路设计业要“围绕物联网、互联网、三网融合、智能终端、大数据和云计算等战略性新兴产业和重点领域的应用需求”，晶圆制造业要“开发MEMS、射频、功率器件等高端特色工艺”，为无锡集成电路产业与物联网、大数据、云计算等新一代信息技术产业的融合发展指明了方向。

在无锡，小到百姓的衣食住行，大到政府决策和城市治理，都仰仗于物联网技术构建的“城市大脑”。

早起上班的无锡市民时常会遇到一辆印着“大气VOCS溯源走航车”的汽车在马路上行驶。这是无锡中科光电技术有限公司的工作人员在执行大气污染源移动走航监测任务。此“大气复合污染智能监测系统”已覆盖新吴区220平方公里的区域，成功布设大气污染智能化防控的“天罗地网”，成为国内首家区县级大气复合污染评估、预测模型的应用示范点。

利用装有RFID电子标签的腕带和专用读取设备，能够精确显示病人行动轨迹，还能倒查所接触的人的信息，对医院成果开展全过程闭环管理。疫情期间，由识凌科技有限公司研发的这套医疗物联网软硬件整体解决方案，在湖北、重庆、江西、山东、江苏等多地医院投入应用。

物联网技术已广泛应用于无锡的交通、环保、医疗健康、公共安全、气象、水利、城市管理、海关等300多个细分领域。由无锡企业承接的物联网工程已经走向全球60多个国家700多座城市。

无锡物联网产业作为江苏13个重点培育产业集群之一，持续招引项目落地，加快软硬件企业之间、物联网与其他制造业之间的跨界融合。就在2020年3月，计划总投资超20亿元的Nreal混合现实总部基地项目落户无锡高新区，未来将致力于光学模组和整机的生产制造。

无锡不断加快国家传感网创新示范区新一轮建设规划（2021—2025年）编制工作，聚焦优势领域快速布局、持续深耕。同时，加强与其他各类规划的衔接，形成产业发展的整体效应。

创新攻关，让关键核心技术不再被“卡脖子”

位于国家超级计算无锡中心的我国自主研发的超级计算机“神威·太湖之光”，拥有1 000多万个核，峰值运算能力超过每秒10亿亿次，连续四次雄踞“全球超级计算机500强”榜首，连续两次摘得高性能计算应用领域最高荣誉“戈登·贝尔奖”。自2016年6月发布以来，“太湖之光”在国际高性能计算应用领域连续刷新纪录，使全世界惊叹于中国超算领域的进步。

这台超级计算机，由40个运算机柜和8个网络机柜组成。每个运算机柜拥有26万个核心，而整个“太湖之光”有将近1 100万个核心。它是当时全球拥有运算核心最多的超级计算机，峰值运算能力可达12.5亿亿次/秒，相当于普通家用电脑的200万倍。“太湖之光”超级计算机主要应用在气候气象、工业设计、油气勘探、生物医药、动漫渲染、现代农业等领域。

在无锡，创新不只发生在科研院所，企业也在创新的舞台上扮演着越来越重要的角色，不断释放出新活力、新动能。

曾获“2020年度江苏省企业技术创新奖”的无锡先导智能装备股份有限公司，曾经是一家默默无闻的民营小企业。经过20多年潜心发展，先导已成为全球最大的锂电池智能装备制造商，市场占有率全球第一，打破了进口高端品牌的垄断，填补了国内空白。

在位于无锡高新区的先导智能装备车间，能够看到一台台锂电池装备正在安装、调试。机器的外观看似普通，里面却是由上万个复杂的零部件组成的，这台装备就是锂电池生产的核心装备——卷绕机。在卷绕机领域，先导的技术遥遥领先，国际市场占有率高达 56%。

先导能够在全球市场打响品牌，靠的就是创新的技术和产品。公司建有 3 个省级研发创新平台，多项装备被认定为高新技术产品，性能达到国际先进、国内领先水平，年平均研发费用占营业收入的比重高达 14%，拥有 1 100 多项授权专利，年开发新产品 50 种以上。

先导不断进行创新攻关。特斯拉的电池供应商松下为弥补自有装备厂的产能不足，曾在全球考察。先导果断拿下“为特斯拉造电池”的任务，将大量时间、技术、精力投入研发中，并成为当时全球这方面效率最高的企业。此后，日本企业对先导刮目相看，大单随之而来。

2021 年，无锡全市高新技术产业产值首破万亿元，达到 10 514 亿元，占全省比重达到 15.3%，位居全省第二，占规上工业总产值比重达到 49.2%，较 2012 年提高 10.1 个百分点。2022 年 1—5 月，无锡实现高新技术产业产值 4 523.06 亿元，同比增长 9.4%，占规上工业总产值的比重达到 50.2%，再创历史新高。

江苏省发布的《2022 年省重大项目清单》显示，无锡共有 26 个项目入列，年度计划投资 188.2 亿元，项目数量为历年最多，其中，产业项目占比达到八成。这些项目科技含量高、技术水平强，将为无锡实体经济高质量发展蓄势赋能。同年列入“省重大”的项目，涉及新一代信息技术、高端装备、新材料、生物技术、先进制造等无锡重点优势产业领域。

2023 年，无锡实现地区生产总值 15 456.19 亿元。全市高新技术产业产值达 13 318.31 亿元，同比增长 8.5%，占规模以上工业总产值比重达 52.3%，发明专利授权量 11 750 件，同比增长 39.2%，万人有效发明专利拥有量达 74.72 件。全市获国家、省科技计划到位经费 5.50 亿元，其中获国家科技经费 1.62 亿元。

绿色低碳，构筑诗意的栖居环境

2007 年，太湖水危机爆发，面对严峻的生态环境问题，无锡开始走上绿色发展的道路。从 2007 年起，无锡忍受“阵痛”，先后关停“五小”和“三高两低”企业近 3 000 家。雪浪轧钢厂，是被列入重点关停之列的企业之一。

为了使关停后的废弃工厂重获“新生”，无锡盯上了国家鼓励扶持发展的文化产业，尤其是正处于发展中的数字电影。2013 年，正是在雪浪轧钢厂这片老厂房上，无锡国家数字电影产业园拔地而起。

产业园搭建服务平台，快速集聚了一批具有数字电影拍摄、制作等全产业链的公司和创业团队，并承接了《那年花开月正圆》《中国机长》《捉妖记》《流浪地球》等多个剧组的拍摄任务。从轧钢厂到电影“梦工厂”，这一国家级数字电影产业园区，自 2013 年运营至 2020 年，已发展成为国内领先的现代影视产业基地，园区产值从 1.8 亿元跃升至 2019 年的 65 亿元，实现了制造业转型升级的“华丽转身”。

美国“好莱坞”与无锡“华莱坞”，这个类比已经得到了大众的认可。

在无锡，这种绿色、创新的发展理念、思路和模式，并不仅仅是某个领域的个案，而是全线铺开的。

2022 年 4 月，无锡市市政集团下属无锡西区燃气热电有限公司二期扩建项目获省发展改革委核准批复，开工建设。江苏省内最大自来水厂光伏发电站锡澄水厂及 4.4 万平方米的光伏电站项目开工建设，该两大项目建成后将为无锡发展增添绿色新动能。锡澄水厂自来水产能达 100 万吨/日。2020 年全年用电约 2 800 万度，2021 年用电超 3 000 万度。无锡用水量的逐年增加，也使得水厂用电量不断升高。光伏电站项目利用水厂构筑物上方占地面积大、空间开阔的优势实现了土地及空间资源的二次开发利用，建成后年均发电量将超 500 万度，除了能降低水厂用电成本外，还能助力无锡早日实现“双碳”目标。与传统燃煤火电站相比，锡澄水厂光伏电站每年可节省使用 1 580 吨以上标准煤，能够有效减少有害气体和废气排放，其中，二氧化硫每年可减排约 150 吨，氮氧化物可减排 14 吨，每年还可减少约 4 300 吨温室气体二氧化碳的排放。

2022 年，在无锡“加长版”的项目清单中，青绿之色更显浓郁。聚焦减污降碳、减排节能，无锡制定出台碳达峰碳中和实施意见和行动方案，高水平建设中瑞低碳生态城、零碳科技产业园等试点示范；实施长江大保护、新一轮太湖治理、大运河无锡段水质提升等重点项目。特别是针对制造业这个无锡产业的“基本盘”，大力推进生产制造、产业结构、空间布局的绿色化、低碳化，加快构建绿色低碳的产业体系。

思考讨论

1. 为什么说“中国物联网看江苏，江苏物联网看无锡”？无锡是如何打造物联网产业集群的？

2. 如何看待企业在创新发展过程中所发挥的作用？结合“无锡样本”谈谈你的看法。

3. 高质量发展是否只是一个经济要求？它还包含哪些内容？结合本案例谈谈你对高质量发展的理解。

教学建议

本案例主要适用于第六章第一节“完整、准确、全面贯彻新发展理念”和第四节“建设现代化经济体系”部分的辅助教学。本案例主要介绍了无锡以新发展理念为引领，通过全面加强创新资源整合、创新主体培养和创新生态优化等举措，形成了其独有的“锡”式创新模式，为我国高质量发展提供了重要参照。

组织教学建议

第一，注意引导学生从深度和广度两个维度把握高质量发展的内涵。高质量发展，就是能够很好满足人民日益增长的美好生活需要的发展，是体现新发展理念的发展，是创新成为第一动力、协调成为内生特点、绿色成为普遍形态、开放成为必由之路、共享成为根本目的的发展。从深度方面，要通过本案例启发学生反思究竟什么是“高质量”，生产规模的扩大、产能的提升和 GDP 的增长是否涵盖了高质量发展的全部内涵，要使学生充分认识到，高质量发展的根本动能来自核心技术的自主创新，进而使其从更深的层次上把握推动高质量发展的内在动力。从广度方面，要引导学生以更全面的视野认识高质量发展，而不是仅仅从经济的角度把握，它是关乎环境、民生等各方面的对经济社会发展的总要求。

第二，引导学生在新一轮科技革命的大背景下把握无锡全力打造物联网产业集群的重要意义。对于无锡而言，抓住物联网迅猛发展的浪潮，既是机遇，同时也是顺应社会生产力发展的正确选择。打造全球最大物联网产业集群，是创新的跨越发展，是弯道超车，更是一条高效的产业集聚之路。在使用本案例时，要使学生明白无锡这一举措的深层意义。

第三，在导入环节，可以启发学生谈谈改革开放40余年来无锡在科技创新方面所取得的成就，进而在对话中生成一种关于高质量发展的辩证的、历史的视域。这不仅有助于学生更快地融入案例情境，而且能够使其理解无锡加速实现高质量发展的内在原因。与很多地方追逐时代、被动创新不同，拥有市场基因的无锡一直选择拥抱时代、主动创新。

第四，引导学生深刻理解和把握创新与高质量发展之间的内在联系。在组织讨论环节，可以就“神威·太湖之光”作细致深入的探讨，启发学生去思考和总结这一创新给社会生产生活带来的改变，进而直观地体会为什么说创新是高质量发展的引擎和动力。

第五，引导学生正确认识经济发展和生态建设之间的关系。借助本案例，要使学生明白，“绿水青山就是金山银山”不只是一句口号，经济发展不能以牺牲环境为代价，而是要使经济发展与生态建设比翼齐飞，宜居的环境和良好的生态是聚集人才、发展经济的重要前提保障。

■ 总结提升建议

第一，科技创新是发展新质生产力的核心要素，是我国经济迈向高质量发展的内生动能。随着生产力的发展，我国的经济环境早已不可同日而语，劳动力成本的上升、资源环境承载力逼近极限、世界经济格局的风云变幻等都要求我们必须加强技术的自主创新，以创新赋能高质量发展，以科技创新引领产业创新，积极培育和发展新质生产力。因此，我们必须把科技创新问题放在生存和发展的高度上加以认识，全面加强对科技创新的部署，集合优势资源，有力有序推进创新攻关的“揭榜挂帅”体制机制，加强创新链和产业链对接。在本案例中，无锡站在发展的风口，敏锐地抓住科技革命的机遇，紧跟国家经济发展战略和导向，顺势而为，将重心放在了附加值高、技术密集型的先进制造业。无锡根据自身的禀赋找准定位，以创新驱动发展，全力发展物联网产业，形成全球最大物联网产业集群。因为物联网技术有着很长的产业链，从感知层到传输层，到最终的应用和系统集成。物联网产业的发展，势必形成一个大规模的下游市场，必然带动集成电路产业的发展。而集成电路的发展，实现芯片的自主研发，又势必会推动物联网新的技术变革。于是，无锡凭借自身的良好产业基础在高新技术领域大展拳脚，进而为其高质量发展不断注入新的动能。

第二，企业在科技创新中发挥着重要作用，应大力推进产学研的有机融合。恩格斯说：“社会一旦有技术上的需要，则这种需要就会比十所大学更能把科学推向前进。”企业不仅是沟通科技创新与经济发展的重要桥梁，更是将两者紧密结合的重要力量；企业不仅是技术创新决策、研发投入、科研组织和成果转化的载体，更是其主体。因此，必须不断充实企业研发力量，支持依托企业建设国家技术创新中心，培育有国际影响力的行业领军企业。在本案例中，无锡的科技创新主体并不仅仅是科研院所和高校，企业在创新发展中所释放出的新活力和新动能占据着越来越重要的地位。先导智能装备股份有限公司，从一个寂寂无闻的民营小企业到全球最大的锂电池智能装备制造商，其成功所依靠的正是企业始终坚持创新攻关的精神。先导凭借自身的创新优势和魄力，成功接单为特斯拉造电池，并全力投入研发，成为全球该领域的最高效率代表，大订单接踵而至。积极推进产学研的有机融合是“锡”式创新模式的一大特色。作为“中国智造”典型样本的“神威・太湖之光”，不仅连续刷新国际高性能计算应用领域的纪录，让世界看到中国超算领域的突破，而且被广泛应用于气候气象、工业设计、油气勘探、生物医药、动漫渲染、现代农业等领域，使无锡跻身“万亿之城”。国家实验室、大学和企业在研发和成果转化等方面的通力合作，在促进产业转型提升、提升行业竞争力、推动经济发展上有着不可替代的作用。

第三，合理的产业布局和不断优化的制度是经济高质量发展的前提保障。合理的产业布局能够为经济发展赢得主动，而不断优化的制度则是实现高质量发展的有效支撑力。合理的产业布局，意味着根据地区自身的禀赋提前布局，因地制宜、扬长避短；而制度的持续优化则必须根据经济高质量发展需要而不断调整。在本案例中，无锡顺应大势，有计划地淘汰对环境破坏大、对资源依赖性强以及劳动密集型产业，敏锐地捕捉到电子信息这个新兴产业。无锡之所以选择了物联网，主要是因为无锡本身是一个传统工业大市，物联网的各种技术和应用能够有效地帮助推进传统工业转型升级，提高效率。无锡一直致力于产业布局的优化和调整。从江苏省《2022 年省重大项目清单》可以发现，无锡 2022 年列入“省重大”的项目，涉及新一代信息技术、高端装备、新材料、生物技术、先进制造等无锡重点优势产业领域。这些项目科技含量高、技术水平强，无疑将为无锡实体经济高质量发展赋予更大的动能。对于一家创业企业而言，仅靠自身独立创新不仅成本压力巨大，而且将面临诸多风险。在这方面，无锡通过整合各方面资源，制定和颁布一系列优惠政策和条例来营造一个良好的创新创业环境，为城市高质量发展提供全面保障。

■ 启示意义

高质量发展，是能够很好满足人民日益增长的美好生活需要的发展，是体现新发展理念的发展，是创新成为第一动力、协调成为内生特点、绿色成为普遍形态、开放成为必由之路、共享成为根本目的的发展。高质量发展从来都不仅仅是一个经济要求，而是包含了生态、人文、社会治理等方方面面的要求。生态环境保护和经济发展是辩证统一、相辅相成的，一味追求经济高速增长而忽视生态问题的发展模式并不是高质量发展的正确打开方式，建设生态文明、推动绿色低碳循环发展才是保障经济高质量发展的坚固后盾。诗意的栖居环境，将吸引越来越多的创新创业者为城市建设添砖加瓦。无锡是创新高地、GDP 万亿之城，其创新发展并不局限于技术攻关和产业升级，而是将经济结构转型和生态文明建设、人文环境塑造有机地结合起来，实现多方共赢。

案例 8

喀什：离“海”最远又最近

——上海援疆开启协调发展新篇章

核心阅读

支持民族地区加快发展，加强边疆地区建设，推进兴边富民、稳边固边是促进区域协调发展的重要内容。东西部扶贫协作和对口支援，是推动区域协调发展的大战略，是加强区域合作、优化产业布局、拓展对内对外开放新空间的大布局，是实现先富帮后富、最终实现共同富裕目标的重大举措。早在20世纪60年代，上海数万名知识青年便在“我们新疆好地方”的歌声中离乡援疆，挥洒青春和热血。2010年3月，新一轮援疆工作拉开序幕，全国19个省市对口支援新疆，上海对口支援地区从阿克苏地区移驻喀什地区四县——莎车、叶城、泽普、巴楚。多年来，上海援疆队伍带来了人才、资金和崭新的发展理念，在盐碱地、戈壁滩上“种”出了产业，在当地学校、医院留下了“带不走”的人才队伍，更在当地人心中撒下了希望的种子，民族团结进步之花绚丽绽放。

上海，中国东南沿海地区的国际化大都会。喀什，中国版图的最西面，曾被视为“全世界离海最远”的地方。这两个相去万里的地方，似乎没有关联。但有心人能注意到，太阳在我国东升西降的金色弧线把它们联系在一起。如果说这种联系是一种充满浪漫情怀的虚幻，那么，横跨5 000多公里的“上海援疆”则实实在在地将两地联系到了一起。上海援疆对口支援地区——喀什，也成了离“海”最远又最近的城市。

产业援疆：从脱贫攻坚到乡村振兴

2021年2月，北京人民大会堂，任长艳穿着红色外套，戴着大红花，作为全国脱贫攻坚先进个人受到表彰。任长艳是上海闽龙实业有限公司（简称“闽龙实业”）的总经理，闽龙实业是重点援疆民营企业，被评选为“扶贫龙头企业”。2010年新一轮对口援疆工作开始后，闽龙实业在泽普县投资1亿元，成立了“新疆闽龙达干果产业有限公司”，成为首批在喀什落户的上海援疆企业和自治区扶贫的龙头企业。

多年来，援疆干部坚持把产业援疆放在首要位置，通过“龙头企业＋工厂＋农户”的脱贫模式，引导农民利用农村合作社、庭院经济、卫星工厂等方式进行农业种植和生产，就近就地解决就业，以就业促脱贫。巴楚县地处沙漠边缘，是典型的盐碱地，脱贫之后，如何实现乡村振兴？一颗金色的藜麦种子正在燃起希望。藜麦经济价值高、市场需求大，耐旱、耐寒、耐盐碱，在上海援疆干部的大力推动下，上海裕添农业科技有限公司在巴楚县阿纳库勒乡打造了2 000亩藜麦试验田，并进行藜麦产品深加工，在科技赋能下，一个“中国藜麦之乡”正在成长。原来的农民，在将土地流转后，走进了现代化工厂，过上了稳定而富足的生活，阿纳库勒乡也被评选为乡村振兴示范乡镇。

消费援疆：让上海市民尝到第一口

喀什农产品种类丰富，但如何将喀什的资源优势转变为市场优势？只有坚持走商品化和市场化之路，喀什的农产品才能形成可持续的自我造血机制——消费帮扶就是行之有效的途径。

消费帮扶必须要两条腿走路：一方面要通过市场化引导让企业能够自主独立地进行运营；另一方面也要发挥看得见的手的功能，发挥政府的引导作用，比如组织工会购买礼包，让上海市民尝到第一口，一旦尝到了第一口，消费者可能会自发去购物平台找到这些产品，从而实现通过市场化渠道再让他尝第二口的目标。自2020年以来，上海援疆充分发挥沪喀两地产业优势，依托“上海企业、上海技术、上海品牌、上海市场”，在上海援疆对口喀什四县布局农产品深加工龙头企业，指导援疆企业从原有核桃、红枣南北货生产，逐步向休闲零食深加工转变。重点聚焦新疆区域优势，帮助喀什四县打造公共农产品品牌，将一些具有地域特色的产品，如留香瓜、巴旦木、新梅、杏李、核桃、骏枣等引入上海市场。仅2020—2022年，上海援疆累计销售喀什地区农副产品近30亿元。

文化润疆：春风化雨沁心田

文化产业蓬勃发展，文明之花处处绽放，文化润疆的壮美画卷正徐徐展开：2021年，上海援建的喀什人民广播电台正式开播，摘掉了“全国最后一个没有广播电台的地级市”的帽子，使讲好喀什故事、推进文化交流交融有了新平台；2023年7月1日，由中共一大纪念馆、上海市对口支援新疆工作前方指挥部共同主办的，全国首个以“伟大建党精神”为主题的专题展览，即“伟大精神铸就伟大时代——中国共产党伟大建党精神”，首次以固定馆的形式在南疆喀什的巴楚博物馆开幕，将上海“党的诞生地”“初心始发地”“伟大建党精神孕育地”的精神力量带给南疆各族党员群众。“文化润疆·非遗传情”浦莎两地非遗交流项目，被评为2023年“春雨工程”优秀项目。上海轻音乐团“百场轻音边疆行”、上海民族乐团《国乐咏中华》喀什行、上海杂技团海派杂技剧《天山雪》喀什巡演等，都以中华文化为鲜明底色，在喀什地区各族群众中引起了热烈反响。

智力援疆：让戈壁滩开出“智慧之花”

智力援疆始终是上海对口援疆工作的重点之一，而“组团式”教育援疆，则是智力援疆的重要举措。从中学、职教到大学，都能看到上海教师的“组团式”援建。2019年4月，喀什第六中学挂牌上海师范大学附属喀什中学，从此它就有了“上师附喀”的昵称，成为上海援疆教育集团的帮扶核心。2023年9月，上海师范大学附属喀什实验中学新校区揭牌，校区面积从100亩扩大至268亩，从高中变成了完中。

智力援疆除了要“输血”，更要“造血”。为助力教师队伍建设，上海教育援疆集团于2020年启动了“玉兰工程”，传递上海教育理念、学校管理等先进经验。为让玉兰“智慧之花”在喀什能够次第绽放，上海援疆还启动了喀什地区中学书记、校长3年轮训工作，为喀什打造了一批带不走的专业化中学书记校长队伍。立足喀什实际，发挥上海优势，推动高等教育发展同样是上海教育援疆的重要组成部分。2023年9月，上海援建的喀什地区首个理工类全日制普通高等职业学校——喀什理工职业技术学院正式揭牌开学。上海援疆教师还帮助喀什师范学院创立了土木工程系，并促成了师范学院向综合性大学即喀什大学的转变，使其成为祖国最西部的一所现代化应用型大学，将持续为喀什地区快速发展输送高素质人才。

医疗援疆：大病不用再出疆

喀什地区第二人民医院（简称“喀什二院”）有着崭新的住院大楼、宽敞的门诊大厅、先进的诊疗设备，这里是当地500万居民坚实的医疗后盾。在10多年前的2012年，喀什二院还是一家医疗用房严重不足、设备短缺、技术落后的二甲医院。改变，正是从上海援疆医疗队进驻喀什二院后发生的。

2012年起，上海决定“集中力量开展攻坚战”，组织上海多家知名三甲医院与喀什二院签署“以院包科”合作协议，开创了“组团式”援疆新模式。2014年，上海援建的喀什二院完成了从二级甲等医院到三级甲等医院的跨越式发展。实现“创三甲”目标后，上海继续帮助喀什二院向“强三甲”目标迈进。瑞金、仁济、中山等上海市级医院与喀什二院深化“以院包科”组团式帮扶，牢牢抓住“上海所能、喀什所需”，制定和实施喀什二院医疗品质提升三年行动计划，积极谋划跨越式发展三轮三年行动方案，持续把喀什二院打造成“立足喀什、辐射南疆、面向中亚”的医学高地。

从2021年开始，喀什和上海积极筹建徐汇“云医院”，借助徐汇“云医院”平台，可实现远程诊疗、慢病管理、健康管理、多学科会诊、远程培训、心电影像远程诊断等诸多功能，“医疗+互联网”的模式将上海的优质医疗资源下沉到新疆各个角落，让更多民众体会到便捷优质的医疗服务。大病不用再出疆，正在成为现实。

全国援疆大数据

2010年，新一轮对口援疆工作启动。涵盖经济、科技、教育、医疗、人才等全方位支援新疆的机制，为天山南北发展注入澎湃动力。中央关心，国家部委倾力，19个省市扛鼎。14年的接力支援，帮助新疆300余万农村贫困人口告别贫困，2 500多万的新疆各族人民同步圆梦小康。新一轮对口援疆工作启动以来，近1.7万名援疆干部人才西出阳关来到天山脚下，在这个占祖国国土面积1/6的大地上，各地援疆铁军为建设新时代中国特色社会主义新疆而接续奋斗。

思考讨论

1. “进疆为什么？”“在疆干什么？”“离疆留什么？”是每一位援疆干部必须回答好的“灵魂三问”。请结合案例谈一谈，2010年新一轮对口援疆工作启动以来，援疆干部是如何以实际行动作出回答的。

2. 发展不平衡问题是新时代中国发展面临的主要挑战之一。促进区域协调发展是解决发展不平衡问题的应有之义，请你谈谈对口援疆模式在促进区域协调发展中的重要作用和意义。

3. 2023年8月，习近平在听取新疆维吾尔自治区党委和政府、新疆生产建设兵团工作汇报时强调："要完整准确全面贯彻新时代党的治疆方略，牢牢把握新疆在国家全局中的战略定位，扭住工作总目标，把依法治疆、团结稳疆、文化润疆、富民兴疆、长期建疆各项工作做深做细做实，稳中求进、绵绵用力、久久为功，在中国式现代化进程中更好建设团结和谐、繁荣富裕、文明进步、安居乐业、生态良好的美丽新疆。"结合案例谈谈你对新时代党的治疆方略的理解。

教学建议

本案例主要适用于第六章第一节"完整、准确、全面贯彻新发展理念"部分的辅助教学。在新发展理念中，协调发展注重的是解决发展不平衡问题，通过正确处理局部和全局、当前和长远、重点和非重点的关系，不断增强发展的整体性。上海对口支援新疆就是贯彻协调发展理念的重要举措。2010年3月，新一轮援疆工作拉开序幕，全国19个省市对口支援新疆，上海对口支援地区从阿克苏地区移驻喀什地区四县——莎车、叶城、泽普、巴楚。案例以区域协调发展为主线，从产业援疆、消费援疆、文化润疆、智力援疆、医疗援疆等多方面展现了上海援疆的思路、措施和成效，是立足新发展阶段，贯彻新发展理念，找准服务和融入新发展格局的切入点、结合点、发力点的生动体现。

组织教学建议

第一，引导学生充分认识对口援疆的时代背景。在导入案例时，可以先引导学生说一说对新疆喀什的了解。教师还可以把学生感兴趣的新疆美食、美景以图片的形式进行轮播。同时，教师介绍更全面的背景资料：新疆工作难，最难在南疆，由于历史、自然地理条件、区位优势差异等方面的因素，贫困一直困扰着南疆的喀什地区。2020年11月14日，新疆维吾尔自治区人民政府发布了《关于莎车等10个贫困县退出的公告》，这意味着作为全国深度贫困"三区三州"之一、自治区脱贫攻坚主战场的喀什地区从此摘掉了压在头上的穷帽子，也宣告了在占祖国国土面积1/6的新疆，绝对贫困问题得到了历史性解决。在脱贫攻坚收官之年，既要确保属于"贫中之贫、困中之困、难中之难、坚中之坚"的4个贫困县、293个村、2.1万户7.72万贫困人口脱贫，还要巩固提升8个已脱贫县市111.85万人的脱贫攻坚成果，喀什地区是如何啃下"硬骨头"的？巨大成就的取得与国家对口援疆战略密不可分，上海就奋战在喀什这个南疆脱贫主战场上。

第二，在阅读案例文本时，引导学生认识对口援疆的全面内涵及其在促进新疆协调发展中的重要作用。产业援疆是为持续发展注入内在动力，消费援疆是促进沪喀经济共振，文化润疆是促进铸牢中华民族共同体意识，智力援疆是筑牢立德树人之基，医疗援疆是增进民生福祉。对口援疆在宏观层次上是促进区域协调发展的战略举措，在微观层次上也是促进经济社会各领域、各方面协调发展的有效措施。

第三，在案例讨论环节，教师要特别注意引导学生树立正确的民族观、文化观、历史观，铸牢中华民族共同体意识，引导学生认识到通过发展能更好增进团结、凝聚人心。正如习近平在新疆考察时强调的：“在新疆不能简单就发展谈发展，而是要深刻认识发展和稳定、发展和民生、发展和人心的紧密联系。”对口支援是新疆保持长期稳定、高质量发展的有效途径，同时是增进民族团结的有效途径。

第四，引导学生要站在战略和全局高度认识新疆工作的重要性。党的十八大以来，习近平高度重视新疆工作，从战略和全局高度审视、谋划、部署新疆工作，深化对治疆规律的认识和把握，形成了新时代党的治疆方略，为做好新疆工作提供了根本遵循。借助讨论深化学生对“做好新疆工作事关大局，是全党全国的大事”的认识。

总结提升建议

第一，促进区域协调发展是加快构建新发展格局、着力推动高质量发展的内在要求。高质量发展是新时代的硬道理，下好发展的全国一盘棋，协调发展是制胜要诀。就全国来看，协调发展不是同质化发展，我国幅员辽阔、人口众多，各地区自然资源禀赋差别之大在世界上是少有的，不同区域具有各自的比较优势，协调发展就是在充分发挥比较优势的过程中达到发展的动态平衡。我国区域发展不协调现象仍然存在，新疆喀什地区仍然是发展短板，采取对口支援的方式就是要尽快补齐这个短板，让喀什地区在民族安定团结的基础上巩固脱贫攻坚成果，走上乡村振兴之路，既能对其他民族地区起到引领示范作用，又是对全国发展大局的有力支持。就新疆而言，发展是新疆长治久安的重要基础，发展是全面的发展，不仅是看GDP的增长，还要看经济社会总体的发展。上海援疆过程中，既注重“输血”，更注重“造血”，从产业援疆到消费援疆，从教育援疆到智力援疆，从文化润疆到医疗援疆，上海在援疆过程中全面贯彻协调发展理念，以协调发展的成就生动回答了“进疆为什么?”“在疆干什么?”“离疆留什么?”的“灵魂三问”。

第二，从集中力量办大事的制度优势理解对口援疆的国家战略。对口支援是一种特殊而有效的治理方式，其目标是解决发展的区域性不平衡问题，在着力提高发展的协调性和平衡性中，最终指向实现全体人民共同富裕，体现了社会主义的优越性，彰显了社会主义集中力量办大事的制度优势，正如习近平所说的，“这在世界上只有我们党和国家能够做到，充分彰显了我们的政治优势和制度优势”。2010年启动的新一轮对口援疆，是多年来支援地域最广、所涉人口最多、资金投入最大、援助领域最全面的一次对口支援。中央关心，国家部委倾力，19个省市扛鼎。14年的接力支援，最大限度地缩小了新疆与内地的差距，2 500多万新疆各族人民同步圆梦小康。

第三，从铸牢中华民族命运共同体意识的高度理解对口援疆的国家战略。在长期历史发展中，中华民族形成了多元一体格局，一体包含多元，多元组成一体；一体离不开多元，多元也离不开一体。中华民族和各民族的关系，形象地说，是一个大家庭和家庭成员的关系，各民族的关系是一个大家庭里不同成员的关系。对口支援就如同一个大家庭里的兄弟姐妹之间的相互支持、互通有无，目的是家庭的和睦、幸福。新疆是我国的民族地区，民族团结是新疆发展进步的根本基石。要以铸牢中华民族共同体意识为主线，不断巩固各民族大团结。文化润疆作为对口援疆战略中的重要举措，所起作用就是通过文化“引进来”和“走出去”来达到不同民族文化之间交流交往交融的目的，铸牢民族命运共同体的精神家园。2010年来，上海援疆工作前方指挥部多层次、全方位、立体式推进文化润疆工程，以精彩纷呈的广电节目凝心聚力，以底蕴深厚的传统文化培根铸魂，以群众喜闻乐见的文体活动丰润生活，让喀什各族群众在潜移默化中增进“五个认同”，铸牢中华民族共同体意识。

第四，从共同富裕愿景看区域协调发展。共同富裕是社会主义的本质要求，是中国式现代化的重要特征。区域发展不平衡不充分是扎实推动共同富裕的制约因素，打破这一制约因素是促进共同富裕的主攻方向，区域协同发展被赋予新的历史使命，在经济社会发展中的重要地位和作用进一步提升。中国进入新发展阶段，习近平明确提出：必须把促进全体人民共同富裕摆在更加重要的位置。在加快构建以国内大循环为主体、国内国际双循环相互促进的新发展格局中，对口支援和东西部协作必将为促进国内外循环、实现共同富裕的目标做出更大贡献。

启示意义

习近平形象地把协调发展比作“制胜要诀”，充分凸显了协调在我国经济社会发展全局中的地位。协调发展之所以是“制胜要诀”，就在于它反映了事物发展的客观规律。事物是普遍联系的，人类社会是包括经济、政治、文化、社会、生态等各种活动的统一有机体，内涵一系列重大关系。这些重大关系如果处理不好，就会出现不平衡不协调的状态，影响整个社会健康发展。协调既是发展手段又是发展目标，同时还是评价发展的标准和尺度；协调是发展两点论和重点论的统一，是发展平衡和不平衡的统一，是发展短板和潜力的统一。促进区域协调发展是世界上许多国家面临的难题。对口支援机制是社会主义制度下促进我国区域协调发展的中国智慧和中国力量，具有无可比拟的优势。

案例 9

不信春风引不回 敢叫大漠换新天
——山西右玉荒漠化治理推动绿色发展

核心阅读

70 多年来，山西右玉从“不毛之地”到“塞上绿洲”，从林木绿化率不足 0.3%到现今的 56%，从外国专家建议搬迁的“不适合人类居住之地”到“联合国最佳宜居生态县”，右玉人一代接着一代干，创造了人类生态史上的奇迹。很难想象当年“十山九秃头，洪水遍地流”的右玉县，如今已经实现 56%的绿化率，造林超过 160 多万亩，获得国家级生态示范区、国家可持续发展实验区、全县域国家 4A 级旅游景区、国家生态文明建设示范县、“绿水青山就是金山银山”实践创新基地等荣誉称号，成为塞上绿洲的“新右玉”，并同时孕育形成了以“迎难而上、艰苦奋斗，久久为功、利在长远”为核心的宝贵的右玉精神。新时代新征程，大力弘扬右玉精神，不断提升生态系统多样性、稳定性、持续性，加快发展方式绿色转型，必能在黄土高原上续写新的生态奇迹。

山西省西北端，毛乌素沙漠边缘，右玉县是一座不屈的绿洲，倔强地压住了沙地的侵袭。在这里，占地 6 万亩的南山森林公园，是一片从无到有、由右玉人亲手种出来的森林，也是一座无声的丰碑。

21 任右玉县委书记 70 余年绿色接力，在 1 969 平方公里、沙化比例高达 76%、风沙肆虐的不毛之地上，种下 1.3 亿棵树，林木覆盖率由 0.3%提高到 56%。2020 年 5 月，习近平在山西省考察时强调，“要牢固树立绿水青山就是金山银山的理念，发扬‘右玉精神’，统筹推进山水林田湖草系统治理”，“引导形成绿色生产生活方式，坚决打赢污染防治攻坚战，推动山西沿黄地区在保护中开发、开发中保护”。

“十三五”以来，右玉县每年以 10 万亩以上的规模推进造林绿化，全县林地面积达 169 万亩，90%以上的沙化土地得到有效治理。昔日的“不毛之地”已经变成“塞上绿洲”，创造了人类生态史上的奇迹。

一棵接着一棵栽，一任连着一任干

右玉，曾是沙漠与平原间的一捧沙。《朔平府志》记载：“每遇大风，昼晦如夜，人物咫尺不辨，禾苗被拔，房屋多催，牲畜亦伤。”新中国成立初期，右玉县的林木绿化率不足0.3%，沙化面积占全县面积的76.4%。有外国专家甚至断言，这里根本不适合人类居住，建议举县搬离。

搬离还是扎根，这是摆在右玉县第一任县委书记张荣怀面前的一张考卷。1949年，右玉县首任县委书记张荣怀上任后，进行了近4个月的全县徒步考察。面对“十山九秃头”的荒凉，在县委工作会议上，全县达成共识，“右玉要想富，就得风沙住；要想风沙住，就得多种树”。从1950年春到第二年秋天，张荣怀带领右玉干部群众挖树坑、插杨树条，造林2.4万多亩，开启了右玉人民战黄沙、复绿化的不懈征程。战胜黄沙，才能生存。这一信念，成为右玉县20多任县委书记们持续不断的坚守。70多年来，右玉县换领导不换蓝图，换班子不减干劲，一任接着一任干，一张蓝图绘到底。第十三任县委书记姚焕斗，在右玉县工作了12年，1991年调到另一个县。临走前，他又返回办公室，拿上那把已被磨短了一寸的铁锹，摘了几片右玉的树叶才离开。第十七任县委书记赵向东，离任时做的最后一件事是参加干部义务植树；他在植树现场与第十八任县委书记陈小洪进行工作交谈，谈的是下一步怎么干……

为了植树，右玉人殚精竭虑，想尽一切办法，调动一切力量。不少地方植树，都为春秋两季栽植，但在右玉这个干旱寒冷的塞北地区，却实现了“三季植树”。1977年，右玉县开始在七八月份的雨季造林，省去了用车马人力驮、挑、拉水爬坡上岭，提高了树木成活率。改为三季植树后，右玉县植树造林进度大大加快，仅1977年就完成了大片造林18.8万亩，零星植树97.8万棵。

为了植树，右玉摒弃了煤炭开发等发展路径，坚守绿色发展底线不动摇。20世纪80年代末，一家日本企业和当地合建压板厂，这是右玉县历史上第一家合资企业。但这个企业像吃木材的“怪兽”，全年收的原料仅够它吃半个月。为防止乱砍滥伐，县里痛下决心，关闭这个压板厂，因为“在右玉，植树是第一位的事，谁也不能挡”。

为了植树，右玉人向风沙宣战，不看到绿染大漠誓不罢休。树种下去，活了；一场风沙过后，树又死去。屡战屡败，屡败屡战。终于，风沙里写满了星星点点的绿色和希望。70多年来，在“右玉精神”的引领下，10万人共同举起铁锹，让亿万棵树在曾经黄沙横空的版图上铺染。这背后，是敢叫大漠披绿的钢铁般信念。

70多年来，右玉人民坚持绿化信念，靠着苦干、实干的精神，不畏艰辛地种下一棵一棵树，造下一片一片林。在70多年的植树造林历程中，右玉全县干部群众广泛参与，义务植树累计达2亿多天。在这片290多万亩的土地上，90%以上的沙化土地得到了有效治理，生态环境显著改善。

科技支撑贯穿林业建设全过程

右玉县老城东门外偏北方向，黄沙洼的山坡上，小老杨、油松、樟子松随着山坡延伸而去，在大地铺满生机。眼前的情景很难让人想到多年前右玉人不得不直面的困境——“栽活一棵树，比养活一个娃还难”。

除了坚持不懈，还要与黄沙斗智斗勇。在这场治沙战役中，人们逐渐摸索出了适合半沙化土壤的科学营林方法——“穿靴、戴帽、扎腰带、贴封条”。“穿靴”就是在河岸边营造雁翅形护岸林；“戴帽”就是在流动的沙丘上网状开沟，秧苗结绳压条，固定沙丘；“扎腰带”就是在半坡环造防风林带；“贴封条”就是在侵蚀沟沿和风蚀残堆上密植造林、种草，以后再不断补植。经过8年的“三战黄沙洼”，右玉县种活了270万棵树。树的成活率升高了，沙丘的移动速度降下来了，“吃人”的黄沙，终于被绿意击退。

随着生态环境不断向好发展，右玉县植树复绿的“路线图”也在顺应当下实际不断更新。20世纪50年代，“哪里有风哪里栽，先让局部绿起来”；60年代，坚持“有风的地方，锁住风沙”，加强对风沙的控制；70年代，坚持“哪有空栽哪，把窟窿补起来”，狠抓“三北”防护林建设；80年代，提出“哪里合适种树就在哪里栽，把三松引进来”，建设重点是规模造林、集约化经营；90年代，引入立体造林概念，构筑“立体乔灌混植、绿化屏障”的构想；进入21世纪，按照“山上治本立体化、身边增绿园林化、生态致富产业化、环境保护社会化”的思路，全面加快林业建设由“绿”变“富”步伐。

针对干旱、多风、少雨、建设难度大的实际，右玉县将科技支撑贯穿于林业建设的全过程。在技术措施上，筛选、配套了一批先进的科技成果和适用技术；在施工作业上，选派懂业务、技术硬的技术员深入工程第一线；在尊重自然规律的前提下，坚持生物多样性、树种适应性、林分稳定性、体系完备性，调整树种结构，提高林分质量。

在多年的荒漠化治理中，右玉县把握塞北高寒风沙地区植树造林的特点和规律，走出了一条科学的生态建设之路。2020年，右玉实现全县域宜林荒山基本绿化目标。

走出由“绿”变“富”的产业之路

70多年的“绿色接力”“绿色长征”，说易行难。改革开放初期，右玉县已经成为山西省乃至全国的“林业先进县”，多次受到表彰。但右玉人并没有坐在功劳簿上吃老本，而是围绕推动由“绿起来”向“富起来”的转变，打造生态体系，谋划产业升级，走向共同富裕，交出了生态系统修复、打赢精准脱贫攻坚战的优秀答卷。

从植树复绿到生态利用，这条路该如何走？右玉县一直没有停止过探索的脚步。在1983年底，右玉全县林木绿化率达37.5%。成为山西省林业典型的右玉县，却依然面临经济落后的窘境。1984年，在右玉县为防风固沙、保持水土种下的沙棘苗已经逐渐长成占地达28万亩的繁茂沙棘林时，右玉县开始开发利用沙棘，从研究入手，逐步发展起沙棘产业。每年秋冬，很多农户采摘沙棘果、剪枝条送到企业回收，可以赚五六万元，实现了增收致富。现在不少农户开始扩大种植沙棘的规模，沙棘产业不仅带动了经济发展，也带动了农户继续参与到绿化中去的积极性。

在保护中开发，在开发中保护，让右玉县走上了生态美、产业兴、百姓富的可持续发展之路。

截至2022年，沙棘林总面积达到28.5万亩，年采摘沙棘果8 000吨左右。12家沙棘加工企业年产沙棘果汁、原浆、罐头、果酱、酵素等各类产品3万多吨，产值2亿多元，形成了产供销一体的经济林产业链。

不只是沙棘产业，截至2022年，右玉县已经形成拥有75万只羊、40万亩小杂粮、4.2万亩多样化种植和20多家绿色农业龙头企业的绿色产业体系，成为国家可持续发展实验区、国家生态文明建设示范县和乡村振兴先行区。依托优美的生态环境，右玉县还建成了苍头河国家湿地公园、黄沙洼国家沙漠公园、南山森林公园等一批生态观光旅游景区，大力发展起森林旅游、森林康养等森林文化旅游产业。

从不适合人类居住的沙化严重地区，到宜居宜业宜游的山西省唯一全县域国家4A级旅游景区、“中国魅力小城”、“最值得向世界推荐的旅游县”、“联合国最佳宜居生态县”，右玉县的可持续发展能力不断增强，右玉人民也拥抱了更美好的生活。

思考讨论

1. 右玉人为何能克服重重困难，将昔日“不毛之地”的右玉县变成如今的“塞上绿洲”？

2. 右玉精神对实现人与自然和谐共生、建设美丽中国有何促进作用？

3. 右玉县生态治理的成功经验对其他生态问题严峻的地区有哪些启示意义？

教学建议

本案例主要适用于第六章第一节“完整、准确、全面贯彻新发展理念”中绿色理念部分的辅助教学。案例主要介绍了右玉人如何通过艰苦创业、传承接力，将“不毛之地”变成“塞上绿洲”的光荣事迹，其不仅彰显了“迎难而上、艰苦奋斗，久久为功、利在长远”的右玉精神，还印证了“绿水青山就是金山银山”的绿色发展理念，为加强我国生态文明建设提供了宝贵经验。

组织教学建议

第一，在组织案例教学活动前，教师需要引导学生对“生态文明建设”“绿色发展理念”等基础概念进行系统了解，帮助学生理解绿色发展理念对生态文明建设的重要推动作用，进而促使学生理论联系实际，思考右玉县生态治理是如何发挥绿色发展理念的重要作用，达到以案例促教学的根本目的。生态文明建设就是把可持续发展提升到绿色发展高度，为后人“乘凉”而“种树”，就是不给后人留下遗憾而是留下更多的生态资产。绿色发展理念是指通过合理利用自然资源，防止自然环境与人文环境的污染、破坏，保护自然环境、地球生物，改善人类社会环境的生存状态，保持和发展生态平衡，协调人类与自然环境的关系，以保证自然环境与人类社会的共同发展。绿色发展理念以人与自然和谐共生为价值取向，是推动生态文明建设的重要精神力量。右玉县生态治理取得成功的关键在于发挥了绿色发展理念的指导作用，正确处理了生态环境保护与经济发展之间的关系。

第二，在组织案例教学活动时，应该引导学生重点思考经济发展和生态环境保护之间的关系问题，以及“迎难而上、艰苦奋斗，久久为功、利在长远”的右玉精神何以促进经济发展和生态环境保护的协同共进。生态环境保护和经济发展不是矛盾对立的关系，而是辩证统一的关系。生态环境保护的成败归根到底取决于经济结构和经济发展方式。要坚持在发展中保护、在保护中发展，不能把生态环境保护和经济发展割裂开来，更不能对立起来。要帮助学生深刻理解到，拥有坚定的历史使命、执着的奋斗精神、先进的指导思想、科学的生产模式，不仅可以化解经济发展与生态环境保护之间的矛盾，更能使得矛盾双方成为彼此发展的有效推动力，同时也可以补充一些经济发展过程中由于忽视绿色发展理念而造成巨大生态灾难的负面案例，使学生更深刻地认识到生态对于我国经济社会发展的重要性。

第三，在组织案例教学活动时，要引导学生参悟右玉精神，将右玉精神运用到日常生活学习实践中去。习近平明确指出："'右玉精神'体现的是全心全意为人民服务，是迎难而上、艰苦奋斗，是久久为功、利在长远。"引导学生懂得做事不贪一时之功、不图一时之名，绝不能急功近利、短期求成，要有"功成不必在我"的广阔胸襟和职业素养；同时要充分理解"绿水青山就是金山银山"这一理念蕴含的内在原理，使大学生意识到日后走上工作岗位，一定要把生态思想融入自己的工作、生活和学习实践中，充分践行绿色发展理念。

总结提升建议

第一，发扬艰苦奋斗精神，树立久久为功信念是推动绿色发展的不竭力量。推动绿色发展，无论是破除能源资源约束难题，还是偿还生态环境欠账，必然要求具有迎难而上的使命担当，发扬艰苦奋斗的革命品格，久久为功，执着于长远利益。右玉人的成功，根本原因在于他们勇于承担党和人民赋予的保护生态、修复环境的重任，真正认清了生态文明建设的重大意义，坚持以无所畏惧的意志挑战困难，用奋斗换取幸福。右玉县年平均气温3.6摄氏度，年平均降水量不足400毫米，全年无霜期平均不到100天，风沙、干旱、水土流失、霜冻、冰雹等自然灾害频发。在高寒缺水、土壤沙化的困境下，右玉人硬是凭着愚公移山的胆气，无惧一次次的挫折与失败，用奋斗的精神锁住了每年都会东进十几米的黄沙，改写了右玉县难以植树的历史。

第二，推动绿色发展需要践行"绿水青山就是金山银山"的生态文明理念。只有践行"绿水青山就是金山银山"的理念，才能正确处理人与自然之间的矛盾、生态保护与经济发展之间的矛盾、长远利益和眼前利益之间的矛盾。习近平在党的二十大报告中指出："大自然是人类赖以生存发展的基本条件。尊重自然、顺应自然、保护自然，是全面建设社会主义现代化国家的内在要求。必须牢固树立和践行绿水青山就是金山银山的理念，站在人与自然和谐共生的高度谋划发展。"可见，践行"绿水青山就是金山银山"的生态文明理念是实现人与自然和谐共生、推动绿色发展的重要遵循。和大多数地方一样，右玉县也存在经济发展和环境保护之间的矛盾和博弈。新中国成立之初，如何解决老百姓的吃饭问题成为摆在第一任县委书记张荣怀面前的头等大事。他没有沿用垦荒、种粮的传统做法，而是根据右玉县的自然条件确定了植树造林这种见效缓慢的发展思路。改革开放后，面对周边地区依托煤炭产业快速致富的诱惑，右玉县第十二任县委书记袁浩基提出要处理好"有林子"与"长票子"的关系问题，仍然坚持以改善生态环境来推动经济发展、增收致富。党的十八大以来，右玉县确立了"提升绿水青山品质、共享金山银山成果"的发展主题。在植树造林改造生态的同时，右玉县不失时机地提出了旅游兴县战略，将生态效益适时转换为经济效益，并成为全国第一批退出的国定贫困县之一，用脱贫攻坚的实效证明了“绿水青山就是金山银山”。

第三，推动绿色发展需要弘扬全心全意为人民服务的根本宗旨。全心全意为人民服务是我们党的根本宗旨，生态环境治理是关系民生民意的重大政治问题和社会问题。进入新时代，我国社会主要矛盾已经转化为人民日益增长的美好生活需要和不平衡不充分的发展之间的矛盾。美好生活需要包含对美好生态环境的需要。现阶段，我国的生态环境质量在总体上与人民的优美生态环境需要相比还存在较大差距。着力推进绿色发展，把生态环境建设好，坚持生态惠民、生态利民、生态为民，让人民群众呼吸上新鲜的空气、喝上干净的水、吃上放心的食物，更好满足当代人民群众的优美生态环境需要，符合全心全意为人民服务的根本宗旨。植树造林、改善生态是符合右玉县客观实际、符合右玉人民根本利益的民生工程，也是聚民意、汇民力的民心工程。右玉县历届县委、县政府用心血、汗水和实际行动践行了党全心全意为人民服务的根本宗旨，也赢得了越来越多群众的认同和支持。

第四，推动绿色发展必须毫不动摇地坚持党的领导。坚持党的领导能够保障人民群众的美好生活环境需要得到满足，能够确保生态文明建设决策的权威性，能够使生态文明建设得以贯彻落实。推动绿色发展，建设生态文明，党的领导是根本保证。右玉县绿色发展取得成效正是因为坚持了党的领导。在长达 70 多年的绿色接力中，右玉县党员干部先树信念再种树，始终把对马克思主义的信仰、对社会主义和共产主义的信念作为人生的最高追求，在改造山河的艰辛历程中筑牢了理想信念，提升了精神境界，创造了右玉奇迹。70 多年绿色长征造就的生态奇迹，不仅是右玉人民苦干实干得来的，更是右玉党组织以严明的纪律推动出来的。

启示意义

坚定不移走生态优先、绿色发展之路，既要靠物质，也要靠精神。生态文明建设是一个长久的过程，往往任务重、难度大，不容易立竿见影，需要有耐得住寂寞的思想准备，有长期作战的责任意识，有极为有力的精神支撑。没有“牢记使命、艰苦创业、绿色发展”的塞罕坝精神，风沙四起的塞罕坝就不会变成今天的绿色长城；没有“全心全意为人民服务，迎难而上、艰苦奋斗，久久为功、利在长远”的右玉精神，“十山九秃头”的右玉县就不会变成今日的人间仙境；没有“守望相助、百折不挠、科学创新、绿富同兴”的库布齐精神，被称为“死亡之海”的库布齐沙漠就不会实现由“沙进人退”到“绿进沙退”的历史性转变。伟大的事业需要伟大的精神，伟大的精神托举伟大的梦想，正是精神的力量，激励着一代又一代建设者，创造出生态文明建设史上一个又一个战天斗地、改天换地的人间奇迹。

案例
10

数字经济“浙”样发展

核心阅读

浙江是数字经济发展的先发地。早在2003年，时任浙江省委书记的习近平就以前瞻性的战略眼光提出了“数字浙江”建设，拉开了浙江以数字化推动区域经济转型发展的历史序幕。从“数字浙江”到信息经济、数字经济“一号工程”，再到数字化改革，浙江紧抓发展机遇构筑经济建设的“数字引擎”，进行着一场又一场波澜壮阔的数字化创新实践。多年来，浙江不断推进数字产业化、产业数字化发展进程，从国内互联网产业的同步起跑者，加速成为数字浪潮中的领跑者，涌现出阿里巴巴、海康威视、网易等全球数字领军企业。2023年，浙江数字经济核心产业增加值9 867亿元，比上年增长10.1%。其中规模以上数字经济核心产业制造业增加值增长8.3%，增速比规模以上工业高2.3个百分点。浙江已将数字“基因”内嵌于其社会经济血液和发展脉搏之中，持续为发展输入内生动能。浙江数字经济是全国数字经济发展的样板和缩影。

乘新兴科技发展之“势”：从“数字浙江”到“一号工程”

2003年，时任浙江省委书记的习近平部署“八八战略”，前瞻性地提出建设“数字浙江”，发力数字经济建设。2017年，浙江省委经济工作会议明确提出，把数字经济作为“一号工程”来抓。2020年的浙江省政府工作报告提出，实施数字经济五年倍增计划，做强集成电路、软件业，超前布局量子信息、类脑芯片、第三代半导体、下一代人工智能等未来产业。2022年，浙江数字经济“领跑”驰而不息，持续发展数字经济为高质量发展注入澎湃动力。

浙江入选首批国家数字经济创新发展试验区，在经济下行压力增大的形势下，浙江通过发展数字经济逆势上扬，走出了一条生机勃勃的转型发展之路。

2018年，中国移动将杭州作为全国5G试点5座城市之一。杭州、宁波已建成全国较大规模5G应用示范网，在工业互联网、人工智能与机器人、超高清视频、车联网等多个领域开展5G融合应用示范项目。

以“数字产业化、产业数字化”为主线，浙江全面实施数字经济“一号工程”，重点聚焦培育数字经济千亿级未来产业。

浙江各地不断加快推进数字经济产业布局。在兰溪市的光学膜产业园，12 家企业的光膜产品拿到国际知名企业的大订单。在德清县的地理信息小镇，20 多个人工智能、无人驾驶等产业项目加速推进。嘉善县紧盯数字经济核心产业谋篇布局，相继引进富通光缆全产业链、铠嘉电脑、格科微电子等重大产业项目。

2021 年，浙江省数字经济增加值达到 3.57 万亿元，较“十三五”初期实现翻番，占 GDP 比重达到 48.6%，居全国各省（区）第一；数字经济核心产业增加值达到 8 348.3 亿元，五年年均增长 13.3%，相当于 GDP 年均增速的两倍。

2022 年 7 月，国家网信办发布《数字中国发展报告（2021 年）》。该报告对 31 个省（区、市）在数字基础设施、数字技术创新、数字经济、数字政府、数字社会、网络安全和数字化发展环境等方面的发展水平进行了全面评估。浙江数字化综合发展水平位居全国第一。

探企业转型发展之“道”：产业数字化激发内生新动力

迅猛发展的数字技术不断渗透在浙江传统制造各个环节中。浙江制造业种类齐全、产业基础深厚，传统制造面广量大。以阿里巴巴为代表的数字经济领域领军企业，为数字经济提供充足的技术支撑；之江实验室、浙江大学等创新资源集聚，为数字经济提供深厚支撑。

2020 年新冠疫情发生后，浙江迅速生产出红外热像仪近 10 万台，占全国总产量的 83%。浙江为什么能？因为红外设备从安防设备改造而来，浙江在数字安防产业上的实力不可小觑，国内行业前三的企业都在浙江，浙江已基本掌握了相应的核心技术，相关元器件也逐步从国外配套转向自主配套，在突发疫情考验下，这个有核心控制力的产业链，优势尽显。

温州汽摩配行业龙头企业瑞立集团通过实施“机器换人”，开展智能化改造，加速企业“智变”步伐。近年来，通过信息化、工业化两化深度融合，生产效率和能源利用率均有大幅度提高。

同样作为传统制造业企业，中策橡胶集团引入“ET 工业大脑”，通过人工智能算法处理橡胶工艺参数，解决传统工艺难以突破的瓶颈，橡胶平均合格率提升 3%～5%。金鱼电器通过基于互联网的家用电器个性化定制项目，让柔性生产程度提升 35.1%，订单按期交付率提高 3.8%。

浙江发挥消费互联网领域领先优势，以供给侧结构性改革为主线，以产业大脑为主要抓手，加强数字技术对产业全方位、全链条的改造，提高全要素生产率，产业数字化指数位居全国第一。

浙江全面深化以“产业大脑＋未来工厂”为核心的数字经济系统建设。截至 2023 年 11 月，浙江已建设细分行业“产业大脑”106 个，累计建设未来工厂 52 家、智能工厂 601 家。浙江深化“1＋N”工业互联网平台体系建设，积极争创工业互联网国家示范区建设，累计创建省级工业互联网平台 285 家，连接工业设备产品 6 000 余万台，服务工业企业超 11 万家，基本覆盖标志性产业链、17 个重点传统制造业和百亿级产业集群。推广“上云用数赋智”集成应用，累计上云企业近 45 万家，大力发展“制造＋服务”新业态，带动中小企业全面数字化转型。

锻数字融合之“术”：数字产业化打造发展新优势

近年来，浙江拥抱互联网科技，培育壮大了像阿里巴巴、蚂蚁金服等数字经济产业，也加快了数字技术在智慧城市、智慧医疗、智慧交通、智慧政务等领域的全面应用，形成了数字浙江与数字经济相得益彰、协调发展、共同成长的良性互动与良性循环。

2019 年 9 月，中国移动浙江公司联合华为在杭州发布了首个自主可控的 5G 独立组网云网络。这套网络以鲲鹏处理器等国产自研 CPU 为基础搭建，全面实现处理器、服务器、存储、操作系统、数据库到核心网网元等网络核心部件的国产化。

浙江以足够的技术自信向产业技术融合的高峰发起挑战，不断再造新优势。位于杭州城西的之江实验室围绕我国人工智能发展战略，已在智能无碍感知芯片、先进人工智能算法平台等自主科研项目领域进行快速布局。阿里巴巴达摩院则在自然语言处理、智能语音、视觉计算等领域算法夺得 40 多项世界第一。

之江实验室、阿里巴巴达摩院等一批高能级创新平台建设，是浙江瞄准基础研究、原创技术厚植“内力”的生动实践，以及自主创新能力的长足进步。这些平台正不断夯实浙江数字技术“硬实力”的根基。“宝剑锋从磨砺出”，相较全面开花的产业数字化探索，数字产业化的核心技术攻坚需要潜下心来，做好长期积累与投入的准备。

就拿阿里巴巴发布的首款自研芯片“含光 800”来说，表面上看，阿里放出造“芯”宣言到成品面世只有一年半时间，但它的诞生却非“一日之功”：“含光 800”身上汇聚了阿里在基础设施领域十多年的积淀以及被阿里收购的已在芯片领域积累 19 年经验的中天微技术力量。

截至 2021 年，浙江省规上数字经济核心产业研发强度达到 7.3%，是全社会研发投入强度的 2.5 倍；实施 215 项数字经济重大科技攻关项目，突破形成 138 项进口替代成果；全省规上电子信息制造业营业收入达到 15 916 亿元，软件业务收入达到 8 303 亿元；数字安防和网络通信、集成电路、高端软件、智能计算、智能光伏、数字内容六大千亿级数字产业集群在数字经济核心产业中主导地位明显。浙江稳步实施数字产业集群培育行动，形成智能物联、高端软件两个万亿级数字产业集群，智能光伏、集成电路等若干个千亿级数字产业集群。截至 2024 年 9 月，浙江数字经济领域国家高新技术企业已达 27 754 家、省科技型中小企业 71 938 家，占全省企业总数的 1/3 以上。

全省开放 1.96 万个数据集，59.1 亿条数据，“中国开放数林指数”连续 2 年居省域标杆第一。同时累计遴选省级大数据应用示范企业 206 家，入选工信部大数据产业发展试点示范项目 39 个，均居全国前列。

在应对抗疫大考的过程中，浙江依托“大数据分析＋网格化管理”，首创“一库一图一码一指数”精密智控机制，“健康码”面向全国推广；根据实战需要不断迭代升级疫情防控实战成果，率先提出建立“动态清零”精密智控机制，加快完善精密智控平台建设，谋划打造“浙里防疫”应用，不断输出数字抗疫的“浙江智慧”。

浙江大力推动实施数字经济五年倍增计划，出台促进数字经济发展若干政策意见，推动数字大湾区、“城市大脑”、移动支付之省等标志性引领性项目和杭州“数字经济第一城”与乌镇互联网创新发展试验区建设……久久为功，善作善成。

在浙江这片沃土上，数字经济就像一位技艺高超的“魔术师”，以扎实的数据不断刷新着人们对它的认知和期待。

思考讨论

1. 从“数字浙江”到“一号工程”建设，对于浙江数字经济发展有着怎样的意义？

2. 浙江实施了哪些举措推进“产业数字化、数字产业化”？这些举措对于我国数字经济发展有什么意义？

3. 为什么说数字经济在浙江的沃土犹如一位技艺高超的“魔术师”？浙江数字化综合发展水平居全国第一，是怎么做到的？结合本案例谈谈你的看法。

教学建议

本案例主要适用于第六章第三节“加快构建新发展格局”和第四节“建设现代化经济体系”部分的辅助教学。案例主要聚焦浙江从“数字浙江”到“一号工程”的建设实践，展示了其如何通过切实推进产业数字化、数字产业化，一步一步在国内互联网产业同步起跑者中胜出，成为全国数字经济领跑者的事迹。

组织教学建议

第一，引导学生通过认识“数字浙江”的建设过程来把握数字经济建设和发展规律。“数字浙江”既是“数字中国”建设的典型样本，也是中国数字经济发展的一个缩影。从互联网、计算机的兴起到今天以移动互联网、人工智能、大数据、物联网等高新技术为主的新一轮科技革命的到来，20 年间，浙江始终以敏锐的战略眼光洞察生产力发展的趋势，紧紧抓住社会经济发展的每个节点和重要机遇，提前布局。授课教师通过引导学生梳理从“数字浙江”建设到“一号工程”再到数字经济五年倍增计划实施的数字经济发展路径，可启发学生认识浙江数字经济高质量发展的秘诀，进而把握我国数字经济的发展规律和内在要求。

第二，重点引导学生把握“产业数字化、数字产业化”的内涵及其对我国经济高质量发展的重大意义。产业数字化是指，利用现代信息技术对传统产业进行全方位、全角度、全链条的改造，通过推动互联网、大数据、人工智能和实体经济深度融合，提高全要素生产率；而数字产业化，是通过现代信息技术的市场化应用，推动数字产业的形成和发展，其目的是将数字化的知识和信息转化为生产要素，通过将信息技术创新和管理创新、商业模式创新融合，不断催生新产业新业态新模式，最终形成数字产业链和产业集群。授课教师可以运用本案例，通过对浙江数字经济建设实践整个过程及其成果的分析，使学生明白“产业数字化、数字产业化”何以作为数字经济发展的核心。

第三，引导学生把握科技创新与数字经济高质量发展的内在联系。在使用本案例时，可以就建设之江实验室、阿里巴巴达摩院等一批高能级创新平台的意义展开讨论，启发学生反思我国数字经济发展过程中所面临的困境，要使他们明白，核心技术受制于人所造成的后果。通过本案例，学生更为直观地理解和认识到，科技创新是核心，是我国数字经济高质量发展的前提，抓住了科技创新就抓住了牵动我国发展全局的牛鼻子。

第四，在使用本案例时可以进行一定的内容拓展，对不同地区的数字经济发展模式进行比较分析，使学生更全面地认识数字经济。授课教师可以就本书中数字福建、数字重庆建设经验同浙江数字经济发展进行比较，一方面，使学生们通过对比不同地区数字经济建设实践的差异，更全面地把握我国数字经济发展状况；另一方面，要使学生明白，发展数字经济必须因地制宜，要根据每个地区的经济状况和发展条件选择适合自身的数字经济发展模式和路径。

第五，在组织讨论环节，应启发学生思考浙江数字经济发展所带来的启示。要凸显案例教学的开放性，既要紧扣主题，又要充分发挥学生的主体性，使学生不断融入案例情境，启发他们总结分析浙江数字经济建设实践之于我国经济高质量发展的意义。从“数字浙江”到“一号工程”，20 年来，浙江数字经济发展成就斐然，硕果累累，不仅为我国数字经济建设作出了重要贡献，也为全国各地发展数字经济提供了示范样本。利用本案例，引导学生从我国数字经济发展的整体战略出发，以浙江为范本，深入分析我国数字经济发展过程中的成就与不足，启发学生进一步探索未来我国数字经济高质量发展的实践路径。

总结提升建议

第一，数字经济正在成为新一轮国际竞争的重点领域，发展数字经济是把握新一轮科技革命和产业变革新机遇的战略选择。数字时代已然到来，发展数字经济是构建现代化经济体系的重要引擎，是实现我国经济高质量发展的内生动力。在机遇面前，谁能够深刻认识和把握数字经济的发展趋势和规律，准确研判，提前布局，系统谋划，做好顶层设计，谁便能够在经济高质量发展的道路上占得先机。在本案例中，浙江正是能够在互联网、数字技术发展的浪潮中抓住每次机遇，构筑经济建设的“数字引擎”，才使得数字经济成为浙江高质量发展的“金名片”。从“数字浙江”到信息经济，到数字经济“一号工程”，再到数字化改革，浙江一直将数字经济作为其社会经济发展的重心，构建出独具特色的数字经济发展方法路径，打造了具有中国气派和浙江辨识度的标志性成果，成为数字经济高质量发展的时代先锋和澎湃科技浪潮中的领航者。

第二，推进产业数字化是企业转型发展的总趋势，是适应新质生产力发展要求的必然选择。随着大数据、云计算、移动互联网、人工智能等新兴技术的不断崛起与迅猛发展，社会生产对工业化转向自动化、智能化的要求日益迫切。今时不同往日，劳动力成本的上升、资源环境承载极限的逼近、世界经济格局的风云变幻等都要求我们必须加速驱动产业转型，使科技创新链条更加灵巧，技术更新和成果转化更加快捷，产业更新换代的节奏进一步加快。因而，必须加快构建与新质生产力相适应的产业新体系，准确把握数字化、网络化、智能化方向，推动数字经济和实体经济融合发展，充分发挥数字技术对经济发展的放大、叠加、倍增作用，这不仅是传统企业发展的必由之路，也是生产力发展的未来方向。在本案例中，浙江的数字经济建设之所以能够取得如此大的成就，很重要的一点是其看到了日新月异的新兴科技在传统产业转型发展中的关键性作用，抓住新兴科技发展机遇，顺势而为，提前布局，基于自身制造业、产业的特点，让数字和智能技术为之赋能。在数字浙江建设过程中，涌现出阿里巴巴等一批数字经济领域领军企业，之江实验室、浙江大学等创新资源集聚，都为浙江数字经济的发展提供了坚实的技术支撑。浙江以产业大脑为主要抓手，强化数字技术对产业全方位、全链条的改造，全面提升了生产率，使其产业数字化指数位居全国榜首。

第三，创新是第一动力，是推进数字产业化的内生动能，是发展数字经济的重要引擎，是构建新发展格局的内在要求。发展数字经济，必须抓住自主创新这个“牛鼻子”，加快攻克重要领域的“卡脖子”技术，如果关键技术受制于人，发展必然受阻，应发挥我国社会主义制度优势、新型举国体制优势、超大规模市场优势，提高数字技术基础研发能力。推进数字产业化，要以数字技术与各领域融合应用为导向，推动行业企业、平台企业和数字技术服务企业跨界创新，优化创新成果快速转化机制，加快创新技术的工程化、产业化。在本案例中，浙江聚焦数字技术基础研发能力提升和关键核心技术突破，加快机制创新、平台布局、项目攻关，加快从数字经济模式创新优势向技术创新优势扩展，同时围绕我国人工智能发展战略，在智能无碍感知芯片、先进人工智能算法平台等自主科研项目领域进行快速布局。浙江的数字安防和网络通信、集成电路、高端软件、智能计算、智能光伏、数字内容六大千亿级数字产业集群在数字经济核心产业中主导地位明显。乘着全省数字化转型发展之东风，浙江持续推进数字经济产业能级和创新模式跃升，抢占数字竞争新制高点。

第四，增进数字化服务的普惠性是数字经济发展的内在要求，是满足人民美好生活需要的重要途径。数字技术具有强渗透性和广覆盖性的特征，让数字技术与经济社会、人的全面发展深度融合，使之对政务服务、公共服务、民生保障、社会治理的支撑作用不断凸显，不仅是数字经济自身的价值指向，更是中国特色社会主义经济建设的内在要求。在本案例中，浙江注重坚持以数字化改革为引领、以政府数字化转型为切口，不断放大治理数字化场景，拓展数字经济富民惠民的新路径，实现数字生活普惠共享。无论是数字技术在智慧城市、智慧医疗、智慧交通、智慧政务等领域的全面应用，还是浙江在面临疫情大考所彰显的科技担当，都展现了数字浙江与数字经济相得益彰、协调发展所取得的成就，及其不断增进数字经济普惠性的诚意和决心。

启示意义

在数字经济发展过程中，只有抢抓机遇，起步早、发力实、有方向、思路清，才能在数字经济高质量发展的赛道上赢得主动、保持领先。波浪式前进和螺旋式上升是事物发展的一般规律和总趋势，社会经济发展也不例外。浙江在数字经济的建设和发展过程中，既遇到过“卡脖子”式的阻碍、增速放缓等瓶颈，也抓住了新一轮科技革命和产业变革的发展契机。实践证明，保持全局性和前瞻性的战略思维，坚持问题导向和系统观念，把握数字经济发展的新机遇，直面挑战，坚持创新，全面统筹，提前布局，推进数字化赋能实体经济，是构建新发展格局和竞争新优势的必由之路。

案例 11

新松机器人“进化”路 秀出中国智造加速度

核心阅读

成立于2000年的新松公司是沈阳最早的机器人企业，它依靠多年的技术沉淀和持续创新，相继攻克智能感知、自主决策等前沿、共性技术，完成国家重要科技攻关800余项，起草并制定国家及行业标准20余项，拥有发明专利1 300多项，不断打破垄断、填补空白，创造了中国机器人发展史上百余项行业第一。作为国家机器人产业化基地，新松公司打造了以自主核心技术、核心零部件、核心产品及行业系统解决方案为一体的全产业价值链。2022年8月17日，习近平总书记来到新松公司考察时说：“你们是一个朝气蓬勃、充满活力的年轻企业，体现了中国速度、中国水平。下一步，要扎扎实实、步步为营，在自主创新中实现产业升级。”新松人牢记总书记嘱托，在自主创新的道路上加速奔跑，让新松机器人加速“进化”，推动我国机器人产业高质量发展。

在上午8点的沈阳，我国规模最大的机器人产业基地——新松机器人自动化股份有限公司（简称“新松公司”）内，已是一片繁忙景象：通体“中国红”的机械臂，六个关节自由舞动，在大负载的同时完成细至微米的点焊作业；黄色的汽车底盘合装机器人，紧盯上方生产线，稳稳托举、精准装配一气呵成；气质酷飒的工业清洁机器人，自主规划路线行进，精准避开障碍……这些机器人仿佛已经“进化”成人，有序而高效地在繁重、复杂、危险的岗位上代替人工作业。

让“机器人+”的未来图景照进现实

有人说，“机器人+”是蕴含着无限想象空间的未来图景，但在新松——这座屹立在中华大地的机器人“王国”中，一幅底蕴厚重的“机器人+”创新实践画卷，早已徐徐展开……

新松公司作为国内最早开始工业机器人本体研究与应用的企业，成功打破了国外厂商长期的技术封锁与市场垄断，早在2000年左右，新松工业机器人便已批量应用于工程机械、摩托车制造等领域，并逐步实现焊接、搬运、装配、喷涂、研磨等全工艺环节覆盖。工业机器人+汽车点焊、工业机器人+钢结构弧焊、工业机器人+工程机械磨抛、工业机器人＋食品码垛、工业机器人＋家电装配、工业机器人＋卫浴施釉……在新松机器人“大家族”中，不断有新品类的机器人产品在自己的领域发光发热，新松从成立之初就立志要做好我国自己的工业机器人，所以选择了“中国红”作为机器人的主体颜色，以彰显产业报国的决心。

新松也是中国最早研发并持续深耕于移动机器人领域的企业，其核心研发团队早在20世纪80年代就开始了对移动机器人的系统性研究。新松移动机器人从控制系统、导航技术到核心零部件全部自主可控，成功改写了中国机器人“只有进口，没有出口”的历史，技术水平和市场占有率均位列世界领先水平。移动机器人＋汽车总装、移动机器人＋重卡装配、移动机器人＋新能源锂电物流、移动机器人＋工业清洁、移动机器人＋港口物流……在移动机器人领域，新松公司是国内机器人产品线最全的企业之一。

新松“星卫来”工业清洁机器人是“移动机器人＋工业清洁”的代表。这款产品专为工业清洁场景开发，集工业清扫和智能服务于一体，它可以结合车间的环境，通过激光和视觉系统自动感知环境的变化，自动生成运动轨迹，这可以保证工业清洁机器人和其他现场的机器人无干扰混线运行，有效解决了传统工业清洁作业中存在的劳动强度大、智能化程度低、生产与清洁作业相互冲突等难题。从客户提出需求到“星卫来”产品上市，移动机器人团队仅用时一年多，这无疑体现了新松公司的“中国速度和中国水平”。

新松已自主研发包括合装型、重载型、辅助装配型、叉式、高精度型、户外型、工业清扫等在内的十大系列百余种移动机器人产品，自主攻克了包括移动机器人混合供电技术、多导航整合技术、可云端部署的超大规模智能群控调度技术、高精度货物定位技术等在内的百余项行业核心技术。新松公司的移动机器人产品已服务于多家世界500强企业，多次代表国家科技形象亮相国际舞台。

此外，特种机器人＋核应急、特种机器人＋航空航天、特种机器人＋堤坝清污等新松特种机器人也已广泛应用于国防安全、治安维护、抢险救灾等场景中。随着遥感技术、无人驾驶、5G技术等的迅速发展，特种机器人的相关技术得到明显提升，在垂直领域应用空间巨大。新松公司针对国家重大需求开展科技攻关，同时深入调研国民经济重点领域细分场景和生产工艺，不断拓展机器人应用的深度和广度，开发了一系列先进适用、易于推广的机器人系统解决方案，真空机器人＋半导体行业、医疗服务机器人＋医院配送、协作机器人＋汽车零部件、复合机器人＋3C等等，在各个领域都能看到新松机器人的身影。

新松公司已成为国际上机器人产品线最全的企业之一。

中国“制造业皇冠顶端的明珠”让世界惊艳

2018年韩国平昌冬残奥会闭幕式上，“北京8分钟”的演出十分惊艳。24台机器人控制着“冰屏”，与24名轮滑演员精妙配合，机器人走位与演员表演、演出音乐、地面投影、场地灯光等完美融合，中国智造让世界瞩目。这场演出使用的正是新松公司自主研发的移动机器人。

2022年9月，在北京展览馆“奋进新时代”主题成就展地方展区辽宁单元，一套动感十足的工业机器人系统吸引了不少参观者，只见其亮红色的机身、流线型的外观、弯曲的机械手臂……这就是新松T12A-14“火弧”机器人，它的控制系统和机器人本体均为自主研发设计，可满足苛刻生产节拍下的高精度、高速度、高稳定性作业，广泛适用于汽车及零部件、金属加工、机械制造等众多行业。

机器人被誉为“制造业皇冠顶端的明珠”，其研发、制造、应用是衡量一个国家科技创新和高端制造业水平的重要标志。此次展出的工业机器人又被称为“工业手”，是机器人世界的大宗产品，也是用途最为广泛的机器人之一。以前相关产品完全依赖进口，价格极其昂贵，想要降低成本，唯有自主创新。

国外产品在手腕传动结构上均有自主知识产权，我们只有设计出独有的结构才能有所突破。新松研发团队遍览国内外相关设计资料，反复推敲各个技术细节，历时 3 个月，才交出满意的设计图。最终经过长期的检验、测试及验证，具有完全自主知识产权的中空传动结构研制成功。

新松公司积极响应国家战略，与“一带一路”共建国家展开广泛而频繁的交流合作。从广袤的俄罗斯大陆上拔地而起的先进物流自动化立体仓库到泰国客户现场紧张生产的自动化装配检测生产线，从印度汽车客户车间世界领先水准的智能移动机器人到捷克某知名企业的新能源汽车电子装配系统……新松人正在用自己的实际行动践行“一带一路”倡议中的创新基因。

新松在韩国、新加坡、泰国等国家和地区设立多家控股子公司，并紧抓全球新一轮科技革命和产业变革契机，充分发挥创新优势，全面实施全球化发展战略，通过对国际市场技术与产品的输出，加深与海外客户良好关系的建设，提高产品、企业的国际影响力和竞争力。

奋斗是新松人青春的亮丽底色

无论是工作时间还是午休间隙，身着“新松蓝”制服的新松青年员工总是步履匆匆，精神抖擞，他们眼中都闪烁着一种特殊的“光”。这种光，是这群年轻人对推动产业链迈向更高端的勇气和决心，更是打造国之重器者的担当。

34 岁的年轻工程师陈赏有着典型的“理工男”气质，2014 年，他硕士毕业于西南交通大学，在新松公司历经磨炼后，如今已成为 30 人团队的负责人，承担公司移动机器人海外市场开拓工作。他说：“在很多同门选择了其他行业工作的时候，我坚信我能通过自己的努力，让更多具有中国智慧的机器人产品走向世界，让国人骄傲。”

2012 年以来，新松公司经历了企业发展速度最快的十年，书写了国产机器人行业发展的多项历史，更成就了这些青春洋溢的年轻面孔。

“来者自有舞台，让人尽其所能”是新松公司在用人上的追求。近年来，公司研发投入占营收比例一直保持在 10%左右的高水平，并且形成了一支 4 000 余人、平均年龄仅 35 岁的研发团队，不断为创新发展注入更多活力。新松公司不断变革自身的体制机制和组织架构，以期最大限度地发挥青年人才的潜能，激发青年人才的活力。新松公司的“人才经”奉行八个字：奋斗为本，有为有位。

一切都要从青年人着手，一切决策要遵从年轻员工的想法。20 年多来，新松公司内部已经达成共识，企业的决策要尊重青年员工的思想，企业发展的红利也要与年轻人共享。

思考讨论

1. 新松公司致力于将机器人技术与细分行业深度融合，不遗余力地推进“机器人+”的不断“进化”，这么做的目的是什么？这对于推动智能制造产业高质量发展有什么意义？

2. 为什么说机器人是“制造业皇冠顶端的明珠”？新松公司保持高比例的机器人研发投入的原因是什么？

3. 新松公司自2000年成立以来的20多年间，完成国家重要科技攻关800余项，发明专利1 300多项，创造了中国机器人发展史上百余项行业第一，成为国际上机器人产品线最全的企业之一。你认为新松公司成功的秘诀是什么？这为我国机器人产业发展乃至制造强国建设带来哪些启示？

教学建议

本案例主要适用于第七章第一节“全面建设社会主义现代化国家的基础性、战略性支撑”和第三节“加快建设科技强国”部分的辅助教学。本案例主要介绍了新松公司自成立以来坚持创新，坚定实施创新驱动发展战略，以“鼎新”带动“革故”，以智能制造为推动产业技术变革和优化升级助力，先后开发出自主知识产权的五大系列上百款机器人产品，创造中国机器人发展史上百余项行业第一，形成从核心技术到机器人系列产品和行业系统解决方案等全产业价值链。

组织教学建议

第一，在本案例导入环节，可以通过多种方式使学生对新松机器人以及新松公司的概况形成整体性认识。授课教师可以通过课堂互动的方式让学生谈谈自己对机器人及其应用的了解，也可以在课前布置查阅资料任务，让学生关注新松公司官方网站或微信公众号，了解企业的创新发展历程和企业文化。本案例的把握难度之一，就是学生未必具有足够的想象力能通过文字描述的方式认识新松机器人，对此，可以在课堂播放《时不我待推进科技自立自强》等短视频，使学生对新松机器人的品类、应用、创新水平等形成较为直观的认识。

第二，如果条件允许，可以将这部分教学内容同实践教学相结合。授课教师可以组织学生走进新松公司考察，让学生们实地了解习近平感兴趣的汽车底盘合装移动机器人和新松设计制造的其他机器人，使学生在现场的氛围中，在同科技人员的对话中，体验我国智能制造的迅猛发展，进而理解为什么总书记一再强调必须将关键核心技术牢牢掌握在自己手中。

第三，在组织讨论环节，启发学生思考回答，为什么习近平一再鼓励中国企业特别是制造业要把科技的命脉牢牢掌握在自己手中。要使学生明白，无论是企业还是国家，要想实现高质量发展，就必须坚持创新，唯有如此，才能在激烈的竞争中立于不败之地。利用本案例，要使学生坚定科技自立自强信念，只有在关键核心技术领域解决"卡脖子"问题，才能真正将发展的主动权牢牢掌握在自己手中。

第四，注意引导学生理解为什么机器人被誉为"制造业皇冠顶端的明珠"以及不断推进机器人＋创新实践的重大意义。要使学生知道，机器人的研发、制造、应用是衡量一个国家科技创新和高端制造业水平的重要标志。如今，机器人在生产生活中的应用日益普及，如果依靠进口，不仅价格极其昂贵，而且要面临被"卡脖子"的风险，必须实现全产业链自主可控，因此，必须坚定不移地走创新驱动发展的道路。习近平将创新驱动比喻为东北老工业基地振兴发展的"乘法"。授课教师可以引导学生分析理解总书记这一论断的深层含义和实践价值。

第五，要尽可能凸显本案例的思想政治教育作用，使学生坚定理想信念，培育其工匠精神，进而使其肩负起对国家经济高质量发展的使命、责任。习近平在考察新松公司时指出："青年人朝气蓬勃、充满活力，是企业发展希望所在。"通过本案例的学习，要让学生明白，要实现我国科技自立自强，在更多更强的领域掌控技术话语权，归根结底要依靠高水平创新人才。因此，当代大学生应坚定产业报国的信念，将自身的发展和自我实现同国家的发展紧密地结合在一起，为祖国的发展贡献力量。

■ 总结提升建议

第一，实现高水平科技自立自强，必须增强自主创新能力。自主创新，就是从增强国家创新能力出发，加强原始创新、集成创新和开放创新，确保国家拥有自主可控的科技创新能力。要实现我国制造业高质量发展，必须突破"卡脖子"问题。在新松公司考察时，习近平非常关注企业开展核心技术攻关情况，在得知关键核心技术皆自主可控时，他称赞新松公司体现了中国速度、中国水平。他对新松技术人员说："过去我们要解决的是能不能造汽车的问题，接着又解决了能不能造好车的问题，现在我们正在解决能不能生产造好车的装备问题。这就是创新驱动发展。"习近平的话不仅为企业发展指明了方向，而且对于整个东北的产业发展都具有深远意义。新松公司之所以能够成为全球机器人产品线最全的企业之一，正是因为其成立之初就已进行核心技术研发。新松不仅是我国最早研发工业机器人的企业，也是中国最早研发并持续深耕于移动机器人领域的企业，从控制系统、导航技术到核心零部件全部自主可控。以习近平非常关注的产品底盘合装机器人为例，这款机器人举升结构、控制单元、感知单元等关键部件均为自主研发并获得国家专利。正是拥有这样的技术保障，才避免了依靠进口所带来的"卡脖子"风险，才使得新松机器人品类齐全、世界著名，技术水平和市场占有率均位列世界领先水平。

第二，实现中国智造的高质量发展，既要坚持关键核心技术攻坚，又必须以满足人民美好生活需要为目标。我国经济已由高速增长阶段转向高质量发展阶段，迫切需要新一代人工智能等重大创新添新续力，不断加强人工智能和产业发展的深度融合，为中国制造迈向中国智造持续输入新动能。中国智造的高质量发展还要坚持科技以人为本，加强人工智能同改善民生、社会治理、风险防范的结合，以为人民创造美好生活为价值导向。在本案例中，新松公司以工业机器人起家，持续的核心技术攻坚保障产业链供应链自主可控和产业安全，根据人工智能发展的特点和市场的需求不断将机器人技术同细分行业深度结合，在国民经济重点领域积极布局，陆续推出多款新型机器人产品。新松拥有自主知识产权的工业机器人、移动机器人、洁净机器人、特种机器人、医用机器人五大类核心产品，进而为更多行业发展的数字化和智能化转型提供了关键的技术支撑，为人民创造了更加智能、便利的工作与生活方式。

第三，实现高水平科技自立自强，归根结底要靠高水平创新人才。人才是创新的第一资源，创新驱动本质上是人才驱动。当今世界的竞争说到底是人才的竞争，要真正实现高水平科技自立自强，就必须拥有顶尖科技人才，聚集一批高素质人才和高水平创新团队。“栽下梧桐树，引得凤凰来。”着眼于吸引人才、留住人才、用好人才，才能使得创新攻关可持续；在人才激励措施上大刀阔斧改革，让越来越多的“千里马”在创新创造的征途上竞相奔腾，才能牢牢掌握发展的主动权。习近平非常重视科技人才，在考察新松公司时，他高兴地看到年轻人撑起了新松公司的大梁，特别欣慰于这支年轻的队伍能够做到全部关键核心技术的自主可控。新松公司始终将发挥青年人的活力当成企业创新的动力，让青年人为推动新时代东北振兴作出更大贡献。近年来，新松公司一直保持高比例的研发投入，打造了一支4 000余人、平均年龄仅35岁的研发团队。新松公司在不断变革自身的体制机制和组织架构的过程中，给予青年创新人才最大程度的尊重和包容，以激发青年人的创新潜能，为关键核心技术攻关持续输入动能。

第四，智能制造和机器人产业的高质量发展，不仅要坚持科技自立自强，还要以国家战略需求和经济社会发展需要为导向。人工智能是引领新一轮科技革命和产业变革的战略性技术，具有溢出带动性很强的“头雁效应”。加速发展智能制造是实现科技自立自强的重要突破口，是我们赢得全球科技竞争主动权的重要战略抓手，也是推动我国科技跨越发展、产业优化升级、生产力整体跃升的重要战略资源。科技企业想要做大做强，无论是通过技术创新，还是通过开拓国际市场，都必须紧紧围绕经济社会发展需要，坚持需求导向、市场倒逼的科技发展路径，将企业自身的发展融入我国实现科技自立自强、经济高质量发展的大势中。新松公司从成立至今正是因为秉承这样的发展理念，才逐步成为全球机器人产品线最全的企业之一。新松的成功，映射出其对产业报国、自立自强信念的坚守，也是展现中国机器人产业蓬勃发展的一张名片，更是新时代中国迈向制造强国的有力见证。

■ 启示意义

千秋基业，人才为先。青年一代应当坚定理想信念，勇敢肩负起时代赋予的重任，矢志“产业报国”，为中国迈向制造强国贡献力量。青年人不仅是企业发展的希望所在，更是国家发展的希望所在。青年一代应肩负起实现科技自立自强的使命，勇做新时代科技创新的奋进者、开拓者、奉献者，在担当中历练，在尽责中成长，使自我实现与发展同祖国的强大和高质量发展紧密地结合在一起，为强国建设添砖加瓦，为民族复兴铺路架桥。新松公司正是凝聚了一群像陈赏一样眼中有“光”、心中有“梦”的青年人，才不断实现技术突破，将关键核心技术和装备制造业的发展主动权牢牢掌握在自己手中。这群年轻人不仅拥有推动产业链迈向更高端的勇气和决心，更具有打造国之重器者的使命和担当。他们敢于有梦，勇于追梦，勤于圆梦，在一次次科技攻关历练中绽放出青春光芒，为建设工业强国贡献自己的力量。

案例 12

看徐工集团这样淬炼大国重器

核心阅读

作为中国工程机械行业排头兵，徐州工程机械集团有限公司（简称“徐工集团”）自成立以来始终聚焦主业，坚持勇于创新、持续创新、自主创新的发展理念。在我国机械制造业面临发展瓶颈时，徐工集团加快在重卡车辆、环卫设备、矿山机械等新领域布局，通过不断的智能化、数字化转型，赋能创新发展。2017 年 12 月 12 日，习近平来到徐工集团考察，勉励徐工集团着眼世界前沿，努力探索创新发展的好模式、好经验。2023 年，徐工集团营业收入达 928.48 亿元，收入和利润继续稳居国内行业第一，国际销售收入达 372.20 亿元，同比增长 33.70%，占营业收入比重超 40%，创造新的历史高点。通过创新，徐工集团在一个市场竞争充分的领域行稳致远，后来居上，铸就中国工程机械产业振兴之路，引领世界工程机械行业的新风向，成为中国乃至全球高端矿业装备的领军企业。

从最初的“三厂一所”到涵盖工程机械与核心零部件、重卡、环境产业、矿业机械四大板块 60 多家企业的行业翘楚；从制造出新中国第一台汽车起重机、蒸汽压路机到制造出世界领先产品远销 180 多个国家和地区、制造基地遍及全球，不忘初心，聚焦主业，不断创新，是徐工集团一直以来的坚守。

聚焦主业，转型突破发展瓶颈

2010 年，徐工集团千吨级履带起重机下线；2011 年，2 000 吨级履带起重机下线；2012 年，4 000 吨级履带起重机成功下线……

2012 年至 2016 年，国内行业进入收缩调整期。2014 年，国内工程机械市场容量萎缩到 2011 年高点时的 28%，很多企业转投房地产等其他行业。面对行业生存危机和国家建设需要，徐工集团没有退缩，没有转行，而是坚持主业，进一步加强创新研发，在重卡车辆、环卫设备、矿山机械等新领域加快布局，迎来新一轮黄金发展期。

徐工集团通过去产能、去杠杆、补短板、改模式等转型举措，逐渐将产业以起重机、装载机、压路机为主的“老三样”发展成以挖掘机、混凝土机械、桩工机械、矿业机械、重卡与环境产业为主的“新六样”；同时，不断推行高端、高附加值、高可靠性、大吨位的产品战略和“技术领先、用不毁”的技术标准等重大举措，为公司焕发新生积淀了新的动能。

2017 年，徐工集团主营收入创历史新高，利润同比增长 350%，2018 年以来保持强劲而稳定的增长发展势头，标志着中国装备正从中低端向中高端迈进，从国内市场昂首阔步向全球装备市场挺进。

坚持创新，中国品牌走向国际

1 万小时无故障！徐工集团自主研制的 400 吨级挖掘机油缸，出口澳大利亚交付使用后刷新了纪录，标志着又一款中国核心零部件技术走在世界前沿。

2014 年，澳大利亚矿山巨头力拓公司来中国寻找合适的供货商。当看到徐工集团有主机产品销售时，便询问可否供应液压油缸。由于我国挖掘机油缸产业起步较晚，技术和工艺水平受到制约，长期没有一家企业能够供应该产品，徐工集团当时主机上的液压油缸也依赖进口。

要使中国品牌迈向国际，必须自己掌握核心技术，因此，核心零部件的产业变革势在必行。但项目开始进行得并不顺利，初期接连遭遇机加工水平不足、无油轴承密封件空白、铜合金焊接件替代技术不成熟等难题，项目完工后又经历了产品下线 30 小时就“罢工”的考验。

33 吨、45 吨、70 吨、90 吨……随着自主研制产品吨位纪录不断刷新，一系列技术难题相继被攻克。

此后，好消息不断传来：2018 年 4 月 2 日，我国自主研制的最大吨位、有着“神州第一挖”之称的 700 吨级液压挖掘机在徐工集团成功下线，一举打破外资品牌在大型成套矿业机械领域长期垄断的格局；同月底，徐工集团主持制定并成功发布其首个国际标准 ISO129－5，真正登上国际标准制定的舞台；同年 5 月，亚洲自动化程度最高、行程最长的冷拔机在徐工集团液压件公司新厂区建成。2018 年，徐工集团的新型电控变速箱打破跨国公司垄断开始实现自主可控，4 000 吨级履带式起重机、2 000 吨级全地面起重机等填补了 100 多项国内空白……

从技术引进、模仿消化到自主创新，多年来，徐工集团一直坚持把科技创新作为推动企业发展的最大动力和深厚功底，并创造和保持着工程制造业的多个第一。

徐工集团提供设计原理，与配套企业技术人员共同设计，制定合理工艺路线，完成样件制造后在徐工集团验证参数，再共同改进方案，直至满足要求。在供应链融通模式下，大企业依托层级分布的供应链融通网络，大中小企业之间由传统供应采购关系逐渐发展为围绕供应链核心环节共享核心资源能力的全面协同关系。

徐工集团除了从事一般国际贸易之外，还以整合全球产业价值链为目标，通过开办工厂，并购企业和研发机构，将人员、资本和技术在国外落地扎根、开花结果，使中国品牌迈向国际之路并越走越宽广。

智能化、数字化转型，激发创新发展新动能

2016 年，徐工集团发布国内首个具有自主知识产权的跨行业、跨领域 Xrea 工业互联网平台。Xrea 工业互联网平台基于开源通用 IT 技术构建，将云计算、大数据、物联网、人工智能等新兴技术进行融合，从 PaaS 管理模块、边缘计算层、工业大数据分析与建模、工业微服务组件、开发者门户、工业 App、安全体系、生态体系等八个模块搭建起了工业互联网平台。

Xrea 工业互联网平台覆盖面广、基数大，关联基础建设，可以反映经济发展趋势，平台上的重要数据项每个月都会上报到国家有关部门，作为国家宏观经济走势判断的参考，被称为“徐工指数”。可以清晰地看到，在 Xrea 工业互联网平台设备保有量分析中，每一台设备都代表着一个闪光的点，聚集到了这张图上，十分壮观，从这张图也佐证了整个中国经济发展的核心区域，渤海圈、华东区域、东南沿海、长三角、珠三角以及每个大城市都会有大量设备的聚集，这就是一张中国经济的蓝图。

通过 Xrea 这个最懂制造的工业互联网平台，徐工集团把好的经验和应用总结出来为广大的企业服务，真正为工业赋能。Xrea 服务的客户已经超过 350 家，覆盖 20 多个国家、50 多个行业，包括工程机械、新能源汽车、核心零部件、商用车、乘用车、农用机械、军工、港口、建筑施工、金融、经营租赁等，切实帮助客户提质、增效、降本，带来收益、带来价值，为企业赋值。

Xrea 工业互联网平台不仅连接了设备，还连接了工厂生产现场的机床、机器人、AGV 小车等设备，能够精准统计设备的开工率、能耗、健康情况、机床加工精度，能够对设备进行诊断、统计和分析，为设备赋智。

Xrea 不仅是徐工集团高质量发展的“新动能”，也为更多中国企业实现了“赋能”，比如为手机壳生产商的数控加工中心刀具进行预测性维护，帮助其良品率从 87%提高到 99%；为工厂提供产品检测的数据分析应用，帮助工厂实现更加量化深入的技术分析，优化产品的设计，让质量检测自动化、精准化；为港口提供智能运维服务，通过数据驱动港务精细化管理，提升运营效率；以及应用于风能发电行业、新能源汽车行业等领域。

2022 年，徐工集团经过充分调研与系统评测后，选择数巧轻量可视化与云化 CAE 后处理系统 3DLite，作为其仿真数据管理平台的 WEB 轻量可视化核心组件。

创新发展到更高阶段，是徐工集团对工程机械行业智能化、数字化转型发展的引领。针对工业企业生产发展的需求，徐工集团做到了让每一台工业设备“开口说话”，将设备运行状态、工作效率、故障信息等关键信息，以数据方式实时精准传送至平台，进行大数据挖掘和分析，实现产品研发、制造、营销全过程管理，从而助推制造企业从卖产品发展到卖服务、从低端走向高端，实现转型升级、高质量发展。

思考讨论

1. 2012 年至 2016 年这段时间，国内工程机械市场容量萎缩严重，很多企业转投其他行业，为什么徐工集团仍然坚守本业、自主创新？

2. 习近平在徐工集团考察时，勉励其着眼世界前沿，努力探索创新发展的好模式、好经验。总书记为什么会提出这样的要求？这对我国制造业发展有着怎样的意义？

3. 徐工集团为什么要研发并发布 Xrea 工业互联网平台？智能化、数字化转型和创新平台建设对于我国传统制造业意味着什么？

教学建议

本案例主要适用于第七章第一节“全面建设社会主义现代化国家的基础性、战略性支撑”和第三节“加快建设科技强国”部分的辅助教学，也可用于第六章第四节“建设现代化经济体系”部分的辅助教学。本案例主要介绍了徐工集团以匠心铸造国之重器，以创新驱动产业转型，矢志产业报国，使中国制造享誉国际，走出了一条依靠创新登顶行业巅峰、依靠制造振兴实体经济的成功之路。

组织教学建议

第一，在本案例导入环节，为了使学生更快地融入案例情境，可以通过多元化途径使学生对徐工集团的概况形成整体性认识。授课教师也可以在课前布置查阅资料任务，安排学生关注徐工集团官方网站或微信公众号，实时了解企业的经营范围、产品分类、发展历程、全球布局以及企业文化等，进而使学生主动去认识和了解徐工集团的创新之路。

第二，使用本案例的教学目的是让学生理解科技创新的内涵和重大意义，特别是结合本案例理解党的二十大报告中关于科技创新的论述：必须坚持科技是第一生产力、人才是第一资源、创新是第一动力，深入实施科教兴国战略、人才强国战略、创新驱动发展战略，开辟发展新领域新赛道，不断塑造发展新动能新优势。掌握一定的创新发展理论，有助于学生尽快将案例文本同教学内容的知识点相结合，以收获更好的教学效果。但要注意的是，不能灌输式地将案例中蕴含的理论全部告诉学生，要通过案例启发学生认识创新、理解创新、践行创新。

第三，在组织讨论环节，可以让学生围绕创新发展主题就徐工集团发布的 Xrea 工业互联网平台以及“徐工指数”的意义展开深入探讨。要引导学生主动思考和分析智能化、数字化转型以及创新平台对企业自身发展乃至我国整个制造业发展的重要作用，启发学生用生产力与生产关系的矛盾运动原理去解释这一过程的必要性和必然性，通过润物细无声的方式增进学生创新发展理论学习的深度和广度。

第四，在使用本案例时，应具有“大思政”的视野，凸显其思想政治教育作用，使学生领悟中华民族的工匠精神以及企业责任与担当。要让学生明白，振兴我国实体经济，实现中华民族伟大复兴的中国梦，必须在更多更强的领域掌控技术话语权，占领世界行业制高点。当代大学生应以此为理想信念和价值目标，将自身的发展和自我实现同国家的繁荣昌盛、人民的美好生活紧密地结合在一起。

总结提升建议

第一，加快建设以实体经济为支撑的现代化产业体系，关系我们在未来发展和国际竞争中赢得战略主动。保持优势产业的领先地位，是支撑我国国际竞争力的基石。装备制造业是国之重器、强国之基，制造业巨头企业是兴国脊梁，应把制造业高质量发展放在至关重要的位置。要加快制造强国建设，必须采取有力措施，推动先进制造业和现代服务业深度融合，坚定不移建设制造强国。通过本案例不难发现，2012 年至 2016 年，我国制造业明显进入收缩调整期，在此期间，很多企业转投他业，而在企业生死存亡之际，在国家建设需要之时，徐工集团拿出了大企业的魄力与担当，坚守本业，大力推进创新研发，在重卡车辆、环卫设备、矿山机械等新领域加快布局，不仅使自身迎来新一轮黄金发展期，而且在国家装备制造业的振兴上作出了突出贡献。稳居国内行业第一、营业收入位列世界前三的好成绩，使徐工集团享誉世界，也将中国制造锻造成一张高含金量的闪亮名片。对国家而言，如果在装备制造业领域实力不强、依赖他国，那么必将被扼住发展的喉咙，更谈不上高质量发展了。因此，我国持续增加国有大企业的研发投入，加大对重大装备和关键产品的支持，全力保障制造业高质量发展。

第二，创新是第一动力，是推动制造业高质量发展的核心力量。抓牢关键核心技术是制造业的生存之根本和制胜之法宝。实施创新驱动发展战略，是应对发展环境变化、把握发展自主权、提高核心竞争力的必然选择，是加快转变经济发展方式、破解经济发展深层次矛盾和问题的必然选择，是更好引领我国经济发展新常态、保持我国经济持续健康发展的必然选择。因此，必须始终坚持创新驱动发展不动摇，着力推进核心技术自主创新，不断破解“卡脖子”难题，确保制造业高质量发展。在本案例中，徐工集团正是以突破核心技术为引领，推动工程机械制造整体创新并向全球价值链的中高端迈进。20 世纪八九十年代，徐工集团的产品技术主要靠引进消化吸收，其自身乃至整个行业的发展曾一度陷入瓶颈期。进入 21 世纪，徐工集团大力实施高端、高附加值、高可靠性、大吨位的“三高一大”产品战略，紧紧围绕“技术领先、用不毁”的技术标准，聚焦产品智能、绿色设计、可靠设计、工业设计等创新重点，创造数百项国际领先技术，推出一大批国产首台（套）重大技术装备。4 000 吨级“全球第一吊”和 700 吨级大型矿用“神州第一挖”先后问世，标志着徐工集团站上全球工程机械技术的制高点；而起重机械液压技术，曾是我国装备制造业的“软肋”，经过徐工集团持续自主创新已攻克难题，并使该技术广泛应用于工程机械、港口机械、矿山隧道、煤矿油田等行业，出口欧、美、日等多个国家（地区），成为自主核心零部件领域名副其实的“隐形冠军”。徐工集团的发展之路表明，只要牢固确立创新发展理念，正确把握产业技术需求，精准落实创新举措，锚定核心技术攻关，不断实现前瞻性引领性技术重大突破，就一定能够不断突破产业发展瓶颈，推动产业技术升级，推动企业做大做强，成为有全球影响力的创新型领军企业。

第三，坚持实施创新驱动发展战略，以科技创新驱动制造业智能化、数字化转型，是实现我国制造业高质量发展的必由之路。随着互联网、云计算、大数据、物联网、人工智能等新兴技术的发展和普及，智能化、数字化转型是制造业突破瓶颈、实现创新发展的契机，更是适应生产力发展的必然选择。正所谓“工欲善其事，必先利其器”，智能制造是创新载体，工业互联网则是依托平台，推动高端平台创新是制造业发展的大势所趋。在本案例中，徐工集团之所以能够稳居全球三甲，领跑工程机械行业，是因为其长期以来在技术研发上的高强度投入、高水平创新，顺应时代的发展，抓住科技革命带来的机遇。自 2016 年开始，徐工集团便积极推进“互联网＋”融合与数字化转型，加快智能化、服务化、绿色化变革，全力打造徐工工业云生态平台，凝聚全球资源与创意、沉淀海量市场数据，成为国家智能制造、两化融合、服务型制造、双创平台建设的示范企业。不仅如此，徐工 Xrea 工业互联网平台从多个维度为我国企业转型发展赋能，以数字化、智能化引领整个工程机械行业高质量发展。

第四，建设现代化经济体系，就要建设创新引领、协同发展的产业体系，建设统一开放、竞争有序的市场体系。创新发展需要科学认识国内大循环和国内国际双循环的关系，主动作为、善于作为，建设更高水平开放型经济新体制，实施更大范围、更宽领域、更深层次的对外开放。赢得国际市场是企业竞争最高境界，更是中国企业打响品牌、为国争光的必由之路。在本案例中，徐工集团的技术创新始终聚焦国际竞争力，坚持以国际标准提升品牌形象，着力迈向全球价值链中高端，而融入国际市场成就了徐工世界级企业梦想。实践表明，创新的同时还必须坚持开放的发展理念，只有敢于“走出去”，才能汇聚更多创新发展要素，通过引进消化吸收再创新，构建“全球协同＋自主研发”的创新体系，拓展更大发展空间，抢占国际竞争制高点，不断超越自我，创造奇迹，成为全球市场竞争的主导者。

启示意义

实现制造业的高质量发展，不仅要坚持科技自立自强，而且必须以国家战略需求为导向，积聚力量进行原创性引领性科技攻关，坚决打赢关键核心技术攻坚战。制造业企业的发展、行业的振兴与国家兴旺紧密相连。企业想要做大做强，无论是通过技术创新，还是开拓国际市场，都应胸怀产业报国之志，顺应国家发展需要，积极承担社会责任，将企业自身的发展融入我国经济高质量发展的大势之中，融入实现中华民族伟大复兴中国梦的实践之中。拥有报国情怀的徐工集团始终秉持“担大任、行大道、成大器”的核心文化理念，坚持科技自立自强，历经坎坷、砥砺前行，勇于担当，匠心铸造国之重器，开放形成全球视野，最终使其在赢得市场、登顶巅峰的同时，铸就中国制造的振兴之路，使中国品牌享誉全球。

案例 13

“最强大脑”点燃乡村振兴“引擎”

核心阅读

实施乡村振兴战略是一项系统工程。人才是乡村振兴中最关键、最活跃的因素，乡村振兴战略在哪个方面都离不开有思路、有闯劲的人才的引领。人才聚集，乡村振兴才有底气。习近平强调，“要推动乡村人才振兴，把人力资本开发放在首要位置，强化乡村振兴人才支撑”，“激励各类人才在农村广阔天地大施所能、大展才华、大显身手，打造一支强大的乡村振兴人才队伍”。近年来，越来越多拥有“最强大脑”的博士团队，把论文写在广袤的乡村沃土上，把成果转化于田间地头，为农业高质量发展注入源源不断的创新动力，成为新时代乡村人才振兴的“战斗引擎”。时代榜样，在乡村振兴的旗帜下汇聚；青春才华，在人民最需要的地方奉献；精彩人生，在强农兴农的伟大实践中书写。

立足新发展阶段，全面推进乡村振兴，答好“三农”考卷，关键在人。近年来，有很多来自全国各地各领域的博士专家，穿梭在城市、乡村之间，用自己满腹的学问、宽广的眼界、丰富的资源链接起乡村振兴的新通道，将“最强大脑”打造成乡村人才振兴“战斗引擎”。

镜头一：村里来了“茶博士”

2023 年 5 月 25 日 13 时，贵州省贞丰县长田镇长田村茶农赵兴艳家。

“兴艳姐，你发酵的这个红茶茶坯，品相还不错，要注意温度控制在 25℃至 28℃，湿度在 95%，发酵时间 4 小时左右茶坯的鲜艳棕红色显现，花果香浓郁就可以了，发酵时间不宜过长。”庄菊花拉开赵兴艳家的发酵机后，边查看着加工发酵的红茶边叮嘱道。

“每天都忙。”这样的工作画面，对庄菊花来说，早已成为常态。

2021 年 5 月，贵州大学茶学院博士庄菊花被选派到长田村担任第一书记，并被聘为长田镇茶产业发展顾问。长田村是一个以茶产业为主导产业的村子，庄菊花希望能够发挥自己的专业特长，竭尽全力帮助长田村在乡村振兴上开新局。

庄菊花发现不少村民虽种茶时间长，但茶叶种植零散，生产加工观念传统，产业规模和效益并不明显。经过反复调研和思考，她充分发挥自身专业优势，从加强技能培训入手，将茶农团结起来、把人心凝聚起来，避免“各自为战”。

2022 年 6 月 2 日，长田村“茶园共话 每周一讲”理论讲座开讲。讲座内容包括茶园提质增效管理技术、茶叶的加工技术、茶艺知识等。庄菊花还编制了《长田村早春扁形绿茶加工技术规程》《茶园种植管理技术手册》，供学员学习。

初到长田，村民因庄菊花的博士名头敬而远之，相处时间久了，她成了大家眼里热心且很有本事的邻家小妹，都亲切地称她“小庄博士”。

2021 年以来，贵州大学和各界持续关注、有效支持长田村茶产业发展。长田村成功申报“贵州省特色田园乡村·乡村振兴集成示范试点”；与广东省惠州市惠阳区开展东西部协作，建起了茶叶交易市场和茶青交易市场。同时，长田村博士工作站挂牌了，手工炒茶队成立了，高山低产茶园管理提质增效创新创业示范基地、博士制茶坊示范点建立了……

截至 2023 年 5 月，长田村家家有茶园，户均种植面积约 8.5 亩。全村有茶叶加工销售企业 4 家，茶叶家庭加工作坊 37 户，家庭农场 1 个，建有大型工艺白茶生产线 2 条。村民们正欢快地走在种茶、制茶致富的大道上。

庄菊花的经历是 2021 年 5 月进驻贞丰县的贵州大学乡村振兴博士团 13 名成员的一个缩影。贵州大学驻贞丰县工作队队长、岩鱼村第一书记罗俊松对临行前贵州大学党委书记李建军的殷殷嘱托记忆犹新，“学校汇聚‘最强大脑’，打造了一支阵容强大的博士团到贞丰驻村，驻村博士要肩负起时代责任，充分依托高端智力资源，发挥学科专业优势，把乡村振兴事业的优秀‘论文’写在贵州大地上，打造乡村振兴‘贵大样板’”。两年来，博士团发挥人才、科技和智力优势，助力贵州省乡村振兴。

郑寅博士在营盘村提出“粪便资源化”利用的乡村振兴发展路子——以白星花金龟幼虫（又名蛴螬）为核心虫种，将村内养殖过程产生的畜禽粪便转化为可以直接养鸡的虫体蛋白，蛴螬所产虫砂开发为商品化有机肥。

付天岭博士在甘田村，试点开展秸秆垫料菌床生猪绿色养殖，探索农业秸秆资源化利用和农村散户生猪养殖粪污处理技术。

刘金亮博士在卡房村，引导群众新建千亩绿色优质高效烤烟示范基地，推广烤烟病虫害绿色防控新技术示范 500 亩。

易强博士在坡柳村，完成新型高产优质绿色玉米品种的示范种植和 3 个玉米新品种的筛选。

镜头二：博士专家进埇桥

埇桥，是安徽省宿州市唯一市辖区，也是全国人口最多的县级区，是首批“国家现代农业示范区”和“农村改革试验区”。在中国生产力促进中心协会的指导下，2021 年 11 月，埇桥区与北京今天胜德品牌管理咨询有限公司签约开展“博士专家进埇桥”项目，柔性聘任 29 名来自国内高校、科研院所、企业的博士到埇桥区 25 个乡（镇）和 4 个园区，分别任副乡（镇）长和园区副主任，助力解决各乡（镇）、园区发展问题，为乡村振兴挥洒汗水、贡献智慧。

该项目采取“1+1+1”模式，即 1 名博士进驻 1 个镇或园区，带动 1 个产业进驻，实现创新驱动，在充分发挥博士专家的专业技术能力的同时，带动更多的企业家到埇桥投资或参与埇桥产业发展。29名博士专家柔性挂职埇桥，为埇桥区的发展提供源源不断的智力支持，通过专业支撑、模式设计、方法创新、资源对接助力乡村振兴产业的发展。

2021年以来，博士专家团队将其自身资源及研究成果与埇桥的实际情况无缝对接，实现“产学研”相互结合，取得了丰硕的成果。

易红博士是武汉大学社会发展研究院执行院长，是“博士专家进埇桥”项目团队的29名成员之一，挂职埇桥区夹沟镇副镇长。

经过一年的调研走访，易红发现当地的夹沟香稻米是经由深地质无污染的天然矿泉水灌溉生长的，营养丰富、品质优良，却在外鲜有耳闻。她认为应通过打造类似“米中奢侈品”的品牌影响力，化“粮食增量”为“品牌变量”。她通过定期开展专业培训、知识共享，利用好“易博士讲产学研”公众号平台，积极推介夹沟知名度、美誉度。她还结合当地优势资源，围绕自然风光、红色基因、农事体验、中医文化等方向，充分利用自己在教育实训、文旅创意等领域的专业优势和人脉资源，打造出一批以半山里·宿、农事体验、水库观景等为代表的“打卡点”，为埇桥走出一条特色鲜明的文旅融合发展新路子。一年的驻点经验让易红对于推进乡村振兴实践有了更深的理解。

在博士团队的引荐下，一大批优质企业也纷至沓来。中国生产力促进中心协会副秘书长、“博士专家进埇桥”项目团队成员鲁汇智博士挂职符离后，在广泛调研的基础上从产业规划、品牌打造、转型升级等方面为该镇的烧鸡产业作出详细的规划。在他的引荐下，注册资金1 000万元，由青岛面朝大海品牌管理有限公司投资的安徽符离鸡产业有限公司已经顺利落户符离镇。

镜头三：蔬菜博士（专家）工作站成了乡村振兴“加油站”

2023年3月1日是宁夏农林科学院园艺研究所和宁夏吴忠市利通区共建的蔬菜博士（专家）工作站成立一周年的日子，当天，这里迎来了一场重要验收。在专家组成员观摩询问时，当地村民回忆起和“蔬菜博士”一年的相处，感触良多，连连称赞。

利通区是首批全国农业科技现代化先行县之一。2021年11月，宁夏农林科学院与利通区政府签订了《全国农业科技现代化先行县共建合作协议》，2022年3月，宁夏农林科学院在当地成立了蔬菜博士（专家）工作站等多个工作指导站。由此，一场由农业领域专业人才联农带农助增收的“战役”正式打响。仅一年，成果就十分丰硕。

在“蔬菜博士”的指导下，利通区高闸镇整合7个村集体资金及社会投资，借助科研院校技术和人才资源，建成了1 800亩集“生产、存储、运输、销售”于一体的高闸镇现代农业产业示范园，园区涵盖全钢架拱棚、智能连栋大棚，配套建设蔬菜配送中心、分拣中心、育苗中心、菌棒生产车间、菌菇冷库等功能设施，集中发展特色优势设施瓜菜和菌菇产业。

这些高学历的科技人才，为利通区带来的不只是先进的农业发展理念和技术方法，还有通过技术示范推广、科研平台建设不断推动的科技成果转化和产业化发展，更重要的是致力于地方人才的培养和帮带作用，让农民自己变成了专家。西瓜种植大户闫军便是其中的一位，他常说，“蔬菜博士”的到来，改变了他的生活。

闫军种植西瓜已有 20 多个年头，每年西瓜产量基本保持不变。2022 年，在宁夏农林科学院副研究员于蓉的帮助下，闫军采用四膜覆盖技术将拱棚进行改造升级，将西瓜品种更换成了“宁农科 3 号”，同时引进了基于生物防控、抗性提升和根际土壤环境调控技术的连作障碍防控技术与病虫害全生育期生物防控技术。西瓜收获之后，拱棚内的土地还可以进行辣椒的复种，达到“春提前、秋延后”的效果，让西瓜和辣椒连续丰产。2022 年每亩地的净利润增加了 5 000 元以上。在“蔬菜博士”的指导下，农户明白了提高技术才能提高产值，这也是增收的关键所在。闫军带头联合农民自筹资金建立了 150 多座新型拱棚。

蔬菜博士（专家）工作站的成果得到了各方面的认可。大家一致认为，蔬菜博士（专家）工作站是服务地方特色产业的“排头兵”和乡村振兴的“加油站”，真正实现了农业专家“做给农民看，领着农民干，帮着农民赚”。

思考讨论

1. 乡村振兴，关键在人。如何将高等院校、科研院所的“最强大脑”打造成乡村人才振兴“战斗引擎”?

2. “茶博士”、“蔬菜博士”、埇桥博士专家服务团在乡村振兴中起到了怎样的作用?

3. 新时代大学生应如何在乡村振兴中发挥自己的作用?“茶博士”、“蔬菜博士”、埇桥博士专家服务团的经历对你有怎样的启迪?

教学建议

本案例主要适用于第六章第四节“建设现代化经济体系”部分的辅助教学。案例分别展示了以“茶博士”庄菊花为代表的贵州大学乡村振兴博士团助力贵州省乡村振兴的故事，“博士专家进埇桥”助力安徽省宿州市埇桥区解决各乡（镇）、园区发展问题的故事以及宁夏农林科学院的蔬菜博士（专家）工作站联农带农助增收的故事，彰显了人才振兴对于乡村振兴的关键作用。

■ 组织教学建议

第一，在讨论具体案情之前，应引导学生从总体上了解乡村振兴战略的形成和主要内容，为课堂上进行案例讨论铺垫必要的理论知识。可以引导学生阅读 2018 年 1 月 2 日中共中央、国务院发布的《关于实施乡村振兴战略的意见》以及 2021 年 2 月中共中央办公厅、国务院办公厅印发的《关于加快推进乡村人才振兴的意见》。要使学生理解新时代实施乡村振兴战略的重要性，使他们认识到实施乡村振兴战略是一篇大文章，要统筹推动乡村产业振兴、人才振兴、文化振兴、生态振兴、组织振兴，必须汇聚全社会力量，强化乡村振兴人才支撑，尤其是要发挥科技人才支撑作用，让高等院校、科研院所的“最强大脑”在乡村振兴中发挥“引擎”作用。

第二，在讨论中应注意引导学生结合案例内容深刻理解人才振兴与乡村振兴的关系，加深对乡村人才振兴必要性、重要性的认识，弄清楚为什么说人才是乡村振兴的第一资源、关键支撑和源头活水，为什么要把人才振兴放在乡村振兴的首要位置，如何发挥人才兴农作为乡村振兴的战略性引擎的作用，如何发挥科技兴农作为乡村振兴的引领性动力的作用等重要问题。通过案例讨论，学生们可以加深对党的二十大报告中强调的教育、科技、人才是全面建设社会主义现代化国家的基础性、战略性支撑以及必须坚持科技是第一生产力、人才是第一资源、创新是第一动力等重要论断的认识和理解。

第三，在讨论中可以结合习近平给中国农业大学科技小院的同学们的回信，激发大学生到祖国最需要的地方去、到基层去、到广阔的乡村去发挥“最强大脑”聪明才智的情感。2023 年 5 月 1 日，习近平给中国农业大学科技小院的同学们回信，为他们通过学校设立科技小院，深入田间地头和村屯农家，在服务乡村振兴中解民生、治学问感到欣慰，对同学们所说的“走进乡土中国深处，才深刻理解什么是实事求是、怎么去联系群众，青年人就要‘自找苦吃’”的观点深表赞同，强调：“新时代中国青年就应该有这股精气神。党的二十大对建设农业强国作出部署，希望同学们志存高远、脚踏实地，把课堂学习和乡村实践紧密结合起来，厚植爱农情怀，练就兴农本领，在乡村振兴的大舞台上建功立业，为加快推进农业农村现代化、全面建设社会主义现代化国家贡献青春力量。”新时代大学生应像案例中的“茶博士”“蔬菜博士”那样，以联农带农助农赋能乡村振兴的实际行动，不辜负总书记的殷切期望，不辜负人民群众的深切期盼。

总结提升建议

第一，人是生产力中最活跃的因素，全面建设社会主义现代化国家，教育是根本，科技是关键，人才是基础。无论什么时候，各项事业的发展都离不开人才资源。习近平在党的二十大报告中强调，必须坚持“人才是第一资源”，深入实施“人才强国战略”，坚持“人才引领驱动”。实现创新发展、高质量发展，人才是原动力，是决定性因素，人才就是生产力。目前，我国已成为全球规模最宏大、门类最齐全的人才资源大国。千秋基业，人才为先。人才是发展之需、兴盛之源。人才兴则国家兴，人才强则国家强。习近平指出：“我们比历史上任何时期都更接近实现中华民族伟大复兴的宏伟目标，我们也比历史上任何时期都更加渴求人才。”在中国特色社会主义进入新时代的今天，更要坚持营造识才爱才敬才用才的环境，聚天下英才而用之，深化人才发展体制机制改革，更好地贯彻人才强国战略，更好地发挥拥有“最强大脑”的高层次人才的支撑引领作用。

第二，人才振兴是全面推进乡村振兴、加快建设农业强国的基础和关键。实施乡村振兴战略，是新时代“三农”工作的总抓手。党的十八大以来，“三农”工作取得的重大成就和积累的丰富经验，为实施乡村振兴战略、加快建设农业强国奠定了良好基础，但仍受到人才瓶颈的严重制约。受限于地理环境、历史因素和城市化进程的加快，有技能、有知识的乡村人才大多流向城市，农村空心化、老龄化问题严重。人才匮乏已经成为制约乡村振兴战略实施不争的事实。人才是乡村最稀缺的资源。没有人才，再好的政策也难以贯彻落实。无论是巩固拓展脱贫攻坚成果，还是全面推进乡村振兴、加快建设农业强国，强有力的人才支撑都是关键性的因素。在实施乡村振兴战略过程中，人才是带动城乡市场、资金、信息、技术等方面密切联动、深度融合的最关键因素，产业要靠人才来发展，文化要靠人才来振兴，生态要靠人才来美化。乡村振兴，人才先行。更多的如同庄菊花、易红一样拥有“最强大脑”的博士、专家走进乡村，正是瞄准乡村人才短缺的“痛点”、以人才振兴赋能乡村振兴的重要举措。

第三，全面推进乡村振兴、加快农业农村现代化，必须举全党全社会之力，充分发挥人才兴农的战略性引擎作用、发挥科技兴农的引领性动力作用。农业的发展，一靠政策，二靠科技，三靠投入。在科学技术日新月异、迅速发展的今天，要从根本上解决农业高质量发展问题，人才兴农、科技兴农尤为重要。在乡村振兴战略倡导的现代化农业发展中，科技人才是重要的驱动力，能够有效解决新兴农产品种植、生态农业发展、新产业新业态新模式的发展等问题，不断提高劳动生产率和资源利用率，有力促进乡村多元发展。贵州大学汇聚“最强大脑”，打造了一支阵容强大的博士团队到贞丰县驻村，依托高端智力资源，发挥学科专业优势，打造乡村振兴“贵大样板”，助力贵州省乡村振兴取得重要成效。宁夏农林科学院园艺研究所和宁夏吴忠市利通区共建蔬菜博士（专家）工作站，对利通区瓜菜产业起到了重要的支撑作用，同时还达到了“专家带专技、专技带本土”的人才培养效果。蔬菜博士（专家）工作站成为服务地方特色产业的“排头兵”和乡村振兴的“加油站”，真正实现了农业专家“做给农民看，领着农民干，帮着农民赚”。29 名博士专家被柔性聘任到安徽省宿州市埇桥区 25 个乡（镇）和 4 个园区担任副乡（镇）长（副主任），他们将自身掌握的优质资源、技术力量、好的项目等与各乡（镇）（园区）进行深度对接，通过智力支持、产业支持、科技与实践相结合，把实实在在的项目和成果落地埇桥，实现了博士专家研究成果转化为产业和经济效益，助力埇桥经济社会发展实现新突破。这些生动的事例让我们看到了科技人才“最强大脑”对乡村振兴的重要引领和支撑作用。

第四，新时代的乡村沃土是激发人才活力、展现人才潜能的重要“主战场”，是一个可以大有作为的广阔天地，迎来了难得的发展机遇。党的二十大擘画了以中国式现代化全面推进中华民族伟大复兴的宏伟蓝图。全面建设社会主义现代化国家，最艰巨最繁重的任务仍然在农村。全面推进乡村振兴、建设农业强国的深度、广度、难度都不亚于脱贫攻坚。强国必先强农，农强方能国强。基层呼唤人才，乡村渴望人才。乡村要千方百计吸引人才，重视人才，用好人才，大力营造重才、爱才、容才的好环境，让人才“留身”更“留心”，提供全方位、多维度、有温度的服务保障，落实人才待遇保障，让更多“最强大脑”在乡村振兴伟业中建功立业，发挥人才“磁力”效应，保证乡村振兴“活水”不断。高端人才要像贵州大学乡村振兴博士团、宁夏农林科学院园艺研究所蔬菜博士（专家）工作站、埇桥博士专家服务团的博士专家那样，有“向上生长、向下扎根”的时代担当，抓住乡村振兴和人才自我实现价值的有机结合点，自觉担负起科技兴农的重任，发挥专业优势和行业领先性，把理论知识带入田间地头，主动为农解困、送农所需，帮助农民拓宽视野、增强本领、实现增收，在广袤乡村找到实现自己价值的舞台，为乡村高质量发展贡献自己独特的“领头雁”作用，探索出更多乡村发展的“好路子”。

启示意义

第一，人才是第一资源，也是创新活动中最为活跃、最为积极的因素。中国特色社会主义进入新时代，我国教育、科技、人才事业蓬勃发展，为书写经济快速发展和社会长期稳定两大奇迹新篇章奠定了坚实基础。习近平指出，“我们现在推进乡村振兴，需要大量的人才和优质劳动力。我们的年轻人、知识分子，也要双向流动”，“人才振兴是乡村振兴的基础，要创新乡村人才工作体制机制，充分激发乡村现有人才活力，把更多城市人才引向乡村创新创业”。解决乡村高质量发展的“堵点”“痛点”“难点”问题，离不开人才这把“万能钥匙”，离不开科技创新这个不竭的动力，必须以人才振兴支撑乡村振兴，努力绘就乡村发展新画卷。

第二，要推动拥有“最强大脑”的高端人才主动融入、助力地方社会经济发展。高端人才在知识储备上占据优势，但如果不能走出“象牙塔”，不了解实际，脱离群众，就不可能充分发挥其智慧与知识。只有深入基层，“接足地气”，知行合一，方能更好地发挥高层次人才的重要作用。陆游的《苦笋》有这样的名句：“人才自古要养成，放使干霄战风雨。”博士专家深入基层一线，绝不是去“镀金”的，而是去“炼金”的，应怀揣家国情，沉潜天地间，将“高大上”和“接地气”结合在一起，为国为民真正发挥出“最强大脑”的智慧和才干。

案例 14

南京浦口：开启智慧“三农”，“数”说乡村振兴

核心阅读

实施乡村振兴战略是一篇大文章。数字乡村是我国乡村振兴战略的重点发展方向，是提升农业农村现代化发展水平的必然选择和有力支撑。数字乡村建设作为网络强国、数字中国和乡村振兴三大战略的交汇点，受到国家高度重视。2020 年 9 月，南京浦口区入选首批国家数字乡村试点。浦口区紧扣“建设都市近郊型数字乡村”的发展定位，明确了“1+2+3+N”数字乡村建设顶层设计，走出数字乡村发展特色路。信息畅通、农业升级、群众动嘴、数据跑腿、数字进村、掌上管控……一条条“故事长廊”串联起了浦口区在乡村赋能数智变革的成功实践，为江苏省乃至全国的数字乡村建设树立样板。在国家数字乡村试点建设完成情况的终期评估中，南京市浦口区在全国排名第四、在全省排名第一，数字乡村建设水平全国领先。

作为南京含“农”量最大的板块，浦口农村区域占比近 80%、农村人口占比超 50%。2020 年 9 月，浦口区入选首批国家数字乡村试点。浦口把数字化作为振兴乡村的有力抓手，紧扣“建设都市近郊型数字乡村”的发展定位，积极探索“都市近郊型数字乡村”振兴发展的特色路径，全面推进乡村生产、生活、生态数字化转型，聚焦产业升级、乡村治理、公共服务等多个维度，推动浦口“三农”快速迈进数字时代，数字产业、数字治理、数字服务落地生根。

强基固本 完善乡村大脑支撑中枢

浦口贯彻落实党中央、国务院关于乡村振兴、网络强国、数字中国等战略要求，结合本地实际，画好数字乡村建设的“路线图”，相继制定《关于加快推进浦口国家数字乡村试点区建设实施意见》《浦口国家数字乡村试点区建设工作手册》等文件，确保数字乡村试点工作逐步推进。

浦口深入实施基础设施数字化升级，加快城乡网络一体化建设。全区涉农街道光纤网络 100% 连接到户，5G 网络覆盖率超 95%，实现农村地区网络信号全覆盖、与城市“同网同速”。部署与完善了浦口区数字乡村大数据中心、“三农”服务平台、新型农村社区数

字化治理平台3个“数字乡村”平台，大田、畜牧、水产、设施等4类数字农业基地和10个物联网基地，基本实现了数字化支撑“生产、生活、生态”服务。其中“浦口区数字乡村大数据中心”是浦口实现乡村振兴的“最强大脑”，对接省区市20多个信息化系统，整合区内47个相关单位涉农数据，梳理600余项数据表单，数据量达7 000余万条，初步实现区内涉农数据“一屏全览”“一网统管”，初步打造了适合浦口农业农村健康发展的都市近郊型数字乡村示范窗口。浦口区农业农村局数字乡村办已经组织了超过1 000人次的培训，既给领导干部做系统培训，也给农民群众做业务培训，包括智慧系统、自动化设备的使用以及电商的操作流程等。

浦口已经构建起“1（一批数字基建）＋2（制度、技术两套保障体系）＋3（数字产业、数字治理、数字服务三大应用领域）＋N（多个信息化应用系统）”的数字乡村建设顶层设计框架。

数字赋能 农业提效农民增收

在浦口区永宁街道丽铭农业生态发展有限公司的养殖基地里，有16个大小统一的长方形塘口，这是当地推动青虾产业数字化发展的“试验田”。这里与传统虾塘有什么不一样？路边竖着气象监测设备，水下埋设了传感器，投饵用上了无人机……以国家农产品地理标志永宁青虾为试点农产品，浦口区在丽铭农业生态发展有限公司进行产业链全环节的数字化赋能。在加工仓储环节，配备有室内温湿度监测传感器和视频监控设备，实现室内环境实时在线感知；在流通端，冷链物流车也进行了智能升级，车载温湿度一体记录仪对环境实时感知，轨迹动态信息实时上传。数字农业带来的信息感知、精准决策、智能控制等功能，让青虾养殖从“看一看”“捞一捞”的经验型养殖，走向了现代化养殖，不仅节省了人工，还大大降低了养殖风险，效益稳步提升。养出来的青虾个头大、品质好，是市场上的抢手货。

在汤泉农场数字大田，农民弯腰插秧的景象成为过去时。这里的智慧农机“各司其职”，农户通过大屏即可实时查看无人农机作业的面积、时长、速度、施肥量等。各类智慧系统也在南京汤泉农场数字大田里“各显身手”——无人机以“之”字形进行精准赤霉病防治作业，手机远程启动进行颗粒抽水，闸门远程开启和关闭……“科技范儿”十足的汤泉农场数字大田通过信息化管理，实现产前、产中、产后全过程农机无人化操作和生产全流程数字化，只需四个种植大户承包即可完成全年生产劳作。

浦口坚持把智慧农业作为数字乡村建设的重中之重。借力南京国家农创中心的资源优势，推动新技术、新产品、新模式在浦口率先落地、优先转化，打造了汤泉农场数字大田、永宁青虾数字渔场、绿丰源谷数字温室、星甸万邦数字猪场等10个典型应用场景，实现智能化控制、精准化运行、科学化管理，有效推动了传统农业向数字农业转变。手机成为新农具，数据成为新农资，智慧农业依靠数字育种、智能农机设备、大数据分析等现代信息技术进行全流程精准操控。2023年，浦口获评全国农业科技现代化先行县，成功入选国家级农业现代化示范区、全国农业科技现代化先行县等一批试点。

数治融合 提升农村“智”理水平

浦口既是国家级数字乡村试点区，也是省级新型农村社区数字乡村治理机制改革“试点田”，探索构建起“一云数据汇聚、一网乡村统管、一图全域感知、一体联动指挥”的农村社区数字治理发展新格局。

浦口布局全区乡村治理数字化“一盘棋”。建立常态化跨部门联络协调工作机制，聚焦数字治理、社会关怀、村务党政、农村综合治理、乡村文化，引入大数据、物联网技术，对农村各类数据进行统计分析和综合展示，实现“三农”管理工作信息化、公开化、便民化、定制化。建成政务数据共享平台，实现跨部门数据的共享交换应用。

2023 年初，南京市浦口区数字乡村“一张图”建设取得实质进展——正式上线试运行。浦口数字乡村“一张图”包含了基础资源、公共服务、产业监管、乡村治理等多个模块，共制作耕地、林地、设施农用地等 24 张图。其中乡村治理模块涵盖村社治理、人居环境的数据资源动态汇聚分析，实现了社区党建、网格治理、社区巡防的数字化动态实时监管。浦口数字乡村“一张图”将动态可扩展模式进行迭代研发，在运行过程中不断增添新的数据分析功能。

浦口区瞄准民生痛点，以民众需求为导向，利用数字化手段推动基层治理精细化管理、高效化服务，织密乡村治理数字化“一张网”。搭建区县—镇街—社区—网格四级数字化治理体系，提供村社党建、村务等基层治理服务，实现信息数据的共建共享、基层减负增效。全区 26 个行政村党务、村务、财务工作网上公开比例达 100%。浦口区自主研发了“大联勤网格化综治平台”和“联勤通”移动终端，构建联勤巡防、联动指挥、联合执法“多网合一”乡村治理模式，实现了社会治理从“处置问题”向“发现问题”、从“事后执法”向“前端管理”、从“应急处置”向“常态治理”的转变，实现快速受理、实时指挥、分流处置和解决反馈，并在全国范围内得到普遍推广。2022 年，全区处理大联勤工单 91 348 条，办结 91 346 条，办结率达 99.99%以上。

浦口区把数字技术融入农污处理、长江禁捕、森林防火等重点工作，实现实时监管、精准处置，全面夯实浦口美丽乡村的数字底色。浦口区汤泉街道泉东村、江浦街道华光社区响堂村分别荣获“2023 中国最美村镇”宜居宜业和美奖、乡村治理成就奖。

数网共享“云”端服务民生幸福

浦口区坚持把共享赋能成果作为数字乡村建设的根本目的，大力提升惠民服务便利化程度，实现数字办理在线化。搭建“我的浦口”一站式信息服务平台，围绕农村现实的生产生活需要，平台设计打造农业、农村、文化、教育、医疗、民政、社保等多个惠民功能板块，优化涉农行政审批手续，推动政务服务事项“一网通办”，提高村民办事的积极性和便捷性。群众动嘴、数据跑腿，“数字引擎”助力乡村智慧服务“阔步前行”。

浦口的城乡融合在数字技术的加持下不断提速，浦口区努力实现城乡服务均等化。全民健康信息网络让乡镇医疗机构远程诊疗覆盖率达 100%，农村看病难、看病远的问题迎刃而解；“文旅浦口云”服务平台，以“云”的方式打通线上线下双渠道，为群众提供一站式休闲文旅体生活服务；农村教育信息化的推进，使试点区内农村中小学光纤宽带覆盖率达 100%，为农村学生提供优质线上学习资源；电子社保卡签发率达 100%，大大提高社保服务在线办理效率；在浦口区农村生活污水治理项目运维中心，智慧大屏上 800 多个点位涵盖所有处理站、水槽、泵站，污水收集量、用电量等参数实时上传……

浦口区在2021年、2022年、2023年均位列江苏省乡村振兴战略实绩考核县（市、涉农区）综合排名第一等次。浦口区国家数字乡村试点终期评估得分为83分，在全国排名第四，全省终期评估综合排名第一，数字乡村建设水平全国领先。

思考讨论

1. 为什么说数字乡村建设是实现乡村振兴的重要举措和实现农业农村现代化的重要途径？

2. 自2020年9月入选首批国家数字乡村试点以来，南京市浦口区经过数年的探索，让数字乡村从梦想走进现实。你如何评价南京市浦口区国家数字乡村试点工作的举措与成效？

3. 新时代大学生如何在数字乡村建设中发挥自己的特长和作用？

教学建议

本案例主要适用于第六章第四节“建设现代化经济体系”部分的辅助教学。案例主要通过展示南京市浦口区国家数字乡村试点工作的主要举措及其取得的良好成效，彰显了数字乡村建设对乡村振兴的重要意义与作用。

组织教学建议

第一，在使用本案例之前，可以引导学生课外阅读中国信息通信研究院发布的《数字乡村发展实践白皮书（2024年）》（简称《白皮书》）。《白皮书》系统梳理了我国提出数字乡村发展战略以来，政府、企业、高校、科研院所和社会组织等各类主体在相关领域的实践做法及成效，充分结合国家数字乡村试点和多个省级试点发展经验，总结提炼了基于实践的经验模式和路径。《白皮书》显示，我国数字乡村政策体系基本建立，数字乡村发展已由网络建设和覆盖走向数字化转型和数字服务应用。阅读《白皮书》，可以使学生对我国数字乡村发展现状有初步概括性的了解，为案例的讨论打下良好基础。

第二，在讨论中应注意引导学生结合案例内容深刻理解数字乡村建设与乡村振兴战略之间的关系，加深对强化数字乡村建设必要性、重要性的认识。数字乡村是伴随网络化、信息化和数字化在农业农村经济社会发展中的应用，以及农民现代信息技能的提高而内生的农业农村现代化发展和转型进程，既是乡村振兴的战略方向之一，也是建设数字中国的重要内容，是实现乡村振兴的必由之路。2018年中央一号文件首次提出实施数字乡村战略，而后数字乡村建设步伐加快，已经从战略构想、方案规划迈入试点实施推进阶段。数字化为乡村发展注入了新的动能。入选首批国家数字乡村试点的南京浦口区数字乡村建设水平处于全国领先的位置，为江苏省乃至全国的数字乡村建设提供了成功的样板。

第三，在讨论中要注意引导大学生树立将来用自己的信息技术知识和技能为数字乡村建设做贡献的远大志向。数字乡村建设需要与之相匹配的技术能力和人才体系。而长期以来，大量的乡村年轻人选择外出务工，乡村老龄人群占比较高，高技能人才扎根乡村动力不足，既懂农业又懂数字技术的人才少之又少，这也是数字乡村建设亟待突破的瓶颈之一。当代大学生成长于网络高速发展的社会，被称为“网络原住民”，是数字技术参与和使用最活跃的群体之一，应增强使命意识，提升数字技术应用能力和创新能力，积极将所学所长用于乡村、服务乡村，用实际行动赋能乡村振兴。

■ 总结提升建议

第一，数字乡村是我国乡村振兴战略的重点发展方向，也是推动农业农村现代化发展的具体行动，是建设数字中国的重要内容。互联网、云计算、人工智能等数字技术在农村生产、农民生活、乡村治理方面的应用，可以有效弥合城乡数字鸿沟，加快乡村全面振兴的步伐，以颠覆性的力量全面激活“三农”发展。据《白皮书》介绍，我国数字乡村发展进入快速推进阶段，当前，我国数字乡村政策体系基本建立，信息基础设施建设、数字技术研发应用等数字化发展基础持续夯实，基层干部数字治理、农民数字素养与技能等数字获取能力不断提升，数字乡村发展已由网络建设和覆盖走向数字化转型和数字服务应用。农业农村部监测数据显示，2022 年，我国农业生产信息化率达 27.6%。经济比较发达的江苏省在数字乡村建设方面走在全国前列。2020 年 9 月，南京浦口区入选首批国家数字乡村试点。三年先行探索，该区紧扣“建设都市近郊型数字乡村”的发展定位，把数字技术变成“新农技”，协同推进数字产业、数字治理、数字服务，全面赋能乡村振兴，有效推动传统农业向数字农业过渡转变。数字化在农业生产、农民生活的各方面大显身手，“三农”快速迈进了“数字时代”。数字赋能乡村，智慧点亮农业。数字化成为助力乡村振兴的强劲动能和最强引擎。我国以数字乡村试点为重要抓手，以县域为建设主战场，政产学研用多元主体广泛参与、合作共建的数字乡村发展格局初步形成。

第二，数字乡村建设的核心是实现农业全产业链数字化和农村全方位数字化发展，增强农民群众的获得感、满足感和幸福感。南京浦口数字乡村建设就是典型例证。入选首批国家数字乡村试点后，南京浦口先后投入数亿元，借力农创中心国家级农业科技平台资源，聚焦基础设施建设、智慧农业升级、乡村数字治理、公共服务等多个方面，部署与完善了浦口区数字乡村大数据中心、“三农”服务平台、新型农村社区数字化治理平台 3 个“数字乡村”平台，基本实现了数字化支撑“生产、生活、生态”服务，初步探索出具有浦口特色的数字乡村建设体制机制。在推动农业生产智能化方面，浦口积极打造智慧农业，从汤泉农场数字大田实现产前、产中、产后全过程农机无人化操作和生产全流程数字化，到上千亩数字渔场通过青虾养殖全产业链信息化覆盖，实现对产品的远程控制和智能定量饲喂，信息化技术全面赋能农业细分行业，引入智能化控制、精准化运行、科学化管理。这一系列成果的取得，为浦口基层乡村装上了“智慧大脑”，数字的力量已全面渗透到乡村生活，数字乡村的活力在这里不断喷涌，使当地民众的生产生活变得极为便利，享受到数字经济的红利。

第三，试点工作是我国推动数字乡村发展的“前哨站”“侦察岗”，形成了可复制、可推广的经验。2020 年，117 个县（市、区）开展首批国家数字乡村试点工作；2024 年 3

月，第二批国家数字乡村试点部署开展；山东、河南、四川等20余个地区同步开展省级数字乡村试点。试点的终点，就是要成为示范，形成可复制、可推广的经验和做法。秉承“乡村振兴，数智引领”的理念，南京浦口从开展数字乡村整体规划设计、探索乡村数字经济新业态、探索乡村数字治理新模式、完善设施资源整合共享机制等方面，实施国家数字乡村试点区建设，解锁了“互联网＋农业”的精算密码，为农业激发“数字动能”，给农村夯实“数字底座”，让农民共享“数字红利”，“三农”工作不断开创新局面，为全省乃至全国通过数字乡村建设推动农业经济高质量发展提供了重要的参考样本。数字技术通过生产、经济、民生、治理等多方面赋能乡村振兴，已经展现出巨大的发展潜力。

第四，数字乡村建设前景广阔，必须敏锐把握数字化发展历史机遇，推动我国农业经济走上高质量发展航道。改革开放以来，中国用几十年的时间走完了发达国家几百年走过的发展历程，成功甩掉了积贫积弱的“穷帽子”，脱贫攻坚战取得决定性胜利，创造了世界减贫史上的一大奇迹，走上了乡村振兴之路，正向着农业农村现代化之路发展。乡村振兴战略在解决“三农”问题方面已取得重要成效，但仍存在农业生产效率低下、产业发展缓慢、乡村治理环境复杂等诸多问题。总体而言，我国近年来数字乡村发展取得了重要进展，但其复杂性和艰巨性并没有发生改变，我国数字乡村发展仍处于初期阶段。人口多、底子薄、“大国小农”仍然是我国的基本国情、农情，数字乡村建设基础薄弱、供给不足、统筹不够、区域差异等问题仍然存在，特别是在技术创新、人才引进等方面存在明显不足。数字乡村建设如何有效地以新质生产力增强发展新动能，推动我国乡村振兴战略高效实施，是一个需要持续探索、不断深化、久久为功的过程。展望未来，数字乡村发展应以试点为突破探索更多经验模式，推进数字乡村全域全链条发展，进一步解放和发展数字化生产力，激发乡村振兴内生动力。

启示意义

第一，做强做优做大数字经济，为推动经济高质量发展和推进中国式现代化注入强劲动能。善于运用数字化技术开展各项工作成为信息化时代的必然要求。习近平指出，“加快建设数字中国”“构建以数据为关键要素的数字经济”。在推动我国经济由高速增长阶段转向高质量发展阶段的历史进程中，数字化在构建新发展格局、建设现代化经济体系、构筑国家竞争新优势方面释放出强劲动能，成为推动中国经济高质量发展的重要引擎，特别是数字经济和实体经济的“双向奔赴”和深度融合，有力推动了我国产业结构的优化升级。南京市浦口区国家数字乡村试点工作取得显著成效，彰显出数字化正成为助力乡村振兴的强劲动能。同时要清醒地看到，近年来，我国虽在一些数字化关键技术领域取得了重要突破，但仍有不少被国外“卡脖子”的短板和软肋。核心技术受制于人是最大的隐患，必须下大力气解决“卡脖子”的问题。

第二，数字社会建设必须把满足人民对美好生活的向往作为出发点、落脚点。数字技术已经成为民生领域补短板、强弱项、促提升的利器。南京市浦口区在国家数字乡村试点三年建设中，以数字化改革为抓手，让数字产业、数字治理、数字服务在这里落地生根，瞄准民生痛点，以民众需求为导向，利用数字化手段推动基层治理精细化管理、高效化服务，大大提升了乡村治理智能化、精细化、专业化水平。随着互联网技术逐步融入社会生产生活的方方面面，在各行各业，数字化改革逐渐成为一种新的潮流，为精准服务民生注入了新活力，数字化赋能让民生福祉更精“智”。随着软硬件的不断完善，越来越多的智能化数字应用服务将为广大民众带来更多获得感，全面助推人民生活更幸福。

案例 15

山河智能：做中国装备制造自主创新史诗的谱写者

核心阅读

山河智能装备股份有限公司（简称“山河智能”）成立于1999年，多年来坚持实行“先导式创新”战略发展装备制造业，在工程装备、特种装备、航空装备三大领域全面开花。2020年9月，习近平总书记来到山河智能考察时强调：“自主创新是企业的生命，是企业爬坡过坎、发展壮大的根本。关键核心技术必须牢牢掌握在自己手里。要坚定不移把制造业和实体经济做强做优做大。”山河智能牢记总书记嘱托，坚持创新驱动发展，加大新产品研发力度和关键核心技术攻关，主动融入国际市场，出口保持高位增长。从星城一隅起步到“花开”全球，山河智能成为装备制造领域的龙头企业、全球工程机械制造商50强。山河智能始终坚持创新引领、技术为王，立足国内、冲向世界，谱写出中国制造业崛起波澜壮阔的史诗。

三湘首邑，荆楚重镇。山河智能的产业园区坐落于长沙市东部的长沙县，放眼园区大道，一排高大气派的挖掘机列队待运；在智能挖掘机装配车间里，“关键核心技术必须牢牢掌握在自己手里”的红底银字标语高悬于钢梁之上，光彩夺目；小跑着赶进度的工人脸上洋溢着自豪，浑身干劲……

搞“先导式创新”：独上高楼，望尽天涯路

在山河智能的展厅里，一份份“第一”的成绩单让人刮目相看：全球首台自行式全回转全套管钻机、世界首创液压混合动力挖掘机、国内第一台露天液压钻车、国内第一台隧道凿岩机器人、第一个自主创新的挖掘机控制主阀……

从1999年依靠创新产品液压静力压桩机起步，到如今跻身全球工程机械制造商50强，山河智能的发展史犹如一部制造业的创新史。这些“五大三粗”的“大块头”正是真实写照。自1999年成立以来，山河智能已累计成功研发200多种具有自主知识产权和核心竞争力的装备产品。其中，既有天上飞的，也有陆地跑的，甚至还有水下特种装备机器人。

斐然的研发成绩，与公司创始人何清华自始至终注重自主创新密不可分。

何清华生于 1946 年，当过 15 年知青、工人后，靠自强不息，进入中南大学从事机械研究。1999 年，抱着将科研成果产业化的初心，53 岁的何清华决定“下海”创业。

在 20 世纪八九十年代，我国经济尚处于粗放式发展阶段，制造类企业更多热衷于靠来料加工、跟随仿制赚快钱，真正潜心自主创新的企业凤毛麟角。何清华造机械设备，却不走寻常路。他实行的是“先导式创新”战略，也借此获得了差异化的发展先机。

何清华说：“创新，我把它分为两种，一个叫市场跟随式，一个叫市场先导式。我们公司大部分产品，都是采用市场先导式，就是市场还没有或者国内市场没有的东西，我们就搞这个东西。”

山河智能的第一个“爆款”，是一款名为液压静力压桩机的工程机械装备。过去的打桩机声大扰民，1999 年，随着首台国产液压静力压桩机从长沙下线运抵广州，建筑工地开始发生“温柔”巨变。

为了让压桩机既安静又高效节能地工作，何清华反复观察原有机型的工作状况，发现压力曲线会有一个从小到大的突变。这种突变发生在压桩机从软土层进入硬土层的过程中。据此，他提出采用“准恒功率”设计理论，设计出创新产品，不仅能提高效率，而且还节能 30%～40%。

之后的 5 个多月时间里，何清华团队绘制的液压静力压桩机图纸不计其数。功夫不负有心人，具有“革命性创新”的液压静力压桩机一经诞生，便获得 2003 年度国家科学技术进步二等奖，成为当时我国少有的原创型机型。经过不断迭代更新，这款液压静力压桩机如今的市场占有率达 70%以上，稳居全球第一。

液压静力压桩机“走红”后，山河智能不断深化“先导式创新”理念，进一步提出一套完整的创新模式——原始创新、集成创新、开放创新、持续创新，并根据公司自身情况赋予这四种创新模式新的内涵，把自主创新之因深植于企业发展的内在机理。

2022 年 4 月 16 日，“2022 中国工程机械年度产品 TOP50”揭晓，山河智能 SWDM1280 旋挖钻机荣获技术创新金奖、SWT28J 自行走直臂式高空作业平台荣获评委会奖，进一步展现了“先导式创新”的硬核实力。

攻坚核心技术：衣带渐宽终不悔，为伊消得人憔悴

如果说，“独上高楼”的眼界让山河智能赢在了“起跑线”，那么坚持攻坚核心技术，秉持“衣带渐宽终不悔，为伊消得人憔悴”的执着信念，则令其实现了“加速跑”。

面对日趋成熟的挖掘机行业，破题“大创新”让不少工程机械企业面露难色。但在液压静力压桩机赢得紧抓核心技术的“第一役”后，山河智能在关键领域的创新突破仍步履不止。

液压多路阀是挖掘机的核心部件，就像是挖掘机的“神经系统”，控制着挖掘机的各个动作。2015 年以前，该项技术长期被国外发达国家控制，成为制约我国工程机械行业发展的瓶颈。

这一状况带来的现实问题是，除了交货期得不到保证、价格昂贵外，国外提供给我国工程机械企业的还是几近淘汰的老产品，最新技术被优先供给国外的主机企业。

为了解决行业“卡脖子”难题，何清华自 2012 年开始带领技术团队，自主研发具有自主知识产权的第一代挖掘机多路阀，并实现批量装机。搭载该多路阀的挖掘机，对比国外进口产品，作业效率提升 18%，油耗降低 18%，具有节能高效的特点。该项技术还获得了国家发明专利授权和日本 PCT 国际发明专利授权。

公司科研团队对显示器、控制器这两种核心元器件自主开发的艰辛历程，也是一个“为伊消得人憔悴”的故事。

一般来说，工程机械企业对元器件要么采购，要么与厂家合作开发，但山河智能再次选择自主开发。在这些元器件的自主开发过程中，山河智能遇到了重重困难，经历了多次失败。但何清华没有动摇，还勉励大家坚持、再坚持。

经过何清华及其技术团队长达 10 年的不懈努力，山河智能终于获得体系化的成功，由此在主体产品核心电控元器件的自主配套上领先于同行。山河智能自主开发的显示器和控制器就用在双动力头多功能钻机上，成功赶超发达国家技术，出口到海外，从而打破了发达国家在这方面的垄断。

据官方统计，山河智能知识产权的年实施率接近 80%，现已成功研发出 200 多种具有自主知识产权和核心竞争力的产品，挖掘机在欧洲市场保有量位居国产品牌前列。

终成行业引领者：蓦然回首，那人却在，灯火阑珊处

自成立以来，山河智能栉风沐雨，其所在的湖南长沙如今已被誉为“世界工程机械之都”，昔日工程机械洋品牌充斥国内工地的场景已一去不复返。

2020 年 7 月，何清华在一次座谈会上欣喜地说：“我们国家是世界上工程机械最大的市场，以‘排头兵’产品——挖掘机为例，原来民族品牌与洋品牌二八分的市场格局，现在已完全反过来。”

依靠持续努力，山河智能在海外市场打开了一片新天地。外国代理商、客户、供应链合作商纷至沓来。山河智能产品已远销 100 多个国家和地区。其中，山河智能在欧洲的设备保有量已超过 2 万台，在我国的工程机械品牌中位居欧洲市场销量第一。

哪怕在海外疫情肆虐的 2021 年上半年，山河智能在海外市场的营业收入也达到了 9.70 亿元，同比增加 44.43%。更值得一提的是，其挖掘机的海外销量同比增长了 125%，欧洲地区更是实现爆发式增长。与此同时，在东南亚市场，山河智能抓住了“一带一路”建设以及采矿业回暖的双重机遇，销售额同比增长超 50%，未来更呈上升趋势。

山河智能推出众多“超级装备”，如全球首创的引孔式钻机、引孔式静力压桩机、全国首台纯电动智能挖掘机等创新产品。2021 年，SWCH980－260M 超级桩架首发韩国，应用于大型工程建设项目。与此同时，山河智能还积极探索 5G、大数据、人工智能等新技术与高端装备的融合创新应用，在管理、研发、生产、产品、施工、服务等多维度开展数字化、智能化转型升级，取得了一个又一个创新成果。

2022 年 1 月到 4 月，山河智能面向全球发布了 8 款地下工程高端装备，多款为行业首创、世界领先。这正是山河人坚持先导式创新和差异化发展而交出的阶段性答卷。

“敢为天下先”，“敢”是无畏勇气，“先”是创新争先。山河智能不忘初心，不负时代，坚持在自身行业领域内为祖国建设贡献力量，为中国制造续写新的篇章。

思考讨论

1. 如何理解“先导式创新”？“先导式创新”在山河智能创新发展的过程中起到怎样的作用？

2. 为什么何清华及其团队要倾尽全力自主研发挖掘机多路阀？结合本案例，谈谈攻坚“卡脖子”技术对于我国制造业发展的重要意义。

3. 你认为山河智能成功的秘诀是什么？对我国制造业发展有哪些启示意义？

教学建议

本案例主要适用于第七章第一节“全面建设社会主义现代化国家的基础性、战略性支撑”和第三节“加快建设科技强国”部分的辅助教学。本案例主要介绍了山河智能自 1999 年成立以来的 20 余年间，坚持“先导式创新”发展，攻坚核心技术，不断开拓国际市场，将装备制造业做强做优做大，走出一条具有核心竞争力的科技创新发展之路。

组织教学建议

第一，引导学生把握山河智能从创业到成为行业龙头的创新发展过程。授课教师可在课前向学生布置资料查阅任务，在导入环节，让学生谈谈对于山河智能的了解，启发他们思考，为何在短短的 20 多年间，山河智能能够在工程装备、特种装备、航空装备三大领域全面发展，成为行业龙头企业、全球工程机械制造商 50 强，进而引出本案例的教学重心——增强自主创新能力的内容。

第二，注意引导学生把握“先导式创新”战略的内涵和意义。“先导式创新”是山河智能发展的核心理念，也是其脱颖而出、成为行业引领者的法宝。在这里，授课教师应着重强调“先导式创新”的内涵及其与市场跟随式创新的本质区别。“先导式创新”是研发制造那些国内外市场还没有但客户又有需求的产品，而这正是山河智能的选择。在组织讨论环节，注意引导学生深入剖析山河智能坚持“先导式创新”的内在原因，以及这一发展理念和模式对于企业后续发展的影响，进而使其从根本上理解自主创新对于一个企业、一个国家发展的重大意义。

第三，引导学生理解攻关“卡脖子”技术、将关键核心技术牢牢掌握在自己手里对国家发展的必要性和重要性。在组织讨论的过程中，启发学生们主动思考，为何经历如此多的磨难与困境，山河智能仍然坚持自主创新，坚定不移地进行关键核心技术攻关。通过分析使学生们明白，装备制造，乃国之重器，核心技术是支撑企业在同行竞争乃至国际竞争中“问鼎”市场的制胜“王牌”。从全球工程机械发展历程来看，全球工程机械头部企业在市场中的竞争如同“神仙打架”，只有掌握强大的核心技术才具有绝对优势，才能真正拥有主动权和话语权。

第四，应立足于“大思政”视野，突出本案例对培育当代大学生报国之志和工匠精神的教育意义。要使本案例最大限度地服务于思政课教学，不仅应将其应用于自主创新相关知识点的讲授，而且可以通过何清华及其团队不忘初心、不畏险阻、多年来持续攻坚“卡脖子”技术的事迹，激励学生勇攀科技高峰、实现产业报国的理想信念，使其将自我价值实现同建设中国特色社会主义伟大实践紧密地结合起来。

■ 总结提升建议

第一，创新在国家发展全局中居于核心位置，不断增强自主创新能力，积聚力量进行原创性引领性科技攻关，是推进中国式现代化的内在要求。“富有之谓大业，日新之谓盛德。”正是因为创新，我国一些关键核心技术实现突破，战略性新兴产业发展壮大，并已进入创新型国家行列。创新意味着敢冒风险，不从众，敢为天下先。对于企业而言，自主创新之路要比亦步亦趋难上千倍，但危中有机，能够在困境中凤凰涅槃、浴火重生的企业也能在完成一次次的生产组织创新、技术创新和市场创新的过程中形成强大的发展动力。山河智能就是其中之一。何清华创立山河智能之时，我国经济处于粗放式发展阶段，在这样的经济环境下，大多制造类企业选择通过来料加工、跟随仿制等方式赚快钱，但何清华及其团队放弃了这条捷径，坚定不移地走上了自主创新的道路。“先导式创新”既是山河智能的发展理念和模式，也是其实现“加速跑”成为行业龙头的制胜法宝。从自主研发出第一个爆款“液压静力压桩机”，到其产品远销海外，受到国际广泛认可，山河智能的创新基因已深深植入企业的生命之中，其产品和专利承载着革命性，正是因为对“先导式创新”的坚持，山河智能才得以从工程机械起步并很快切入高端装备制造领域，而后全面开花，成为全球工程机械制造商50强。

第二，要实现制造业高质量发展，关键核心技术必须掌握在自己手中。我国制造业规模稳居世界第一。装备制造，乃国之重器，必须坚定不移地把制造业和实体经济做强做优做大，而实现这一点的前提就是在关键核心技术上不能受制于人，要把关键核心技术牢牢把握在自己手里。因此，唯有持续提升制造业技术创新能力，坚定敢为天下先的志向，在独创独有上下功夫，才能不断攻破关键核心技术，抢占事关长远和全局的战略制高点。在本案例中，液压多路阀是挖掘机“神经系统”，该项技术曾在很长一段时间被国外控制，甚至成为我国工程机械行业发展难以突破的瓶颈。为了解决行业“卡脖子”困境，山河智能的科研团队经过不懈努力，自主研发出第一代挖掘机多路阀。除此之外，山河智能坚持自主研发主体产品核心元器件，很多核心技术已然处于世界领先水平，打破了发达国家在这方面的垄断。有了“硬核”技术，企业才能在市场竞争中立于不败之地。坚持自主创新，奔着最急切、最紧迫的技术问题攻关，不仅成就了山河智能企业自身，而且为我国装备制造业赢得了更大的发展主动权。

第三，构建新发展格局是开放的国内国际双循环，不是封闭的国内单循环，中国制造不仅要“走出去”，更要“融进去”。扩大开放既是构建新发展格局的内在要求，也是顺应生产力发展的必然选择。创新发展并不是关起门来自己搞研发，而是要通过自主创新这一内生动力更好地利用国际国内两个市场、两种资源，实现更加强劲的可持续发展。从长远看，经济全球化是历史潮流，各国分工合作、互利共赢是长期趋势，不断扩大开放，加强科技领域开放合作，让中国制造“走出去”“融进去”，是顺应时代发展的正确选择。在本案例中，山河智能将成为装备制造领域世界价值的创造者作为自己的使命，从以“先导式创新”使产品和服务立足市场，到逐步在欧美等高端市场站稳脚跟，品牌享誉海外。山河智能一直贯彻国际化发展战略，在全球化市场比拼的过程中，不仅验证了自身的实力，更主动融入双循环新发展格局中。特别是在 2021 年全球经济活动逐渐恢复、基础设施建设需求增大的时期，山河智能利用自身的优势抓住机遇，抢先占据国际市场份额。

第四，增强企业家爱国情怀，弘扬产业报国之志，鼓励广大科技工作者、创业者积极投身技术攻坚，让“中国制造”成为高质量的代名词。营销无国界，但企业家有祖国。优秀的企业家必须对国家、民族怀有崇高使命感和强烈责任感，把企业发展同国家繁荣、民族兴盛、人民幸福紧密结合在一起，当国家经济发展面临关键性核心技术“卡脖子”问题时，勇于担当，从国家发展战略和建设需求出发，努力打赢一场又一场的关键核心技术攻坚战，方能不负时代，不负祖国和人民的支持与期待。山河智能正是如此。较之跟随式、仿制式的挣快钱模式，山河智能选择沉下心来，拿出企业家的责任感与担当，坚持“先导式创新”，攻克了一个又一个技术难题，使我国装备制造业很多领域的技术不再受制于人，为“中国制造”的高质量发展贡献力量。

■ 启示意义

创新贵在敢为天下先，贵在坚持，贵在义无反顾。站在发展的十字路口，对于是选择急功近利、随波逐流还是勇于突破、走上一条自主创新之路这一问题，不同的企业，基于不同的现实情况和发展理念，会作出不同的选择。长风破浪会有时，直挂云帆济沧海。山河智能的经验证明，如果一味地跟随、模仿或挖空心思挣快钱，不仅会在发展中受制于人，而且难以形成可持续的自我发展之路，终将是昙花一现。只有敢为天下先、始终坚持自主创新，才有能力抵御风险、形成优势，才能在大浪淘沙、千帆过尽后仍然熠熠生辉、立于不败之地。

案例16

我们@中央的留言，被采纳了

核心阅读

2020年8月，“十四五”规划编制工作开展“网络问计”，累计收到网民建言超过101.8万条，习近平专门作出重要指示强调，针对人民群众所提的建设性意见，“有关部门要及时梳理分析、认真吸收”。在大量的网民建言中，内蒙古达拉特旗蒲圪卜村村干部李电波提出的关于“互助性养老”的建言被吸纳进党的十九届五中全会文件。来自小村的声音“走进”中南海，成为全过程人民民主的生动实践。2021年9月，全国人大常委会法工委通过昆山基层立法联系点以网络形式向公众征集对家庭教育促进法二审稿的意见，江苏省昆山第二中等专业学校教师房泽婧提出需要关注留守儿童以及其他困境儿童的家庭教育，最终这一建议被全国人大宪法和法律委员会认可，被正式吸纳为《家庭教育促进法》的条款。2021年12月4日，李电波的故事与代表全国人大向房泽婧征集意见的基层立法联系点一起作为全过程人民民主的生动案例被载入《中国的民主》白皮书。

北京天安门的西侧，是中共中央的办公地——中南海，是中国政治的心脏，长安街上来来往往的行人经过时总好奇地望向它的正门，与“为人民服务”不期而遇。2016年12月26日至27日，中共中央政治局召开民主生活会，习近平强调：“中南海要始终直通人民群众，我们要始终把人民群众放在心中脑中。”正所谓“知屋漏者在宇下，知政失者在草野”，使国家公共权力代表广大人民的根本利益和意志，是人类政治制度上的伟大理想，也是人类政治史上的千古难题。坚持人民至上的中国共产党，带领中国人民经过百年探索，终于找到了实现这一目标的正确方式——全过程人民民主。

镜头一：我的意见进了中南海

2020年11月，新华社播发的《党的十九届五中全会文件诞生记》披露了这样一个小故事——在文件起草过程中，一位网名为“云帆”的网友所提的“互助性养老”建议，最终被写入全会文件。内蒙古自治区鄂尔多斯市达拉特旗恩格贝镇蒲圪卜村村干部李电波就是故事中的网友“云帆”。一名村干部的建议是如何写入党中央文件的？这背后说明了什么问题？

在“十四五”规划的编制过程中，习近平强调，要把加强顶层设计和坚持问计于民统一起来，鼓励广大人民群众和社会各界以各种方式建言献策。2020 年 8 月 16 日至 29 日，《人民日报》、新华社中央广播电视总台所属官网、新闻客户端，“学习强国”平台等同步推出了一个新专栏——建言“十四五”，这在中央全会文件起草历史上是第一次。广大网民所思所想、所期所盼，均可通过相关专栏充分表达，直通党中央。有网友留言说：“我还没进过中南海，但我的意见进去了。”

在北京以西约 600 公里的蒲圪卜村，37 岁的年轻干部李电波看到了这条消息。那天，他刚从老家陕西省丹凤县探亲回来，当即来了灵感，打算写一条关于农村养老问题的建议。李电波所在的达拉特旗蒲圪卜村有 3 900 多人，但大量青壮年外出打工。在常住的 1 200 多人中，光是留守老人就有 800 多。怎么做好农村养老工作，是他日常工作中必须面对的难题。看到“十四五”规划编制工作向广大网民征求意见后，他以“云帆”为名，在人民网“领导留言板”上写下了几段话：“中国逐步进入老龄化社会，留守老人与农村养老问题亟待解决。乡村振兴应该先从农村互助养老开始，让留守老人有归宿、让进城子女能安心创业！农村互助养老，就是在农村人口聚集区域，政府财政投入建设公共食堂、公共宿舍，有意愿的老人都可以免费住在一起、生活在一起，年龄小的、有能力的老人照顾年龄大的、能力弱的老人，形成‘今天我照顾他，明天你照顾我’的互助养老。政府财政负责基础设施，老人自我管理、自我服务，同时吸收爱心捐赠，不断提升和改善无收入来源老人的生活。老人的今天就是我们每个人的明天！希望国家重视农村老人养老问题。”建议很快就被送到了文件起草组案头，并得到了起草组同志的高度重视。如今，翻开规划建议全文可以看到，第 47 条便是“实施积极应对人口老龄化国家战略”。据起草组同志介绍，这正是考虑到人民群众对养老问题高度重视，经过统筹考虑研究，把积极应对老龄化从卫生健康领域单列出来。同时，文件吸收网民建议，明确写入“互助性养老”提法。

一名网友的建议能被写入党中央文件，首先是建议提得好，来自基层，抓住了当前我国经济社会发展中亟须破解的难题，所提建议具有很强的针对性和可操作性。同时，这也是落实习近平重要指示、真正做到“问计于民”的生动写照。将顶层设计和问计于民相结合，是这次规划制定工作最鲜明的特点。网友“云帆”的故事只是一个缩影。在党内意见征求中，收到修改意见 2 000 余条；在全会召开过程中，收到与会代表修改意见 290 余条；在网络意见征求中，累计收到网民建言超过 101.8 万条。在大量的网民建言中，对民生保障、社会治理、经济发展、生态环境、党的建设、乡村振兴等方面的意见建议最为集中，为文件起草工作提供了有益参考。来自各方面的意见建议，都经过起草组认真研究、统筹考虑，最终形成了经全会表决通过的正式文件。

2021 年 11 月，一座 200 多平方米的老年活动中心在蒲圪卜村建成并投入使用，每天都有 60 多位村里的老年人在这里活动消遣。农村互助养老这种“离家不离村、离亲不离情”的养老模式顺应了农村老年人尤其是空巢老人的需求，正在成为我国农村养老服务的重要途径。农村互助养老建言者李电波的故事连同人民网“领导留言板”一起被载入《中国的民主》白皮书，成为我国践行全过程人民民主的生动范例。

镜头二：立法飞入“寻常百姓家”

房泽婧是江苏省昆山第二中等专业学校的一名教师。作为土生土长的昆山人，“昆山论坛”是她经常浏览的网站。2021 年 9 月的一天，房泽婧像往常一样，打开“昆山论坛”。登录网页后，她的目光就被置顶帖子的标题吸引住了——“家庭教育促进法草案需要你的建议！昆山网友快来建言献策”。点开帖子后发现，原来是全国人大常委会法工委昆山基层立法联系点通过网络收集公众对家庭教育促进法二审稿的意见。几分怀疑和犹豫之后，房泽婧又仔细看了看帖子的内容，确定自己没有看错：“既然国家让我们对法律提意见，那我就认真提几条!”她开始研究起家庭教育促进法草案的文本。“身为学校的政治老师，平时的教学经历让我对这个问题有不少思考。”结合自己的工作，房泽婧发现，留守儿童的家庭教育问题亟待解决，但当时的草案对这部分缺少相关规定。“有一次，班上一个学生在课堂上打闹，影响很不好。我本想好好教育他一下，对他说，从小父母就教育我们，在公共场合应该尊重别人。但没想到，还没等我说完，他却说，我父母一直在外地打工，连见面都很少，没人教过我怎么做!”房泽婧说，听了这话，她一时愣住了，不知道该怎么继续教育这位学生。通过和同事们交流，房泽婧发现，这种情况在学校普遍存在。学校中的“问题学生”，很多都是由家庭教育缺失导致的。房泽婧坐到电脑前，找到之前看到的帖子认真地写下了自己的建议：“对留守儿童以及其他困境儿童的家庭教育，应当予以更多的关注。建议发挥相关社会福利机构的作用，保障特殊群体家庭教育得到应有的支持、引导与帮助。”

就这样，通过互联网，国家最高立法机关与基层群众紧紧地联结了起来。一个月后，十三届全国人大常委会第三十一次会议在京举行。“宪法和法律委员会经研究，建议增加规定：‘……对留守未成年人和困境未成年人家庭建档立卡，提供生活帮扶、创业就业支持等服务，为留守未成年人和困境未成年人的父母或者其他监护人实施家庭教育创造条件。’”房泽婧或许不知道，她的建议体现在了全国人大宪法和法律委员会向全国人大常委会提出的关于家庭教育促进法（草案）审议结果的报告中，而后又被正式吸纳为《家庭教育促进法》的条款。网上征集立法建议，这种快速、完整、及时的立法意见交流方式，很快在全国推广开来。

思考讨论

1. “十四五”规划编制坚持将顶层设计和问计于民相结合，请结合案例谈一谈“十四五”规划编制过程中都有哪些征集各方意见的方式。

2. 全过程人民民主是过程民主和成果民主相统一的民主。请问什么是成果民主？两者的统一在案例中有何体现？

3. 为什么说全过程人民民主实现了人民民主和国家意志的统一？

教学建议

本案例主要适用于第八章第二节“全过程人民民主是社会主义民主政治的本质属性”部分的辅助教学，采取多镜头案例呈现方式。镜头一呈现的是我国“十四五”规划编制工作开展“网络问计”，普通网民“云帆”所提的“互助性养老”被采纳并在全国推广；镜头二呈现的是全国人大常委会法工委开门立法，昆山第二中等专业学校教师房泽婧提出需要关注留守儿童以及其他困境儿童的家庭教育，最终这一建议被正式吸纳为《家庭教育促进法》的条款。这两个事例生动体现了全过程人民民主保障人民利益要求的畅通表达和有效实现。

组织教学建议

第一，讲清理论基础，从三个层面准确把握全过程人民民主的丰富内涵。首先是科学有效的制度安排。新中国成立以来，我国形成了全面、广泛、有机衔接的人民当家作主制度体系，包括工人阶级领导的、以工农联盟为基础的人民民主专政的国体，人民代表大会制度的政体，中国共产党领导的多党合作和政治协商制度、民族区域自治制度、基层群众自治制度等基本政治制度，最广泛的爱国统一战线等。其次是具体现实的参与实践。全体人民依法实行民主选举、民主协商、民主决策、民主管理、民主监督，依法通过各种途径和形式管理国家事务，管理经济和文化事业，管理社会事务。最后是明确继续推进全过程人民民主建设的着力点。习近平指出，要把人民当家作主“具体地、现实地体现到党治国理政的政策措施上来，具体地、现实地体现到党和国家机关各个方面各个层级工作上来，具体地、现实地体现到实现人民对美好生活向往的工作上来”。科学有效的制度安排、具体现实的参与实践和明确继续推进全过程人民民主建设的着力点三个方面，为新时代推进全过程人民民主建设指明了方向路径。

第二，梳理案情，阐明充分发扬民主、广泛听取意见是中国共产党带领人民治理国家的优良传统。“七五”计划编制开始大范围征求意见，“十五”计划首次通过群众征文方式征集意见建议，“十二五”规划编制期间国家发改委、工商联、妇联等党群机构开展建言献策活动……“十四五”规划大范围开展网上意见征求活动，既是对互联网时代公众网上参与政治的一次热情呼应，也成为发扬社会主义民主政治优势、推动国家治理体系和治理能力现代化的一次务实尝试。在梳理案情的过程中，教师可以向学生强调指出，习近平十分重视通过网络征集人民意见。在规划编制之初即强调要开门问策、集思广益，把加强顶层设计和坚持问计于民统一起来。在网上意见征求活动告一段落后，又专门作出重要指示强调，针对人民群众所提建设性意见，“有关部门要及时梳理分析、认真吸收”，“要总结这次活动的经验和做法，在今后工作中更好发挥互联网在倾听人民呼声、汇聚人民智慧方面的作用，更好集思广益、凝心聚力”。

第三，组织学生对案例进行分析讨论。首先，明确案例主题。案例镜头一被《中国的民主》白皮书引用，出现的位置是第四大部分“广泛真实管用的民主”的“（二）人民民主参与不断扩大”。案例镜头二与白皮书同一位置引用的人民群众参与《反食品浪费法（草案）》意见征集是同一类型。由此明确此案例主题即突出强调：全过程人民民主使人民利益要求能畅通表达，也能有效实现，全过程人民民主是广泛真实管用的民主。其次，分析案例细节。案例两个镜头所讲事例具有相似之处，都是基层民众通过网络提出关于农村民生的相关意见，为中央决策提供参考。建议教师在组织学生分析案例的基础上突出强调全过程人民民主“不仅有完整的制度程序，而且有完整的参与实践”。在网络等技术手段的加持下，我国越来越多来自基层的声音能够直达各级决策层，越来越多的群众意见转化为党和政府的重大决策，全过程人民民主的优越性正日益显现。

第四，以分析案例为基础引申阐述全过程人民民主与国家治理体系和治理能力现代化的关系。党的十八大以来，习近平在不同场合多次讲到国家治理如何跳出治乱兴衰历史周期率的问题，深刻阐述了人民民主和国家治理的关系，他指出：“没有民主就没有社会主义，就没有社会主义的现代化，就没有中华民族伟大复兴。”在我国，国家的一切权力属于人民，人民民主是由制度体系保证的、全过程的民主。新中国成立 70 多年来，特别是改革开放以来，全过程人民民主极大激发了人民的创造力，我国创造了经济快速发展和社会长期稳定两大奇迹，成为跳出历史周期率的有效保证。我国“十四五”规划的出台过程充分说明了中国的民主把党的主张、国家意志、人民意愿紧密融合在一起，使得党、国家和人民成为目标相同、利益一致、相互交融、同心同向的整体，形成集中力量办大事的制度优势，全过程人民民主是能够充分实现“中国之治”的好民主。

总结提升建议

第一，全过程人民民主保障人民利益要求既能畅通表达，也能有效实现。民主，起始于人民意愿充分表达，落实于人民意愿有效实现。在中国，人民的期盼、希望和诉求，从国家大政方针，到社会治理，再到百姓衣食住行，有地方说、说了有人听、听了有反馈。人民的意愿和呼声，经过民主决策程序成为党和国家的方针政策，并通过中央、省、市、县、乡镇各个层级的紧密配合、层层落实，通过各个职能部门之间主管、主办、协管、协办的分工合作、协调配合，通过决策、执行、检查、监督、问责等各个环节的相互配合、有机衔接，转化为实现人民意愿的具体实践。对于涉及自身利益的实际问题，人们通过信访平台、领导信箱、政务热线、网络“留言板”等方式提出意见和诉求，能够得到及时反馈和回应。比如，编制“十四五”规划时，通过互联网向全社会征求意见和建议，累计收到网民建言超过 101.8 万条。相关部门认真对待网民留言，整理出有效建议 1 000 多条。内蒙古达拉特旗恩格贝镇蒲圪卜村村干部李电波提出的关于“互助性养老”的建言被吸纳进“十四五”规划，为解决农村养老问题提供了有效途径。江苏省昆山第二中等专业学校教师房泽婧通过网络向全国人大提出需要关注留守儿童以及其他困境儿童的家庭教育，最终这一建议被正式吸纳为《家庭教育促进法》的条款，为留守儿童健康成长提供了法律保障。李电波和房泽婧的故事充分说明全过程人民民主不仅能保证人民享有平等、广泛的政治权利，而且强调从实质上回应人民需要，体现了人民当家作主这一中国民主的本质和核心。

第二，全过程人民民主是过程民主和成果民主相统一的民主。过程民主体现民主的程序、流程，成果民主体现民主的成效。首先，从过程性上看，全过程人民民主不同于西方代议制民主，选举时热热闹闹，选举之后归于沉寂。全过程人民民主构建包括民主选举、民主协商、民主决策、民主管理、民主监督各环节的实践体系，保证人民的知情权、参与权、表达权、监督权，切实保障人民参与到国家和社会治理全过程。比如，案例镜头一体现党和政府开门问策，普通村干部所提的“互助性养老”的建议也可以被列入国家“十四五”规划；镜头二体现人大开门立法，普通教师关于农村留守儿童家庭教育的提议也可以被纳入《家庭教育促进法》。两个事例充分说明中国式民主具有完整的制度和程序设计，人民群众可以方便快捷地参与民主决策。其次，从成果性上看，民主要真实管用、解决问题。如果民主只是让大家都说话，随便说什么都行，最后不解决问题甚至还制造更多问题，那这种民主只能是形式上的民主。全过程人民民主一方面借助结构完整、设置合理的制度程序和实践形式获得既定的民主成果，通过凝聚共识和汇聚民智推动国家和社会发展；另一方面保障人民可以参与到全链条、全时段的民主政治过程当中，确保发展为了人民、发展依靠人民、发展成果由人民共享。比如，案例中两位基层工作者通过参与民意征集，促进了农村养老和留守儿童教育问题的有效解决，使人民群众能够共享发展成果。同时，在人民群众的积极参与下，“十四五”规划编制和人大立法工作更加科学，既形成了文本成果，也为未来创造更多发展成果打下了坚实基础。总之，全过程人民民主将过程民主与成果民主相统一，是真正能够推动社会发展和解决人民问题的广泛、真实、管用的民主。

第三，全过程人民民主是人民民主和国家意志相统一的民主。所谓国家意志，就是由权力机关制定或认可，旨在维护国家存在和发展，体现统治阶级意志，并以国家强制力保障实施的行为规范和原则，一般以法律或规范性文件的形式呈现。全过程人民民主坚持党的领导、人民当家作主、依法治国有机统一。党通过走群众路线，不仅能够随时了解人民群众的真实状况和具体想法，还能够在此基础上对人民意愿进行汇总、整合和处理，形成旨在维护人民群众根本利益的党的主张，最终通过民主立法将人民意愿和党的主张上升为国家意志。案例镜头一的“十四五”规划制定和实施的过程就生动地体现了人民民主和国家意志的统一：在规划编制之初，习近平即强调要开门问策、集思广益，把加强顶层设计和坚持问计于民统一起来；在规划起草阶段，人民群众通过“网络问政”提出建言 100 余万条，整理出 1 000 多条建议；党的十九届五中全会通过《中共中央关于制定国民经济和社会发展第十四个五年规划和二〇三五年远景目标的建议》；之后，各民主党派、人民团体、人大代表、政协委员以及社会各界经过充分的民主协商，讨论修改形成了规划草案；十三届全国人大四次会议表决通过了关于该规划的决议，成为具有法律效力的文件。“十四五”规划出台的实践充分表明，全过程人民民主能够有效整合人民意愿、增进社会共识、促进社会发展，是人民民主和国家意志相统一的民主。

第四，推进全过程人民民主需要构建技术机制，彰显全过程人民民主的制度优势。首先，构建充分反映民意民心的平台载体和工作机制，是我们党坚持人民至上、尊重人民主体地位的重要体现。比如，党的二十大报告起草过程中，中共中央依托人民网、央广网等平台载体组织网络征求意见活动，累计收到网民建言超过 854.2 万条，创新了网络民意协商新机制，也为奋进全面建设社会主义现代化国家新征程凝聚起广泛智慧和伟力。其次，利用数字技术搭建各种数字化治理平台，推动中国民主实践向扁平化转变、向超越时空和突破人力限制转化，为推进国家治理体系和治理能力现代化提供了有益探索。比如，在“十四五”规划建议起草过程中，我们党在五年规划编制史上首次开展“网络问计”，有关内容被列入“十四五”规划建议，最终化为规划纲要的具体举措。最后，信息技术创造出的网络空间，塑造出了我们党联系群众和服务群众的新场景。我们党在开展网络征求意见工作的过程中，能够精准地识别广大群众的需求，高效地整合同类层次的需求，有利于在多元利益和多方意见中寻找最大交集，形成公共利益的最大公约数，将人民群众的意志、利益、需求融入党和国家工作大局和战略全局的顶层设计、整体谋划与目标任务中，以新时代网上群众路线为全过程人民民主发展提供持久动力。

第五，全过程人民民主创造了人类民主的新形态。马克思主义对于民主的认知、实践与构建，有一个逐步深化和发展成熟的过程。从“争得民主”的革命民主理论与实践向新中国“人民当家作主”的“人民民主”理论与实践，再向新时代中国特色社会主义“人民管理负责”的“全过程人民民主”理论与实践演化。中国民主从理念到制度再到绩效，解决了民主从“如何实现的政权问题”到“由谁说了算的制度问题”再到“发展绩效的运作机制问题”的一体化发展问题。正如案例所示，在新的历史征程，我们要继往开来，立足全过程人民民主的制度和实践基础，通过构建法律机制（如基层立法联系点）确保国家重大立法活动始终汇聚民智；通过构建共识机制（如开门问策）确保国家重大决策活动广泛听取民意；通过构建程序机制（如参与决策）确保国家重大事务活动始终维护民利；通过构建技术机制（如网络平台）确保国家重大发展战略始终反映民心。通过推进和完善全过程人民民主，不断开创人类民主和政治文明的新境界和新形态。

启示意义

坚持守正创新，方能凸显中国特色社会主义政治制度的优越性。随着信息技术的迅速发展，数字平台和大数据算法应用能够提高人民参与民主政治的权利意识，但与此同时，数字平台的匿名性和无序性特点也可能给全过程人民民主带来危害。因此，面对新技术发展所带来的机遇与挑战，党和政府需要坚持守正创新，探寻科学合理的实践全过程人民民主的有效措施。具体来说，就是要守科学的制度安排之正，创多元的民主渠道和载体之新。一方面不断巩固和完善根本政治制度和基本政治制度，为推进全过程人民民主提供制度保障；另一方面完善和扩大民主民意的表达平台与载体，更充分地吸纳民意、汇集民智、凝聚民力，提高人民对全过程人民民主的参与认同。总体上，以科学合理的制度安排和便捷有效的民主参与，凸显全过程人民民主的制度优越性。

案例 17

民生项目票决制：浙江践行全过程人民民主的“金名片”

核心阅读

2017 年以来，浙江率先在市县乡全面推行“民生实事项目人大代表票决制”（简称“票决制”）。“票决制”发端于习近平在浙江工作时提出的“为民办实事”长效机制，借助人民代表大会制度平台的载体优势，抓住群众关切的“关键小事”，使民生实事项目由原先“政府部门自己定自己办”转变为“群众提议、代表决定、政府办理、百姓评价”，实现政府决策与群众需求的精准对接、高度融合、全过程贯通，真正把人民群众所需、所盼、所忧之事办实办好。“票决制”是“为民办实事”长效机制的升级版，是以人民为中心的发展思想的具体实践。2022 年 9 月，《浙江省民生实事项目人大代表票决制规定》颁布，其相关经验也被纳入地方人大组织法在全国推广实施。从全国首创到制度立法，“票决制”已成为浙江践行全过程人民民主的“金名片”，也成为我国发展全过程人民民主的最好诠释和鲜活载体。

潮声澎湃，浩荡钱江连接山海；湖上春来，淡妆浓抹相得益彰。从南湖红船、义乌商贸再到智能互联，这里的人们以勤劳、勇敢和智慧创造了无数辉煌。进入新时代，浙江又以其生动实践为“两山”理念、“枫桥经验”、共同富裕等重要思想的孕育和发展作出了贡献。如今，浙江积极践行以人民为中心的发展思想，打造全过程人民民主的省域典范，其中“票决制”已成为浙江的一张“金名片”。“票决制”是政府在广泛征求人民群众意见建议的基础上，提出民生实事候选项目，经同级人大代表在本级人民代表大会会议期间以投票表决方式选择决定正式项目，交由政府组织实施，并接受人大代表和人民群众监督的制度。“票决制”抓住群众关切的“关键小事”，通过“群众提议、代表决定、政府办理、百姓评价”，实现政府决策与群众需求的精准对接、高度融合、全过程贯通，真正把人民群众所需、所盼、所忧之事办实办好。

群众提议，自下而上知民情

“票决制”发端于习近平在浙江工作时提出的“为民办实事”长效机制。2004 年，浙江在全国率先出台《关于建立健全为民办实事长效机制的若干意见》，围绕社会保障、生态环境、社会稳定等十大重点工作领域，加快建立健全民情反映、民主决策、责任落实的工作机制。如今“票决制”就是这一机制的落实和升级，“票决制”不断探索建立群众议事平台，使民生实事项目由“为民做主”向“由民做主”转变。比如嘉兴市海宁市的民生议事堂，把协商平台搭建在群众的家门口，一批“老大难”问题被反映上来，通过票决列入民生清单得到解决；杭州市拱墅区小河街道推出“红茶议事会”，让居民以“茶”叙事，共议邻里间的关键小事，并且通过线上线下相结合的方式，使居民关心的问题在“城市眼・云共治・小河网驿”平台汇集，生成民意热度，精准回应老百姓的公共诉求；湖州市吕山乡更是将议事场所搬到田间地头，田园议事会方便了老百姓参与讨论协商，充分表达民生诉求。“票决制”以丰富多样的协商形式和载体，为民意介入公共决策提供了可行路径。如今借助互联网渠道，“票决制”民意征集方式也不断升级，采取无议题、海选式的征集方式，最大程度汇聚民意，真正把群众急难愁盼的问题摆在优先办理的位置，为“票决制”解决民生问题奠定了坚实基础。

代表决定，刚柔相济解民生

“票决制”最早于2008年在宁波市宁海县力洋镇和大佳何镇两个乡镇探索实行，2013年从乡镇一级提升到县级层面，也是从那年开始，每年的宁海县人代会上，当年的政府实事工程都要由全县的人大代表进行票决，代表们一人一票、差额选举，票决结果当场公布。2017年2月，宁海县十八届人大一次会议上，258位宁海县人大代表“13选10”，差额选出了当年县政府10项实事工程，没选上的项目，即使政府部门觉得再重要，那也不能代替民意。以前由政府一家说了算的事，通过“代表票决”，变成了政府、代表和群众共同决定的事。“票决制”以人大行使决定权的方式赋予民生实事项目法定效力，经过人大票决的项目，就产生了法律意义上的强制力，政府及有关部门必须在相应时限内实施到位。同时“票决制”通过议事会等制度设计和平台载体，把票决结果的刚性与协商过程的柔性很好地结合起来。通过民意征集和代表票决，大家心往一处想，劲往一处使，像老旧小区加装电梯、城乡公交一体化建设等棘手问题都得到妥善解决。2017年，浙江省委、省人大在总结各地实践经验的基础上出台相关文件，全面推行“票决制”工作。浙江11个设区市、89个县（市、区）、907个乡镇在人代会上都实施了“票决制”，实现市县乡层面全覆盖，“票决制”从一镇之“盆景”变为一省之“风景”。“票决制”全面开展7年多来，确定了5万多件民生实事项目，推动解决了一大批事关群众切身利益的民生问题，丰富了全过程人民民主的时代内涵，提升了人民群众的获得感和幸福感。

政府办理，系统监督保落实

民生实事项目代表“票决制”是发展全过程人民民主的生动实践，票决后如何把实事办实办好是关键。嘉兴海宁市采用“三色管理法”对项目建设情况进行监督，对超期未完成的往年项目标记为红色，对进度落后于计划的当年项目标记为黄色，其他项目显示绿色，一目了然地显示民生实事项目建设进展情况。海宁市周王庙镇人大实行“五个一”制度，即一事一小组、一人一项目、一季一督查、半年一报告、一年一测评，根据代表意愿和特长，把在镇域内的市、镇两级人大代表分别编入3个市代表监督小组和6个镇代表监督小组，做到代表监督全覆盖。监督小组通过听取报告、实地视察、走访座谈、进代表联络站（室）接待等多种形式，对项目的实施进度、施工管理、项目质量、资金使用等开展专项监督。2022 年，为顺应数字化改革的新形势新需求，海宁市开发建设民生实事项目监督系统。代表可以通过手机端全程跟踪监督一对一提交意见，项目承办单位则对应接收、处理、反馈，民主监督的实效性进一步提高，这也为代表闭会期间有效履职搭建了平台，使代表活动有了实质性载体，实现项目“事事有监督”，进度“步步有标准”，代表“人人有任务”，使人大监督变“事后跟进”为“全程参与”，监督实效更上一个层次。

百姓评价，闭环管理促发展

2018 年起，宁波鄞州区人大常委会在动态监督民生项目的基础上，创新开展“向人民报告”政情直通活动，通过电视向全区人民报告民生实事项目落地落实情况，接受人大代表、人民群众提问和满意度测评，形成了从项目征集、票决、监督到向人民报告、接受群众测评的全过程民主闭环。湖州德清县也通过“会议问政＋电视问政＋现场问政”三问合一的形式，以及“现场＋视频＋扫码”的“三步问政法”即每季度召开一次现场问政会，每年进行一次视频问政会，全天候开通扫码问政，以广泛的人民评议推动政府工作和票决项目的进展。2018 年，浙江提出政府数字化转型战略，各级人大也紧跟数字化改革步伐，依托全省统一的基础设施、应用支撑平台和公共数据资源体系，建立“票决制”信息化应用系统。人民群众可以通过信息系统实时了解项目进展情况、开展在线监督，快捷反映问题，项目实施部门也可以在线反馈意见处理情况，畅通了民主沟通渠道。通过不断优化民生实事项目的应用系统和终端设计，提升了人大代表和人民群众对“票决制”工作的参与感和体验度，进一步使更多代表和人民群众参与到“票决制”工作中来，促进了“票决制”工作的良性运行和持续发展。

解民之所忧，纾民之所困。2022 年 9 月，《浙江省民生实事项目人大代表票决制规定》颁布，规定总结提炼各地行之有效的经验做法，通过完善制度进一步提升“票决制”工作的实效性。从全国首创到制度立法，“票决制”已成为浙江践行全过程人民民主的“金名片”，也成为我国发展全过程人民民主的最好诠释和鲜活载体。

思考讨论

1. “票决制”包括哪几个步骤？从哪几个层面体现了全过程人民民主的显著特征？

2. 为什么说全过程人民民主是社会主义民主政治的本质属性，是最广泛、最真实、最管用的民主？

3. 践行全过程人民民主对于提升我国基层治理能力和推进基层治理体系现代化有什么积极意义？

教学建议

本案例主要适用于第八章第二节“全过程人民民主是社会主义民主政治的本质属性”部分的辅助教学，主要展示的是浙江省首创、总结并推广“民生实事项目人大代表票决制”的事例。“票决制”通过完整流程设计，将民生、民主、民心相贯通，群众、政府、人大相结合，人大表决法定性与民主协商灵活性相补充，既切实解决人民群众关心的实际问题，又充分调动各主体积极性，推动了基层民主建设和社会治理现代化，它的生动实践充分说明“全过程人民民主”是最广泛、最真实、最管用的社会主义民主。

组织教学建议

第一，讲清楚“票决制”的宪法基础和权力来源。“票决制”的权力基础是宪法赋予人大的重大事项决定权。宪法规定中华人民共和国的一切权力属于人民，人民行使国家权力的机关是全国人民代表大会和地方各级人民代表大会。《中华人民共和国地方各级人民代表大会和地方各级人民政府组织法》规定的地方人大重大事项决定权主要体现在第 11 条，内容包含：审查和批准本行政区域内的国民经济和社会发展规划纲要、计划和预算及其执行情况的报告，讨论、决定本行政区域内的政治、经济、教育、科学、文化、卫生、生态环境保护、自然资源、城乡建设、民政、社会保障、民族等工作的重大事项等。“票决制”是从重大事项决定权中派生出来的权力行使方式之一，是人大既有制度的激活，是对人大重大事项决定权制度的实践和完善。

第二，明确案例主题，向学生讲明“票决制”是“为民办实事”长效机制的升级版，其设计初衷是将人民群众关心的“关键小事”转化为政府着力完成的“民生大事”。“票决制”案例突出反映了民主不是用来做摆设的而是用来切实解决人民群众关心的实际问题这一主题。建议教师在引用这一案例时将“票决制”解决民生问题的实效性与西方民主的形式性和虚伪性进行对比，通过比较凸显全过程人民民主是社会主义民主政治的本质属性，是最广泛、最真实、最管用的民主。

第三，梳理“票决制”的流程，引导学生充分学习和了解“票决制”经过了一个试点、推广、标准化、形成法规的发展过程，在这一过程中形成了“群众提议、代表决定、政府办理、百姓评价”的完整流程，其中每一个环节都有许多具体的经验做法。建议教师将“票决制”的流程与全过程人民民主的实践即民主选举、民主协商、民主决策、民主管理、民主监督相对应，以此说明全过程人民民主的全链条属性。同时，在明晰案例主线和总结“票决制”流程的基础上，可以引申出另一条辅线，即群众、人大、政府等的协同。其中群众提议即民生项目实施由“为民做主”向“由民做主”转变体现人民当家作主，代表投票表决赋予民生项目强制性体现依法治国，政府落实民生实事项目是中国共产党全心全意为人民服务根本宗旨的体现。“票决制”各主体的协同配合正是党的领导、人民当家作主、依法治国有机统一的体现。建议教师通过对“票决制”相关主体关系的分析，突出中国特色社会主义民主政治的优越性，引导学生树立制度自信。

第四，挖掘“票决制”的深层意义，将民生、民主、民心相结合，以此说明全过程人民民主具有凝聚共识、改善治理的功用。“票决制”是践行全过程人民民主的有效形式，同时“票决制”在改善民生的过程中也具有衍生效应。比如，人民代表大会在乡镇和街道一级普遍成立居民议事组织，这一组织拉近了代表和人民群众的距离，使民意表达有了便捷通道，使代表履职有了常规载体，更使基层治理有了协商民主的抓手。建议教师在由

“票决制”推动设立居民议事组织这一方面加以延伸，以此说明全过程人民民主对推动基层治理的积极意义。

总结提升建议

第一，民主不是装饰品，不是用来做摆设的，而是用来解决人民群众需要解决的问题的。首先，全过程人民民主的制度安排、出发点和落脚点都是为人民谋幸福，体现了国家一切权力属于人民的宪法理念，体现了中国共产党全心全意为人民服务的根本宗旨。“票决制”发端于习近平在浙江工作时提出的“为民办实事”长效机制，是“为民办实事”长效机制的升级版，这一制度的设计初衷就充分说明了全过程人民民主的实质性。同时“票决制”在浙江全面开展 7 年多来，确定了 5 万多件民生实事项目，推动解决了老旧小区加装电梯、城乡公交一体化建设等一大批事关群众切身利益的民生问题，以实际行动证明了全过程人民民主解决民生问题的实效性。其次，全过程人民民主既讲政治上的民主又讲经济上的民主，防止出现人民形式上有权而实际上无权的现象。“票决制”由人大代表投票表决民生实事项目，使民生实事项目由原先“政府部门自己定自己办”转变为“群众提议、代表决定、政府办理、百姓评价”，实现了政府决策与群众需求的精准对接。在解决民生实事的基础上，浙江省逐步探索将政府主导的以公共效益为主的项目投资（交通、教育、医疗等）纳入“票决制”实施范围，推进“票决制”深入发展，也进一步扩大了人民群众的民主权利。最后，评价一个国家政治制度是不是民主的、有效的，人民群众能否畅通表达利益要求、社会各方面能否有效参与国家政治生活是重要标准。“票决制”的闭环流程体现了人民群众具有民主选举、民主协商、民主决策、民主管理、民主监督的广泛权利。“票决制”用“民声”定“民生”，以“民主”通“民心”，通过一系列制度安排解决民生福祉问题，充分说明发展全过程人民民主，有助于我国社会主义民主政治更加规范，人民当家作主更为扎实。

第二，发展全过程人民民主需要更好地发挥人民代表大会制度优势。一方面，人民代表大会是践行全过程人民民主的重要制度载体。全过程人民民主的一个重要特性是广泛的人民性，而人民代表大会代表人民行使国家权力，人民代表大会制度在制度安排和程序设计上，都始终贯彻国家一切权力属于人民的宪法理念。因此，发展全过程人民民主要坚持完善人民代表大会运行制度机制，保证人民通过法定的途径、渠道、方式、程序全过程参与人大各方面各环节工作，确保党和国家在决策、执行、监督、落实各个环节都能听到来自人民的声音。比如，“票决制”始终立足于人大法定职能，把行使决定权和监督权有机结合起来，充分发挥人大代表的作用，借助人大的民主民意表达平台和载体，通过调研、座谈、咨询、公开征求意见等多种方式最大限度吸纳民意、汇集民智、凝聚民力，实现民生、民主、民心的有机统一。另一方面，践行全过程人民民主是推动人民代表大会制度与时俱进、完善发展的重要抓手。人民代表大会制度具有显著优势，并不意味着它已经完美无缺了，而是需要适应时代发展和人民要求不断完善、不断健全。我们要把坚定制度自信和不断改革创新统一起来，坚守根本、增强优势，使人民代表大会制度更加完善成熟，发挥出更强大的治理效能，为满足人民日益增长的美好生活需要提供制度保障，为应对风险挑战提供强大制度支撑。比如，“票决制”通过对民生项目的征集、票决和监督、评议，解决了基层人大决定权相对弱化、使用频率过低、范围过于宽泛等矛盾，强化了基层人大依法监督的权威性，激发了基层人大代表依法履职、主动履职、常态化履职的热情。依托街道人民代表大会工委和居民议事组织等机构设置，为人大代表闭会期间有效履职搭建了平台，使人大代表活动有了实质性载体，履职方式由“虚”转“实”，推动人大尤其是基层人大组织制度和工作制度不断健全完善。

第三，发展全过程人民民主需要扩大人民有序政治参与，以协商聚共识，以共识固团结。作为国家形式和国家形态的民主，其功能应该是产生“公意”、达成共识，而不是分裂、对抗。美西方国家常常宣传全民公决的民主价值，但公决的结果往往是分离、撕裂甚至对抗。与之对比，全过程人民民主的运行过程是形成最大公约数、达成共识的过程。虽然在决策程序中，我们也有多数赞成才能通过的规定，但在表决之前有一系列的调查研究、征求意见、讨论、审议的制度和程序安排，也就是说在表决前就已经形成了基本共识，因此不是没有过程的简单粗糙的“多数决”。比如，“票决制”程序设计的第一个环节就是广泛征集群众意见建议，通过红茶议事会、田园议事会、民生议事堂等基层协商组织为人民群众参与公共决策和监督公共事务提供制度载体，为民意介入公共决策提供可行路径。“票决制”由群众提议然后广泛协商最后由人大代表投票决定的程序设计，既有国家权力机关实行票决民主的内涵，又兼容社会主义协商民主的优势，把票决结果的刚性与协商过程的柔性很好地结合起来，改变了以往政府民生实事项目由政府单方拍板决定的状况，充分体现了民情民意，实现了多元利益的权衡和整合，充分体现了民主协商的真谛，有利于凝聚共识。

第四，全过程人民民主有助于激发自治活力，推进基层治理现代化。基层治理是国家治理的基石，推动基层治理必须践行全过程人民民主理念，建立多元主体合作、多种方式并举、多类资源联动的共治体系，打造共建共治共享的社会治理格局。结合案例来看，“票决制”通过聚焦民生问题，推动党的领导、人民当家作主、依法治国有机统一，不断推进制度和程序创新，为提升基层治理能力提供了有效载体。首先，“票决制”依托人民代表大会制度平台，设立街道一级人民代表大会工委和居民议事组织，发挥人大代表和人民群众在民主选举、民主协商、民主决策、民主管理、民主监督方面的作用，实现政府治理和社会参与、群众自治的良性互动。其次，“票决制”贯穿了党委决策、人大决定、政府执行、公众参与的权力运行设计理念，用法治思维构建新型的基层治理体系，用法治方式规范基层治理主体之间的关系，使党委、人大、政府的角色定位更加明确，职责边界和事权划分更加清晰，有利于解决基层治理主体“缺位”“越位”“错位”的问题。最后，“票决制”创新了载体、优化了平台、拓宽了渠道，把坚持党的领导、人民当家作主、依法治国有机统一于基层民主政治实践，能够不断完善基层民主制度，是推进基层治理体系和治理能力现代化的有效切入口。

启示意义

第一，好的民主必须坚持将实质民主与程序民主相统一。全过程人民民主是实质民主，是真正能够回应和解决老百姓问题的民主，同时全过程人民民主也具有严格的程序意识，完善规范的程序为实现民主目的提供了保障。“票决制”为解决民生问题而创立，体现了民主解民生的实质性，同时“票决制”在实施过程中形成了闭环操作模式，其完整流程和单一环节的规范操作体现了民主的程序性。“票决制”将实质民主与程序民主相统一，保证了全过程人民民主在具体运行中的真实有效性，也为其在全国范围推广提供了依据。

第二，基层治理是实现国家治理体系和治理能力现代化的基石。“票决制”在浙江的成功实践充分说明基层治理既是国家治理的“最后一公里”，也是人民群众感知公共服务效能的“神经末梢”。只要及时呼应人民群众之所需，持续推动基层治理理念、制度、机制、方法创新，就能不断夯实国家治理体系和治理能力现代化的基石，以“基层善治”推进“中国之治”。

案例 18

民法典：伟大时代的法治荣光

核心阅读

法律是治国之重器，良法是善治之前提。2020 年 5 月 28 日，十三届全国人大三次会议审议通过了《中华人民共和国民法典》，正式宣告中国迈入“民法典时代”。这是新中国历史上首部以“法典”命名的法律，是党坚持全面依法治国、推进法治中国建设的重大成果，是在新时代中国特色社会主义事业奋斗征程上树起的一座法治丰碑。民法典扎根中国土壤、紧扣时代脉搏，彰显中华民族的精气神，具有鲜明中国特色、体现时代特点、反映人民意愿。民法典的制定实施对建设中国特色社会主义法治体系、推进全面依法治国具有重大意义，为实现国家治理体系和治理能力现代化注入了法治力量，也为全面建成社会主义现代化强国、实现第二个百年奋斗目标，以中国式现代化全面推进中华民族伟大复兴提供了有力的法治保障。

盛世修典。2021 年 1 月 1 日，伴随着新年的钟声响起，一部万众瞩目的法律“飞入寻常百姓家”——《中华人民共和国民法典》开始实施。这是新中国成立以来第一部以“法典”命名的法律，开启了法典编纂的先河，也标志着中国的“民法典时代”正式开启。

7 编、1 260 条、超 10 万字，这是中国法律史上一部前所未有的“大部头”。从市场经济运行到百姓日常生活，民法典的每一条规定无不为人民而书写。“市场经济的基本法”“权利保障的宣言书”“社会生活的百科全书”……民法典的重要意义由此可见一斑。

将时间的指针拨回到 2020 年 5 月 28 日下午，北京，人民大会堂，十三届全国人大三次会议以 2 879 票赞成、2 票反对、5 票弃权，表决通过《中华人民共和国民法典》，会场顿时响起雷鸣般的掌声。

这掌声中有敬意，几代法律工作者的努力终有回报。

这掌声中有喜悦，亿万人民的“民法典梦”一朝得圆。

这掌声中有希冀，人民权利的保护从此将更上层楼。

这是一部体现党的宗旨使命的民法典

法治兴则民族兴，法治强则国家强。新中国成立后，我国曾四次启动民法典制定工作，但最终都因为条件不成熟而搁置。2014 年 10 月，党的十八届四中全会提出了编纂民法典这一重大立法任务，这是以习近平同志为核心的党中央作出的重大法治建设部署。在党的有力领导下，在社会各界的共同努力推动下，五年磨一剑，承载着几代立法者、法律工作者乃至亿万人民梦想的民法典终于颁布实施，这也映射出一个民族不懈奋进的精神面貌。

作为新中国成立以来第一部以“法典”命名的法律，民法典也是条文最多的一部法律。1 260 个法条对应着细致入微的民生关切，保证人民依法享有广泛的权利和自由、承担应尽的义务。比如总则编以专章形式，尽可能对民事主体享有的各种权利进行详细列举，并留有发展空间；物权编加强对建筑物业主权利的保护，增加规定居住权；合同编加大对债权实现的保护力度；人格权独立成编；等等。这些制度安排充分体现了以人民为中心的发展思想，有助于满足人民日益增长的美好生活需要。

这是一部具有鲜明中国特色的民法典

民法典是诠释民族精神的立法表达，引领传统美德和社会公德深入人心，促进德治与法治相得益彰。厚重的民法典将“社会主义核心价值观”置于条文之首，庄重醒目，其精神理念也深深地注入我国民事法律制度的价值内核之中：对禁止结婚的情形进行完善，明确夫妻共同债务范围，设立离婚冷静期……弘扬相敬如宾、相濡以沫的优良传统；将“树立优良家风”写进法律，弘扬家庭美德；完善代位继承制度，减少遗产纠纷；为解决小区纠纷提供法律依据，维护和谐邻里关系；规定“自助行为”制度，引导社会成员合理维权；完善离婚损害赔偿制度，保护无过错方权益；鼓励见义勇为，明确减免救助人责任，不让“英雄流血又流泪”……民法典树立了鲜明价值导向，引领公序良俗，彰显法安天下、德润人心。

这是一部充分体现时代特点的民法典

现代科技发展日新月异，在推动社会进步的同时，也为法律变革提供了强大动力。民法典积极回应当下生命科技、信息科技发展带来的一系列问题：优化了电子合同的订立规则，充分保护电子商务迅猛发展条件下的消费者权益，就网络侵权明确了平台责任、增加了不侵权声明的规定等，对数字经济发展的基本要素进行了规制。在信息化时代，对名誉、隐私等的侵害呈现出与过去截然不同的形式和程度，加强人格权保护成为世界各国共同面临的课题。为此，民法典在人格权编中设定“隐私权和个人信息保护”专章，明确规定“自然人享有隐私权”，要求任何组织或者个人“不得以刺探、侵扰、泄露、公开等方式侵害他人的隐私权”，并对侵害他人隐私权、泄露或篡改个人信息的行为作出禁止性规定，为互联网时代的民事权利保护提供了有力保障，也为解决 21 世纪人类面临的共同问题贡献了中国智慧。

这是一部有效反映人民意愿的民法典

从呱呱坠地享受百般关爱，到两鬓如霜儿孙绕膝，从清晨迎接第一缕阳光，到下班回家休息打开电视，我们时时刻刻都在与民法打交道，受法律规制，受法律保护。民法典画卷上烙下了深深的人民印记，这是关乎 14 亿多人民生老病死、衣食住行的“权利宣言”。

享受天伦之乐，却不知孩子几岁能打酱油？民法典总则编告诉你，限制民事行为能力人的年龄标准已经从 10 岁调整为 8 岁。迎来“乔迁之喜”，却遭遇蛮横物业？民法典合同编规定了物业服务合同，更好保障业主权利。暮年想修改遗嘱，却已无力前往公证处？民法典继承编增加了录像等新的遗嘱形式，公证遗嘱也不再效力优先。去世亲人的照片被人恶意损毁，珍藏多年的书籍被借走后“一去不返”，遭遇物质与心灵的双重创伤时，法律能否给出解决办法？民法典侵权责任编作出回应：扩大精神损害赔偿范围。从总则编明确规定胎儿利益保护，到婚姻家庭编加大对婚姻无过错方的保护力度，再到继承编强调尊重立遗嘱人的真实意愿……对个人权利实现“从出生到坟墓”的全面保护，是民事法律的价值归属，更是民法典的鲜明态度。

这是一部坚持科学立法、民主立法的民法典

民法典的制定实施，是一场新时代科学立法、民主立法、依法立法的生动实践。编纂一部符合我国国情和实际，体例科学、结构严谨、规范合理、内容完整并协调一致的民法典，离不开坚强的领导核心和科学的思想指引。2016 年 6 月、2018 年 8 月、2019 年 12 月，习近平三次主持中央政治局常委会会议，听取并原则同意全国人大常委会党组就民法典编纂工作所作的请示汇报，对民法典编纂工作作出重要指示，为民法典编纂工作提供了重要指导和基本遵循。

全国人大常委会 10 次审议，10 次通过中国人大网公开征求意见，累计收到 42.5 万人提出的 102 万条意见建议，3 次组织全国人大代表研读讨论，针对意见反映集中、争议较大的问题专门召开座谈会……一场广泛而热烈的“民法典大讨论”，成为法治中国的亮丽风景。

这是一部推动中国之治的民法典

法者，治之端也。翻开民法典，不仅能看到它无微不至的全方位呵护，更能在每一个民事权利保障里，清晰可见那些浓缩其上的关于国家治理的宏伟构想：民法典规定了市场经济的基本法则和人民生活的基本行为准则，是民事司法的基本依据，因此被视为法治现代化的重要标志，是国家治理现代化的重要保障。民法典的颁布实施，将进一步完善我国民商事活动的基本规则，为民商事活动提供基本遵循，有效健全经济秩序、维护交易安全，营造良好的法治化营商环境，促进社会主义市场经济健康发展，有效推进法治国家、法治政府、法治社会一体建设，推动中国之治进入更高境界。

立善法于天下，则天下治。中国特色社会主义进入新时代，需要一部与新时代国家发展、民族复兴相适应的伟大法典，民法典的制定恰逢其时。历史必将证明，民法典符合中国国情、体现时代特色、反映人民意愿，将正确调整民事法律关系，更好保护民事主体合法权益，维护社会经济秩序，保障人民美好生活，为新时代坚持和完善中国特色社会主义制度、实现中华民族伟大复兴的中国梦提供完备的民事法治保障。

思考讨论

1. 民法典是中国特色社会主义法治建设的重大成就。结合案例内容，你认为民法典彰显了怎样的中国特色和时代特征？

2. 党的十八大以来，以习近平同志为核心的党中央创造性提出关于全面依法治国的一系列新理念新思想新战略，形成了习近平法治思想，推动法治中国建设开创新局面。谈谈你对习近平法治思想的认识理解。

3. 结合自身实际，谈谈大学生可以通过哪些切实行动推动民法典的有效实施、为推进法治中国建设贡献青年力量。

教学建议

本案例主要适用于第九章第二节“建设中国特色社会主义法治体系”部分的辅助教学。案例主要介绍了新中国成立以来第一部法典——《中华人民共和国民法典》的审议通过和颁布实施情况，展现了民法典具有鲜明中国特色、体现时代特点、反映人民意愿的显著特征，以及在推进全面依法治国、推进国家治理体系和治理能力现代化等方面所发挥的重要作用，同时也体现了中国特色社会主义法治建设所取得的历史性成就。

组织教学建议

第一，本案例主要适用于教学总结提升环节，能够起到深化教学内容的作用。可以在完成“建设中国特色社会主义法治体系”这一知识点的理论讲解之后组织学生围绕本案例开展讨论和学习。全面依法治国是国家治理的一场深刻变革，是中国特色社会主义事业的重要组成部分，民法典就是在推进全面依法治国战略布局过程中所取得的重大法治建设成果，彰显了习近平法治思想的指导，也体现了中国特色社会主义法治道路的特点和优势。对民法典颁布实施过程和特点作用的讨论学习，有助于学生从中国特色社会主义事业的全局和战略高度深化对全面依法治国的理解和认识。

第二，运用本案例进行教学时应注意发挥思想政治理论课的特色和优势。与法学专业课不同，思想政治理论课应重在讲解民法典所蕴含的法治精神，引导学生深化对党领导下的中国特色社会主义法治事业的认识，而不是对民法典的条款内容进行理论讲解。因此，教学中既要围绕民法典的相关条款展开，但又不能局限于对条款内容的分析，而是要向学生揭示法律条款背后所蕴含的法治理念和精神，如民法典把社会主义核心价值观融入法律条文中，坚持将依法治国与以德治国有机结合，体现了鲜明的中国特色。为了阐释这一特点，教学中可以引用民法典的相关条款来举例说明。如民法典第 1 条便开宗明义地将“弘扬社会主义核心价值观”作为立法目的之一——“为了保护民事主体的合法权益，调整民事关系，维护社会和经济秩序，适应中国特色社会主义发展要求，弘扬社会主义核心价值观，根据宪法，制定本法。”再如总则编确立的平等、自愿、公平、诚实信用、公序良俗和绿色原则，婚姻家庭编第 1043 条规定的“家庭应当树立优良家风，弘扬家庭美德，重视家庭文明建设。夫妻应当互相忠实，互相尊重，互相关爱；家庭成员应当敬老爱幼，互相帮助，维护平等、和睦、文明的婚姻家庭关系”，都表明我国在法治建设中强化法律规则的道德约束和道德规范的法律支撑，并通过社会主义核心价值观在民法基本原则层面的转化和表达为我国民事法律制度注入强大的道德力量。

第三，教学中可以对案例进行适当拓展，并组织学生围绕民法典相关理念、具体条款和热点法治事件进行讨论。民法典的一个突出特点就是立足社会发展热点难点，聚焦百姓身边的“堵点”“痛点”，以立法回应人民群众所急所需所盼：回应公众对性骚扰行为的深恶痛绝，明确有关认定标准和单位制止性骚扰的义务，聚焦各界反映强烈的“霸座”“抢方向盘”现象，细化客运合同双方的权利义务，破解高空抛物坠物难题，维护小区业主合法权益，明确禁止高利放贷……这些规定与我们个人的生活都密切相关，也是学生所关心的热点问题，因此教学中可以组织学生就相关事例进行讨论，进而使其深化对民法典理念精神的认识，深化对中国特色社会主义法治体系的理解。

第四，本案例的教学要让学生懂得：民法典的颁布实施是我们在法治轨道上推进国家治理体系和治理能力现代化的又一个里程碑事件，是新时代社会主义法治建设的重大成果，对完善中国特色社会主义法治体系、全面推进依法治国具有重要意义。大学生作为肩负民族复兴重任的时代新人，应该自觉学习遵守民法典的相关规定，为中国特色社会主义法治事业贡献力量。

总结提升建议

第一，民法典的颁布实施生动展现了新时代坚持全面依法治国、推进法治中国建设所取得的历史性成就和法治中国建设的宏伟蓝图。民法典的颁布实施，体现了我国社会主义性质、符合人民利益与愿望、顺应时代发展要求，是全面贯彻习近平法治思想、坚定不移走中国特色社会主义法治道路的生动实践，彰显了鲜明的中国特色、实践特色、时代特色。2020年5月29日，中共中央政治局就“切实实施民法典”举行第二十次集体学习，习近平强调，民法典在中国特色社会主义法律体系中具有重要地位，是一部固根本、稳预期、利长远的基础性法律，对推进全面依法治国、加快建设社会主义法治国家，对发展社会主义市场经济、巩固社会主义基本经济制度，对坚持以人民为中心的发展思想、依法维护人民权益、推动我国人权事业发展，对推进国家治理体系和治理能力现代化，都具有重大意义。民法典是权利的宣言，更是国家治理的重要遵循和依靠，因此对民法典的特征和重大意义的理解应抓住以下几个方面：为坚持和完善中国特色社会主义制度提供法治保障，促进社会主义市场经济健康发展，间接发挥规范权力行使的重要功能，有效推进法治国家、法治政府、法治社会一体建设，促进德治与法治相得益彰，为人民追求美好生活保驾护航等。

第二，民法典的颁布实施体现了坚持全面依法治国的思想内涵和重要要求，是全面依法治国的重要载体。党的十九届六中全会通过的《中共中央关于党的百年奋斗重大成就和历史经验的决议》以“十个明确”系统概括习近平新时代中国特色社会主义思想核心内容，其中之一是“明确全面推进依法治国总目标是建设中国特色社会主义法治体系、建设社会主义法治国家”。提出这个总目标，既明确了全面推进依法治国的性质和方向，又突出了工作重点和总抓手，对全面推进依法治国具有纲举目张的重要意义。全面推进依法治国，是解决党和国家事业发展面临的一系列重大问题、解放和增强社会活力、促进社会公平正义、维护社会和谐稳定、确保党和国家长治久安的根本要求。民法典就是推进全面依法治国的重要抓手，确立了组织社会的基本法律框架，法典中的很多规定都与国家机关直接相关，直接涉及公民和法人的权利义务关系，是新时代全面推进依法治国、坚持在法治轨道上推进国家治理体系和治理能力现代化的“法律重器”。

第三，民法典的编纂是贯彻习近平法治思想的生动实践。作为习近平新时代中国特色社会主义思想的“法治篇”，习近平法治思想是新时代全面依法治国的指导思想和根本遵循。党的十八大以来，习近平高度重视全面依法治国，指导推动了社会主义法治建设取得历史性成就、发生历史性变革，全面依法治国实践取得重大进展。2020 年 11 月召开的中央全面依法治国工作会议，第一次以党中央工作会议的形式研究部署了全面依法治国，明确了习近平法治思想的指导地位。从内容上看，习近平法治思想立足新时代中国特色社会主义伟大实践，全面系统地创新发展了中国特色社会主义法治理论，实现了马克思主义法治理论的新飞跃，深刻回答了新时代为什么实行全面依法治国、怎样实行全面依法治国等一系列重大问题，是一个内涵丰富、论述深刻、逻辑严密、体系完备、博大精深的法治思想理论体系。民法典的编纂实施就是在习近平法治思想指导下取得的重大法治建设成果，也生动体现了习近平法治思想的科学内涵：党的领导是编纂实施民法典坚强有力的政治保障，以人民为中心是编纂实施民法典的根本宗旨，中国特色社会主义法治道路是编纂实施民法典的必由之路，编纂实施民法典是建设中国特色社会主义法治体系的重要内容等。

第四，大学生应从自身实际情况出发学习遵守民法典，做社会主义法治的忠实崇尚者、自觉遵守者、坚定捍卫者。法律的生命在于实施，实施民法典是一项系统工程、长期工程，需要各方面共同努力，常抓不懈。要充分发挥民法典的重要作用，就要让立法、执法、司法、守法各环节各司其职，让广大人民群众共同参与，让民法典的精神和内容内化于心、外化于行，融入日常生活，成为全体社会成员的行为规范，使尊法学法守法用法在全社会蔚然成风。为此，全社会应认真落实习近平的重要指示，广泛开展民法典普法工作，将其作为“十四五”时期普法工作的重点来抓，引导群众养成自觉守法的意识，形成遇事找法的习惯，培养解决问题靠法的意识和能力；要把民法典纳入国民教育体系，对青少年进行民法典教育。当代大学生要承担起民族复兴大任，不仅要提高思想道德修养，还要努力提高法治素养。而且对处于世界观、人生观、价值观形成阶段的青年学生来说，学习民法典不仅是一次普法的过程，更有利于树立契约精神、规则意识和诚信意识。据此，大学生要认真学习民法典的内容和精神，自觉遵守其相关规定，积极提高自身法治素养，做新时代的“护法人”。

启示意义

“国无常强，无常弱。奉法者强则国强，奉法者弱则国弱。”全面依法治国是国家治理的一场深刻革命，关系党执政兴国，关系人民幸福安康，关系党和国家长治久安。民法典的编纂实施是党领导推进全面依法治国进程中取得的重大法治成果，彰显了中国特色社会主义法治道路、理论和文化的科学性、先进性，民法典的编纂历程也是贯彻习近平法治思想的生动立法实践。当前，我国正处在实现中华民族伟大复兴的关键时期，世界百年未有之大变局加速演进，改革发展稳定任务艰巨繁重，对外开放深入推进，需要更好发挥法治固根本、稳预期、利长远的作用，在法治轨道上全面建设社会主义现代化国家。青年学生作为时代新人，要认真学习法律知识、提升法治素养，为法治中国建设不断迈上新台阶、谱写新篇章奉献新智慧！

案例 19

尽锐出战，谱写一曲荡气回肠的抗疫战歌

核心阅读

面对突如其来的新冠疫情，在以习近平同志为核心的党中央坚强领导下，14 亿多中国人民同呼吸、共命运，肩并肩、心连心，绘就了团结就是力量的时代画卷，打赢了抗击疫情的人民战争。3 年多的抗疫历程，是广大医务人员白衣为甲、逆行出征、舍生忘死、不负使命的全景记录：武汉疫情最吃紧的时候，党中央一声令下，八方驰援，4.26 万名白衣战士逆行出征，多地重症救治专业人员尽锐出战，800 余万件防护服、超过 7 万台医疗救治设备紧急调度……那一个个奔忙而坚定的身影，那一张张疲惫却坚毅的面孔，是强大信念意志汇聚成的一往无前的钢铁洪流，是无数血肉之躯筑起的抵御疫情的新的长城，生动诠释了社会主义核心价值观和中华优秀传统文化所孕育的伟大抗疫精神。致敬英雄的人民！致敬人民的英雄！

沧海横流，方显英雄本色；风高浪急，更见砥柱中流。面对新冠疫情这一新中国成立以来我国遭遇的传播速度最快、感染范围最广、防控难度最大的重大突发公共卫生事件，中国经历了一场惊心动魄的抗疫大战，也经受了一场艰苦卓绝的历史大考。在中国共产党的领导下，14 亿多中国人民众志成城、团结一心，取得了抗击新冠疫情斗争的重大战略成果，创造了人类同疾病斗争史上又一个英勇壮举，涌现出一大批可歌可泣的先进典型和感人事迹。从白衣执甲的医护人员到大爱无疆的志愿者，从紧急攻关的科研人员到坚守岗位的社区工作者……千千万万个普通人挺身而出、慷慨前行。英雄的中华儿女，敢于斗争、敢于胜利，以生命赴使命、用大爱护众生，深刻诠释了英雄本色和家国情怀，充分展现了中国人民的平凡与伟大。

白衣执甲，逆行出征

在汹涌的疫情面前，全国数百万名医务人员奋战在抗疫一线，给病毒肆虐的漫漫黑夜带来了光明，生死救援情景感天动地。他们以“一寸丹心图报国”的爱国心，“岂曰无衣，与子同袍”的血脉情，同时间赛跑、与病魔较量，点亮生命之光。

自 2020 年 1 月 24 日除夕至 3 月 8 日，全国共调集 346 支国家医疗队、4.26 万名医务

人员、900 多名公共卫生人员驰援湖北，其中重症、感染、呼吸等专业超过 1.6 万人，与湖北同仁并肩战“疫”。更有钟南山、李兰娟、王辰、张伯礼、陈薇、黄璐琦、仝小林等人组成的院士“逆行团”冲在了防疫最前线，为疫情防控和医疗救治贡献智慧。

他们是光明的使者、希望的使者！阴云密布、前线告急之际，一束束光率先刺破黑夜的铁幕，那是除夕寒夜雷霆出征的陆海空三军医疗队，那是五湖四海集结出征的医疗队、医护人员和最顶尖的院士专家，那是毅然决然联袂出征的夫妻档、父子兵、兄弟连……舍生忘死、全力以赴，点燃胜利的火种，照亮前行的道路。生死一线时，与患者跳入同一个战壕，拼尽全力与死神搏斗，不抛弃、不放弃每一个鲜活生命……再臃肿的防护服也挡不住忙碌的脚步，再严实的口罩也遮不住天使的面庞。他们是真正的英雄，是最美的天使，是新时代最可爱的人！他们的名字和功绩，国家不会忘记，人民不会忘记，历史不会忘记，将永远铭刻在共和国的丰碑上！

2020 年 8 月 11 日，习近平签署主席令，授予钟南山“共和国勋章”，授予张伯礼、张定宇、陈薇“人民英雄”国家荣誉称号，这是对抗疫英雄的最高礼赞。“共和国勋章”获得者钟南山院士说，“健康所系，性命相托”，就是我们医务人员的初心。欣逢盛世当不负盛世。“人民英雄”张伯礼院士在参与抗击非典时的誓言历经十数年而不改：国有危难时，医生即战士。宁负自己，不负人民……我奉国以满腔赤诚，国待我以至高礼遇。抗疫英雄模范们接受的是国家的荣誉，也是人民的礼赞，我们见证的则是精神的闪光，也是历史的回响。

勠力同心，构筑起钢铁长城

面对来势汹汹的疫情，全国各族人民和衷共济、风雨同舟，凝聚起坚不可摧的磅礴之力。“天使白”“橄榄绿”“守护蓝”“志愿红”迅速集结，“我是党员我先上”“疫情不退我不退”，各条战线的抗疫勇士临危不惧、舍生忘死，全国人民把个人冷暖、集体荣辱、国家安危融为一体，展现了敢于压倒一切困难而不被任何困难所压倒的顽强意志。从抗疫最前线到防疫大后方，从“天涯海角”到“漠河北极”，从雪域高原到黄浦江畔，亿万中国人民并肩站立、携手行动，筑起打不垮、推不倒的巍巍长城。

2020 年 2 月 10 日下午，习近平来到北京市朝阳区安华里社区。戴口罩，卷袖子，量体温，在社区居委会，他身体力行，号召全民战“疫”：“新冠肺炎疫情防控工作是一场人民战争，要相信群众、发动群众，充分发挥社区在疫情防控工作中的‘阻击作用’。”

抗击疫情是一场全民行动。人民子弟兵闻令而动、勇挑重担，不负重托、不辱使命；广大社区工作者、公安干警、基层干部、下沉干部、新闻工作者、志愿者不惧风雨、坚守一线，走访排查、体温测量、消毒消杀、转运收治、采访报道、代购代送……环卫工人准时出现在清早的街头，外卖小哥及时送达每个订单，农民兄弟按时播下希望的种子，无数劳动者坚守岗位、辛勤工作。冲在第一线是抗疫，戴口罩、不聚集是抗疫，“闷”在家里管好自己和家人也是抗疫。无论是在战“疫”攻坚阶段，还是疫情防控转入常态化后，14 亿多中国人民都是抗击疫情的伟大战士，都坚守着各自责任，构筑起无处不在的人民防线。

放眼中国大地，奔忙在武汉大街小巷代购生活物资的“青年跑团”，值守在北京社区街面的“朝阳群众”“西城大妈”“首都民兵”，无私捐献蔬菜米面的农民，加班加点生产抗疫物资的工人……各行各业的人们积极投身到这场全民战“疫”之中，不断汇聚战“疫”必胜的力量。我们无法一一道出他们的名字，但正是无数的普通人，以守家即守国的担当，以护国即护家的赤诚，守护了这片宽广美丽的土地，守护了我们挚爱的亲人、亲爱的家乡。

青春，在抗疫一线闪光

在抗击疫情的斗争中，以“90后”为代表的青年一代挺身而出、担当奉献，让青春在党和人民最需要的地方绽放绚丽之花。他们是医护工作者，不畏艰险、冲锋在前、舍生忘死；他们是社区工作者，不分昼夜防控值守，只为守护万家灯火；他们是志愿者，每天扫码消毒，为居民采买生活物资；他们是参与修建火神山、雷神山医院的建设者，不眠不休地在工地奋战……他们不惧风雨、勇挑重担，用行动证明了新时代的中国青年是好样的，是堪当大任的！

2020年9月8日，习近平在全国抗击新冠肺炎疫情表彰大会上发表重要讲话，在表彰抗疫先进个人和先进集体时，突出肯定了青年一代的表现：在这次抗疫斗争中，青年一代的突出表现令人欣慰、令人感动。参加抗疫的医务人员中有近一半是“90后”“00后”，他们有一句话感动了中国：2003年非典的时候你们保护了我们，今天轮到我们来保护你们了。长辈们说：“哪里有什么白衣天使，不过是一群孩子换了一身衣服。”世上没有从天而降的英雄，只有挺身而出的凡人。青年一代不怕苦、不畏难、不惧牺牲，用臂膀扛起如山的责任，展现出青春激昂的风采，展现出中华民族的希望！让我们一起为他们点赞！

习近平曾深刻指出：“重大的历史进步都是在一些重大的灾难之后，中华民族就是这样在艰难困苦中历练、成长起来的。”中国人民和中华民族以敢于斗争、敢于胜利的大无畏气概，铸就了生命至上、举国同心、舍生忘死、尊重科学、命运与共的伟大抗疫精神，树立起中华民族发展史上又一座不朽丰碑。我们已经看到，英雄的中国人民在抗疫斗争伟大实践中造就了无愧于时代的无上光荣！我们坚定相信，英雄的中国人民必将在波澜壮阔的伟大斗争中创造民族复兴新的历史伟业！

思考讨论

1. 习近平在全国抗击新冠肺炎疫情表彰大会上深刻指出：“抗疫斗争伟大实践再次证明，社会主义核心价值观、中华优秀传统文化所具有的强大精神动力，是凝聚人心、汇聚民力的强大力量。”结合案例，谈谈社会主义核心价值观在抗击疫情过程中所发挥的重要作用。

2. 在这场同严重疫情的殊死较量中，中国人民和中华民族以敢于斗争、敢于胜利的大无畏气概，铸就了生命至上、举国同心、舍生忘死、尊重科学、命运与共的伟大抗疫精神。抗疫精神是社会主义核心价值观和中华优秀传统文化的时代表达，谈谈你对抗疫精神的认识理解。

3. 作为肩负民族复兴重任的时代新人，大学生应该如何以实际行动来弘扬和践行社会主义核心价值观？

教学建议

本案例主要适用于第十章第三节“以社会主义核心价值观引领文化建设”部分的辅助教学。案例主要介绍了中国人民在中国共产党领导下抗击疫情的英勇事迹，抗疫斗争伟大实践深刻证明了中国人民所具有的不屈不挠的意志力是战胜前进道路上一切艰难险阻的力量源泉，在社会主义核心价值观的引领下，在中华民族一直传承弘扬的集体主义传统和爱国主义情怀的涵养下，抗疫实践锻造了伟大抗疫精神这一精神密码，铸就了 14 亿多中国人民团结一心、众志成城的强大精神防线。

组织教学建议

第一，本案例主要适用于教学总结提升环节。在对社会主义核心价值观的深刻内涵和显著特征进行理论讲解的基础上，教师可以通过设计提问来引入案例：2019 年年末，新冠疫情突如其来，面对病毒肆虐、疫情蔓延，14 亿多中国人民在中国共产党的领导下交出了怎样的抗疫答卷？我们能够取得抗疫重大战略成果的精神密码是什么？带着这样的问题组织学生一起去感受英雄的中国人民众志成城抗击疫情的感人事迹，一起去追寻党领导人民战胜疫情的重要法宝。本案例的教学要让学生懂得：一个国家的繁荣，离不开榜样的引领；一个民族的强盛，离不开精神的支撑。中国人民在抗疫斗争中显示出高度的责任意识、自律观念、奉献精神、友爱情怀，充分彰显了弘扬社会主义核心价值观的重大意义，充分印证了中华优秀传统文化的强大力量。青年学生应该大力弘扬社会主义核心价值观和中华优秀传统文化，把家国情怀内化于心、外化于行，为实现中华民族伟大复兴中国梦贡献力量。

第二，为了让同学们更加直观地感受社会主义核心价值观和中华优秀传统文化的强大凝聚力，可以请同学在课堂上补充介绍他们所了解的抗疫模范和感人事迹，尤其是同学身边所发生的真实事例，比如他们自己以及父母亲友参与抗疫的实践等。这样的交流分享可以进一步增强案例教学的感染力，也有助于引导学生以更加直观、生动的方式来认识理解社会主义核心价值观和中华优秀传统文化的丰富内涵和强大感召力。

第三，教学中可以组织同学围绕案例内容进行科学的国际比较，引导学生在比较中更加深刻地认识理解社会主义核心价值观的内在意蕴、价值追求和本质特征。疫情的暴发和蔓延严重威胁世界各国人民的生命安全和身体健康，但各国政府和人民对待疫情的态度和所采取的应对举措却存在明显不同。在中国，面对生死考验，面对长时间隔离带来的巨大身心压力，广大人民群众生死较量不畏惧、千难万险不退缩，以各种方式为疫情防控操心出力。长城内外、大江南北，全国人民心往一处想、劲往一处使，把个人冷暖、集体荣辱、国家安危融为一体。但在有些国家，部分民众拒绝在公共场合戴口罩，反对“居家令”，部分政府秉持“资本至上”的价值立场，将民众健康与生命尊严置于政客、财阀等利益集团之下，大力宣传其所推行的“群体免疫”策略是“更高级的人道主义”，以消极态度应对抗击疫情的国际合作，将自己应对疫情不利的责任“甩锅”给其他国家。这两种表现形成鲜明对比，教学中可以组织学生分析探讨其背后的根源，从而揭示中国人民取得抗疫斗争重大战略成果的精神密码，解读中华民族穿越风雨、砥砺前行的文化基因，理解中国人的独特精神世界和百姓日用而不觉的价值观。

第四，可以运用相关文献和影视资料来辅助开展案例教学，提升案例教学的感染力和亲和力。2020 年 6 月 7 日，国务院新闻办公室发布了《抗击新冠肺炎疫情的中国行动》白皮书，全面记录了中国人民抗击疫情的伟大历程以及与国际社会分享中国抗疫的经验做法，阐明了全球抗疫的中国理念和中国主张。教师可以组织学生在课下阅读白皮书，并在课上结合白皮书的内容进行讨论交流，这样有助于学生形成对中国抗疫实践和成效更深层次的理性认识，更深刻理解社会主义核心价值观在推动社会发展进步中的价值引领作用。

总结提升建议

第一，社会主义核心价值观凝结着全体中国人民共同的价值追求，是中国人民取得抗疫斗争重大战略成果的重要精神动力。一个民族要实现复兴，既需要强大的物质力量，也需要强大的精神力量，需要有力的价值引领。习近平曾深刻指出："当高楼大厦在我国大地上遍地林立时，中华民族精神的大厦也应该巍然耸立。""为什么中华民族能够在几千年的历史长河中顽强生存和不断发展呢？很重要的一个原因，是我们民族有一脉相承的精神追求、精神特质、精神脉络。"社会主义核心价值观是中国特色社会主义道路、理论、制度和文化的价值表达，深刻彰显了社会主义的本质属性。新中国成立 70 多年来，从抵御地震、洪水、泥石流、雨雪冰冻等重大自然灾害，到抗击天花、血吸虫病、疟疾、非典等重大疫情，尤其是在这轮抗击疫情的斗争中，我们之所以能够不断在磨难中成长、从磨难中奋起，就在于有党和人民的坚强团结，有同舟共济、万众一心的民族文化传承，有核心价值观的凝心聚力。抗疫斗争中的一幕幕感人场景，也都积淀着中华优秀传统文化的厚重底色，诠释着社会主义核心价值观的丰富内涵，展现了新时代中国人民的精神品格。在中国特色社会主义新时代，面对艰巨繁重的改革发展稳定任务，我们必须大力弘扬社会主义核心价值观，为中国人民在新时代新征程上披荆斩棘、奋勇前进提供思想基础和精神动力。

第二，抗疫精神是社会主义核心价值观和中华优秀传统文化的时代表达。伟大的抗疫实践铸就了伟大的抗疫精神，这是中国精神的时代体现，是引领我们在新的征程上砥砺奋进的强大精神动力。中国人历来抱有家国情怀，崇尚天下为公、克己奉公，信奉天下兴亡、匹夫有责，从"大道之行，天下为公"的大同理想，到"民惟邦本，本固邦宁"的民本思想，从"同舟共济，患难与共"的家国情，到"亲仁善邻，协和万邦"的天下观，这些思想理念既根植于中华文明的思想精华，也凝结于中国特色社会主义制度内核的精神基因，并在危难来临之际深深涵育了伟大抗疫精神，为我们不畏艰险战"疫"到底提供强大动力：生命至上，集中体现了中国人民深厚的仁爱传统和中国共产党人以人民为中心的价值追求。举国同心，集中体现了中国人民万众一心、同甘共苦的团结伟力。舍生忘死，集中体现了中国人民敢于压倒一切困难而不被任何困难压倒的顽强意志。尊重科学，集中体现了中国人民求真务实、开拓创新的实践品格。命运与共，集中体现了中国人民和衷共济、爱好和平的道义担当。以“生命至上、举国同心、舍生忘死、尊重科学、命运与共”为核心的伟大抗疫精神，同中华民族长期形成的特质禀赋和文化基因一脉相承，是对爱国主义、集体主义、社会主义精神的传承和发展，是对社会主义核心价值观的生动诠释，丰富了民族精神和时代精神的内涵。

第三，大学生要积极培育和践行社会主义核心价值观，助力提高全社会的文明程度。疫情犹如大考，考出了令人赞叹的中国精神、中国力量、中国担当，考出了家的团结、国的凝聚、每个人的责任。在全国抗击新冠肺炎疫情表彰大会上，习近平高度评价在这次抗疫斗争中 14 亿多中国人民铸就起团结一心、众志成城的强大精神防线，强调只要不断培育和践行社会主义核心价值观，始终继承和弘扬中华优秀传统文化，我们就一定能够建设好全国各族人民的精神家园，筑牢中华儿女团结奋进、一往无前的思想基础，这也为新时代青年培育和践行社会主义核心价值观指明了方向。青年是祖国的未来、民族的希望，青年的价值取向，既关系着自身的成长成才，也决定了未来整个社会的价值取向。因此广大青年应深刻领会社会主义核心价值观的重要意义和科学内涵，成为社会主义核心价值观的坚定信仰者、积极传播者、模范践行者。具体到生活实际，青年学生要切实做到勤学、修德、明辨、笃实，使社会主义核心价值观成为一言一行的基本遵循，树立正确的世界观、人生观、价值观，坚定共产主义远大理想和中国特色社会主义共同理想，提高道德水准和文明素养，参与营造良好社会风气、培育时代新风新貌，以实际行动来诠释社会主义核心价值观的引领作用。

启示意义

面对疫情大考，中国共产党领导中国人民交上优异答卷，既有效应对了疫情蔓延，保障了人民群众生命安全和身体健康，也积极弘扬了中华优秀传统文化，充分发挥了社会主义核心价值观凝心聚力的价值引领作用，在与病毒的斗争中锻造形成了伟大的抗疫精神，为有效防控疫情提供了强大精神动力。要全面建设社会主义现代化国家、实现中华民族伟大复兴，就必须充分发挥社会主义核心价值观的引领作用，形成同心共圆中国梦的强大合力。青年是引风气之先的社会力量，也是培育和践行社会主义核心价值观的先锋力量，应从现在做起、从自己做起，树立正确的价值取向，努力把社会主义核心价值观的要求变成日常的行为准则，形成自觉奉行的理想信念，并身体力行地将其推广到全社会去，为实现国家富强、民族振兴、人民幸福的中国梦凝聚强大的青春能量。

案例 20

北京中轴线：赓续千年文脉，见证中华文明

核心阅读

文化一脉相承，古都千年同风。北京中轴线，始建于元代，成形、调整于明清时期，发展、保护于近现代，是中国传统都城中轴线发展至成熟阶段的杰出范例，展现出中华文明强大的生命力和延续性。历经12载准备并于2024年正式申遗成功的北京中轴线，是活化的文化遗产、物化的艺术结晶，是历史的足迹、文化的地标、精神的丰碑，是一个文明古国成长的史记、伟大民族奋斗的史诗，见证了影响中国都城营建传统2 000多年的理想都城秩序，表达了中国传统都城规划对于礼仪和秩序的强调，亲历了中国的历史变革，是国家礼仪文化与传统城市管理方式的有力物质见证。申遗成功，既是里程碑也是新起点，在贯彻落实习近平文化思想、建设社会主义文化强国的时代征程上，既要薪火相传、代代守护，也要与时俱进、守正创新，更要“像爱惜自己的生命一样保护好文化遗产”。这是高度的文化自信和坚强的文化意志，也是一个政党、一个国家、一个民族对文化的基本立场和深沉情怀。

当地时间2024年7月27日11时15分，在印度新德里召开的联合国教科文组织第46届世界遗产大会通过决议，将“北京中轴线——中国理想都城秩序的杰作”列入《世界遗产名录》。至此，中国世界遗产总数达到59项。

作为世界上现存最长、最完整的古代城市轴线，北京中轴线有着悠久的历史积淀，承载着延绵不绝的历史文脉：始建于13世纪，形成于16世纪，在7个多世纪的历史风云变幻中不断演进发展，时至今日形成了南起永定门、北至钟鼓楼的城市轴线。这条纵贯南北、连接古今的城市轴线，是一个长达7.8公里的巨大建筑群和城市空间的组合体，它将不同类型的历史遗存有机联系起来，承载着中华民族的智慧与精神，讲述着中华文明的历史与未来。

北京中轴线：这是一条空间线

北京中轴线，是指自元大都、明清北京城以来北京城市东西对称布局建筑物的对称轴，贯穿北京城区的中心，是北京城的空间规划之轴和文化之轴，更是北京这座城市的灵

魂线、生命线。这条轴线属于文化遗产中的“建筑群”类型，由古代皇家宫苑建筑、古代皇家祭祀建筑、古代城市管理设施、国家礼仪和公共建筑以及居中道路遗存等五大类遗存共同组成。其选址、格局、城市形态和设计体现了《周礼·考工记》所记载的理想都城范式，展现了中国古代王朝制度和城市规划传统，见证了北京城市的发展演变。

北京中轴线共包括 15 个遗产构成要素：钟鼓楼、万宁桥、景山、故宫、端门、天安门、外金水桥、太庙、社稷坛、天安门广场及建筑群（天安门广场、人民英雄纪念碑、毛主席纪念堂、中国国家博物馆和人民大会堂）、正阳门、南段道路遗存、天坛、先农坛、永定门。遗产区面积 589 公顷，缓冲区面积 4 542 公顷。在这种独特、丰富的景观形态中，历史古迹与现代建筑交相辉映，胡同民居与文艺园区相互衬托，浓缩的历史、宏大的规模、深厚的底蕴、均衡的格局、多样的景观，呈现出古典美、秩序美、交融美。著名建筑学家梁思成曾赞叹道，“北京独有的壮美秩序就由这条中轴的建立而产生”。

以中轴线为牵引，一座座古建筑、两侧的重点文物经过腾退修缮后重现历史风貌，一处处文化遗存再焕生机活力，助推老城的整体保护与复兴。这条诉说着 700 多年时光故事的古都之脊，正串联起一颗颗历史文化明珠，以庄重壮美的姿态，为世人铺展开一幅千年古都的城市空间新画卷。

北京中轴线：这是一条文化线

北京中轴线，不仅体现了北京城市发展的空间理念，更是中国传统都城中轴线发展至成熟阶段的杰出范例，是中华文明的历史见证。

中轴线秉承“中”“和”的哲学理念，遵循“象天法地”“山环水抱”的原则，依照“面朝后市”“左祖右社”的范式，以秩序的方式、审美的方式传承着中华文明的文化基因。线上一系列建筑杰作，故宫、太庙、天坛等都堪称中国建筑艺术的最高境界，它们的设计、规格、布局都是中国儒家礼仪制度的体现。中轴线上建筑的尺度、形态、色彩，中轴线城门、街巷、建筑群之间形成的空间，表达了清晰的秩序关系；中轴线上建筑的不同等级，中轴线周边官署、民居、寺庙等建筑形态，对中轴线上建筑及空间关系的烘托，使中国文化观念中的“礼制”得到了清晰、充分的物化。

在这条长达 7.8 公里的中轴线上，共有建筑单元 16 个，既有城门、道路，又有宫殿、坛庙，还有苑囿、市集，可谓建筑种类繁多，形式多样。这些建筑单元依其功能不同，有高有低，错落有致，进而形成了有规律的重复和有组织的变化，联系起宏伟庄严的国家礼仪场所和繁华热闹的市井街市，形成了前后起伏、左右均衡对称的景观韵律与壮美秩序，是中国传统都城中轴线发展至成熟阶段的典范之作，是统领北京老城规划格局的建筑与遗址的组合体，体现了统一中求变化、变化中求统一的均衡包容之美，生动诠释了中国“和”文化的精神内核。

北京中轴线：这是一条传承线

北京中轴线，是活着的文化遗产，是发展的城市空间，也是独特的文化符号，既浓缩了中国古代都城的历史变迁，也传承了中华文明延绵不绝的历史文脉。

2020 年，北京市大力推进中轴线申遗保护三年行动计划，文物腾退、文物保护、环境整治等 48 项重点任务有序开展。景山兴庆阁、社稷坛中山堂、正阳门箭楼等重点文物有序修缮，正阳桥遗址考古发掘出明代镇水兽遗存，钟鼓楼周边、景山三眼井等平房院落启动申请式退租……2023 年 1 月 28 日，《北京中轴线保护管理规划（2022 年—2035 年）》正式获批公布，充分考虑北京中轴线与老城相互依存、互为支撑的格局关系，强调以“城”的整体保护达成中轴线遗产环境的保护，推动区域功能优化、民生改善、环境整治等多重目标实现，进而实现老城整体保护与复兴，让正阳门文物建筑与雨燕和谐共存，使北京中轴线上 20 条景观视廊通达有序，留住居民的乡愁记忆和老城情怀。

揭示历史细节、恢复历史风貌、丰富历史内涵……位于南中轴线西侧的先农坛，是现存中国古代规模最大的皇家祭祀农神场所，距今已有 600 余年的历史，它与东侧的天坛相望而立，是古时祭祀先农、亲耕耤田典礼的重要场所。由于历史原因，先农坛长期被多家单位无序占用，严重影响了文化遗产的真实性、完整性。2018 年，先农坛庆成宫启动腾退工作，主体建筑得到修缮。2019 年，先农坛内的“一亩三分地”经过腾退整治，恢复历史风貌，如今这里春耕秋收，成为先农坛里的网红打卡地。2024 年 4 月，完成腾退修缮的神仓建筑群开放，“天下第一仓”时隔 200 多年再次开放，惊艳了一众游客。

北京中轴线：这是一条创新线

腾退整治、修缮利用、考古发掘、环境保护、创新利用……走过 12 年申遗保护之路，如今的北京中轴线绽放新颜，一幅古今辉映的城市画卷正徐徐展开。

在保护好中轴线文物建筑和历史遗迹的同时，北京加快运用数字化手段，为中轴线历史文化遗产保护赋能：搭建北京中轴线文化遗产监测与保护平台，为中轴线的保护、管理、展示和利用提供数据支撑；建立“多模态”的数字资源库，探索中轴线数字资源在音乐、游戏、文创衍生等多元文化艺术场景中的应用……

2021 年，“数字中轴”项目启动，运用大数据、云计算、人工智能等新技术，提升中轴线文化遗产数字化保护传承水平，让中轴线恢宏盛景在数字世界再现。如鼓楼举行了以“时间的故事”为主题的数字沉浸展览，将音乐、鼓声、影像与古建融合，将中轴线的历史娓娓道来。借助 2023 年年底启动的“北京中轴线数字打更人”项目，志愿者通过线上+线下的方式参与文化遗产监测。截至 2024 年 7 月末，“云上中轴”小程序累计访问用户超 450 万人次，线上注册用户 80 万人次，累计培训认证“数字打更人”志愿者近 1.7 万人，产生有效遗产巡检图片 7 万多张。

今天，北京中轴线还在不断延伸，向北有鸟巢、冰立方、奥林匹克塔等，成为人们感受北京奥运文化的新“地标”，向南则到了一派繁忙兴旺景象的大兴机场。一条极具生命力的中轴线，正向世界述说着这座千年古都的时代新貌。

750 多岁的北京中轴线，正年青。

思考讨论

1. 2014 年 2 月 25 日，习近平在北京考察时指出：“历史文化是城市的灵魂，要像爱惜自己的生命一样保护好城市历史文化遗产。北京是世界著名古都，丰富的历史文化遗产是一张金名片，传承保护好这份宝贵的历史文化遗产是首都的职责，要本着对历史负责、对人民负责的精神，传承历史文脉，处理好城市改造开发和历史文化遗产保护利用的关系，切实做到在保护中发展、在发展中保护。”结合案例内容，你认为在新时代我们为什么必须要保护好、传承好历史文化遗产？

2. 作为传承中华文明的重要载体，北京中轴线彰显了中华文明的哪些突出特性？

3. 北京中轴线申遗成功，这是坚持贯彻落实习近平文化思想的重要成果。以此为参照，在以中国式现代化全面推进中华民族伟大复兴的新征程上，应如何加强历史文化遗产的保护与传承？

教学建议

本案例主要适用于第十章第四节“铸就社会主义文化新辉煌”部分的辅助教学。案例介绍了入选《世界遗产名录》的北京中轴线的历史文化内涵和重要价值，北京中轴线是一部高度凝练了古代中国哲学思想、人文精神、价值理念、道德观念和创造智慧、艺术传统、美学原理的文化经典，申遗成功则是贯彻落实习近平文化思想、贯彻落实习近平总书记关于世界文化遗产申报保护工作重要批示精神的重要成果，为加强社会主义文化建设提供了重要参照。

组织教学建议

第一，本案例适用于教学导入环节。教师在讲授“铸就社会主义文化新辉煌”这一知识点之前，可以通过案例讲解来导出教学主题。在运用本案例组织教学时，教师应注意从北京中轴线申遗成功这一事件入手，着重向学生介绍其作为宝贵的历史文化遗产所蕴含的丰富中华民族智慧与精神，引导学生认识理解保护传承好历史文化遗产的重要性和必要性，进而自觉投身于传承发展中华优秀传统文化、建设社会主义文化强国的生动实践。

第二，教师可以对案例内容进行适当的拓展。北京中轴线申遗成功后，中国世界遗产总数达到 59 项，其中包括秦始皇陵及兵马俑坑，莫高窟，曲阜孔庙、孔林和孔府等多项历史文化遗产，这是中华民族灿烂文明和丰富多彩的文化遗产的代表，既是中华民族祖先创造的成就，也是当今中国文明发展综合实力的表现，是中华民族屹立于世界民族之林的精神根基和文化支柱，也是中国人民对全世界人民的丰厚贡献。教学中也可以补充介绍北京中轴线在申遗过程中所受到的广泛认可和高度评价：联合国教科文组织世界遗产委员会高度认可北京中轴线符合世界遗产标准 3 和标准 4，高度赞赏中国政府在北京老城文化遗产保护传承方面付出的巨大努力和取得的突出成绩。世界遗产委员会认为，北京中轴线所体现的中国传统都城规划理论和“中”“和”哲学思想，为世界城市规划史作出了重要贡献（标准 3），北京中轴线作为中国传统都城中轴线成熟阶段的杰出典范，代表了世界城市历史中的一种特有类型（标准 4），并认可北京中轴线的完整性、真实性和保护管理状况。世界遗产委员会也表示，北京中轴线的真实性体现为其作为都城核心的延续性，天安门广场及建筑群是中轴线发展的重要组成部分，认可保持其现有形式的必要性。据此，教师可以在课上组织同学进行交流讨论，介绍其所了解的中国世界文化遗产的保护传承情况，从而调动学生参与案例教学的积极性，深化学生对中华民族悠久历史、灿烂文明的认同感和自豪感，激发其为保护传承历史文化遗产、建设社会主义文化强国贡献青春力量的决心和意志。

第三，教师在教学中不仅要介绍北京中轴线的历史文化意蕴，也要介绍北京中轴线的申遗过程，引导学生更完整地认识和了解历史文化遗产保护传承的丰富内涵。北京中轴线的申遗历时 12 年，先后经历了申遗启动阶段（2012 年至 2016 年）、全面加速阶段（2017 年至 2021 年）和攻坚冲刺阶段（2022 年至 2024 年）。北京市组织大量专家和公众参与论证，出台多份文件，在价值阐释、保护管理、环境整治、公众参与、保障机制等方面做了充分准备，在疏解、修缮、环境整治中让北京中轴线的历史格局、历史风貌逐步复原和生动再现，中轴线的人居环境和城市风貌不断改善，人民群众的幸福感和获得感不断提升。这样的讲解可以让学生认识到北京中轴线体现的历史性继承与可持续发展的高度统一，更加全面地了解和思考在新时代应该如何保护传承历史文化遗产，进而更加深刻地认识到其所肩负的新的文化使命。

第四，教师可以参照相关的影视和文献资料来辅助案例教学。2008 年 6 月，中央电视台新影制作中心出品了 38 集高清系列纪录片《世界遗产在中国》，系统、集中地展现了中国 2008 年前列入联合国教科文组织《世界遗产名录》的 33 处自然遗产、文化遗产及人类口头和非物质遗产。2021 年 7 月，中央电视台中文国际频道播出了题为《人类的记忆——中国的世界遗产》的系列纪录片。这些纪录片不仅展现了中国辉煌的古代文明、绚丽多彩的文化多样性、瑰丽宏大的自然遗产，更展现了中国政府、中国人民积极保护历史文化和自然遗产，通过遗产保护促进社会可持续发展的努力。组织学生在课下观看这些影视资料，不仅能够激发学生对历史文化遗产的保护传承意识，而且能够强化学生的民族自豪感和爱国主义情感，激励其更加积极主动地去保护好、传承好这些珍贵的遗产资源，让中华文明薪火相传、生生不息。

■ 总结提升建议

第一，历史文化遗产保护传承是坚持“两个结合”的必然要求。历史文化遗产承载灿烂文明、传承历史文化、维系民族精神，保护传承历史文化遗产具有重要的历史、文化、科学、艺术、社会和经济价值。进入新时代，以习近平同志为核心的党中央创造性地提出了“第二个结合”，为做好文化遗产保护传承工作指明了方向，对其提出了新的要求。在庆祝中国共产党成立 100 周年大会上，习近平首次提出把马克思主义基本原理同中华优秀传统文化相结合。此后，“第二个结合”又先后被写入《中共中央关于党的百年奋斗重大成就和历史经验的决议》和党的二十大报告。在 2023 年的文化传承发展座谈会上，习近平对“第二个结合”作出深入系统论述，明确指出，“‘第二个结合’让马克思主义成为中国的，中华优秀传统文化成为现代的，让经由‘结合’而形成的新文化成为中国式现代化的文化形态”，从而为推动中华优秀传统文化创造性转化、创新性发展，推进中国特色社会主义文化建设提供了根本遵循。以北京中轴线为代表的历史文化遗产保护传承正是坚持把马克思主义基本原理同中华优秀传统文化相结合的重要成果，是坚持将马克思主义思想精髓同中华优秀传统文化精神特质相融通的重要实践。实施北京中轴线申遗保护，系统挖掘北京中轴线的历史文化价值，不仅将带动北京城市整体保护，还将有助于传承中华历史文脉和文化传统。

第二，历史文化遗产保护传承为以中国式现代化全面推进中华民族伟大复兴注入强劲精神动力。历史文化遗产是老祖宗留给我们的宝贵遗产，承载着中华民族的基因和血脉，是加强社会主义精神文明建设的深厚滋养，能够为新时代的文化建设提供强有力支持。中国式现代化是物质文明和精神文明相协调的现代化，物质富足、精神富有是社会主义现代化的根本要求，历史文化遗产保护传承能够为传承中华文明、增强文化自信提供宝贵财富，为在新时代发展社会主义先进文化、弘扬革命文化、传承中华优秀传统文化提供有力支持。党的二十大报告强调，“加大文物和文化遗产保护力度，加强城乡建设中历史文化保护传承，建好用好国家文化公园”。北京中轴线有深厚的历史文化底蕴，涵盖中国古代不同类型的历史遗存，承载着中华民族共同的历史记忆、文化精髓与民族情感，彰显中国特色、体现中国文化、蕴藏中国智慧，能够为社会主义现代化建设提供精神滋养。作为世界文化遗产，北京中轴线向世界讲述了一个中华文明传承延续、古今交融的中国故事，也向今天的人们呈现了一个“何以中国”的物质见证，生动展现了中国式现代化的伟大成就和中国的自信自立自强，为现代化建设提供了丰富的历史文化资源。

第三，历史文化遗产保护传承为推动世界文明交流互鉴提供重要助力。习近平曾深刻指出，“开放包容始终是文明发展的活力来源，也是文化自信的显著标志”，并在 2023 年的中国共产党与世界政党高层对话会上向世界郑重提出全球文明倡议。这一倡议着眼于推动不同文明交流互鉴、增进各国人民相知相亲、凝聚国际社会合作共识、促进人类文明发展进步，坚持文明平等、互鉴、对话、包容，以文明交流超越文明隔阂、文明互鉴超越文明冲突、文明包容超越文明优越，为推动人类社会现代化进程、繁荣世界文明百花园注入强大动力。北京中轴线蕴含着中华民族的文化底蕴、哲学思想，是北京历史文化的集大成者，是这座古都的灵魂所系，对生动讲好“中国故事”、建设中华文化对外展示窗口具有重要价值。此外，以北京中轴线申遗保护为抓手带动北京老城整体保护，向世界贡献了古都保护与可持续发展的中国案例，向国际社会生动展现了新时代中国的真实面貌，为探索我国乃至世界其他国家古代都城保护理念与做法、妥善处理好遗产保护与城市发展的辩证关系，提供了中国案例和中国经验，为世界文明百花园增添了绚丽的色彩，能够在促进文明交流互鉴、增进中外民心相通等方面发挥重要作用。

第四，历史文化遗产彰显出中华文明的丰富意蕴和突出特性。北京中轴线是元、明、清及近现代中国首都的核心，其规划、建设与完善，反映了中华文明对于国家、城市、生活之中理想秩序的追求和塑造，是体现中华文明突出特性的重要标识。均衡对称分布于北京中轴线之上与两侧的建筑群，表现出从区域选址到建筑设计层面一以贯之的规划理念和秩序观念，体现出中国自古以来通过城市营造寄托社会和谐安定的美好追求。天安门广场及建筑群居中布置国家纪念性建筑，东侧中国国家博物馆、西侧人民大会堂分别对应太庙、社稷坛，坚持了中华文明“中”“和”理念，延续了“左祖右社”的文化传统，表达了中国长期以来对人和现实社会的尊重，为北京中轴线突出价值的时代完整性提供了重要支撑。习近平曾明确指出："北京历史悠久，文脉绵长，是中华文明连续性、创新性、统一性、包容性、和平性的有力见证。"北京中轴线浓缩了中国古代都城的历史变迁，传承了中华文明延绵不绝的历史文脉，在中国都城建设史、世界城市规划史、中华文明发展史、人类文明发展史上都具有重要意义。由此可见，历史文化遗产保护传承是弘扬中华优秀传统文化的重要方式，也是为人类文明发展进步作出更多中国贡献的有效路径。

第五，新时代要保护传承好历史文化遗产，必须坚持以习近平文化思想为指导。习近平文化思想是习近平新时代中国特色社会主义思想的文化篇，是马克思主义文化理论中国化时代化的最新成果，是中国特色社会主义关于文化强国建设理论创新的又一次历史飞跃，对以中国式现代化推进中华民族伟大复兴具有深刻而重大的意义。这一重要思想明确提出了新时代新征程新的文化使命，系统阐释了中国特色社会主义文化自信，全面揭示了社会主义文化建设基本规律，系统提出了"七个着力"文化发展战略，尤其是鲜明突出了"中华优秀传统文化创造性转化、创新性发展"，对文化遗产保护传承作出了一系列重要指示批示。进入新时代以来，习近平高度重视和关心北京老城保护，多次对北京历史文化遗产保护提出要求。2022 年 10 月，经习近平批示同意，北京中轴线被确定为我国 2024 年世界遗产申报项目。在习近平的大力倡导和推动下，我国文化遗产的保护理念更加健全、保护对象更加丰富、保护制度更加完善，守护传承中华文化的氛围更加浓厚，不断增强中华民族凝聚力和中华文化影响力，进一步坚定历史自信、文化自信。未来，文化遗产保护传承还应牢牢坚持习近平文化思想的指导，坚持保护第一、传承优先，积极挖掘历史文化的时代价值，不仅要注重对文化遗产本体的保护，而且要同步跟进保护协调机制的搭建、法律法规体系的完善、阐释展示体系的构建，更好满足人民日益增长的精神文化需求，推进文化自信自强。

启示意义

历史文化遗产不仅生动述说着过去，也深刻影响着当下和未来；不仅属于我们，也属于子孙后代。党的十八大以来，以习近平同志为核心的党中央从留住文化根脉、守住民族之魂的战略高度出发，把历史文化遗产保护利用工作摆到更加突出的位置，使文物保护利用和文化遗产保护传承工作得到全面加强，北京中轴线申遗成功就是其中的典型代表。在习近平文化思想的指引下，历经数百年历史沧桑的北京中轴线在保护传承中既彰显了中华文明的深厚底蕴，也焕发出时代魅力和夺目光彩。

2024 年 8 月 6 日，习近平对加强文化和自然遗产保护传承利用工作作出重要指示，强调要以此次申遗成功为契机，进一步加强文化和自然遗产的整体性、系统性保护，切实提高遗产保护能力和水平，守护好中华民族的文化瑰宝和自然珍宝。以此为遵循，在建设社会主义文化强国、铸就社会主义文化新辉煌的时代征程上，必须坚守中华文化立场，推动历史文化遗产整体性保护、系统性传承、创新性发展，延续城市历史文脉，守护中华文化基因。

案例

21

浙江织里：下“绣花功夫”织就基层治理新画卷

核心阅读

被誉为“中国童装之都”的浙江织里镇，在发展之初面临着诸多的治理难题，人口密度大、企业众多、不同地域间文化差异大、社会矛盾盘根错节……特别是大火与“抗税”事件暴露的治理短板让织里镇痛定思痛，下决心开展治理改革。织里镇从党建引领、平安建设、社会协同和智慧治理等多个领域持续发力，以一针一线的“绣花功夫”，实现由“乱”到“治”再到“智”的迭代升级。2019 年，织里镇荣获“全国乡村治理示范乡镇”。2024 年，织里镇实现财政收入 14.54 亿元，规上工业总产值 203.33 亿元，第 12 次入围全国百强镇。织里镇以其绣花针一样的精细“织法”治理基层末梢，被赞誉为高质量“中国之治”的微缩版。

户户皆绣机，遍闻机杼声。“中国童装之都”织里镇，因纺织业兴盛而得名。

浙江省湖州市吴兴区织里镇，位于浙江与江苏的交界之地，镇域面积 90 平方公里，其中建成区面积约 25 平方公里，常住人口 45 万，其中外来人口常年保持在 35 万左右。

从一条仅 0.8 平方公里的“扁担街”起步，一跃成为全国最大的童装基地，产量占国内市场半壁江山。雄厚的产业基础、完备的社会治理，让织里镇在国内外“家喻户晓”，成为中国长三角地区民营经济最具活力、市场化程度最高、人民生活最为富裕的地区之一。

织里之痛

地处长三角腹地、南太湖湖畔的浙江省织里镇，汇聚了几万个工商注册经济体。由于企业多、外来人口多，织里镇出现合同纠纷、劳务纠纷、新老居民间融合矛盾等诸多问题，给外界留下了环境差、秩序乱的“大工厂”印象。一座 45 万人的城镇却仅有 200 个行政编制，这让浙江织里多年陷入治理困境。

2006 年，织里镇童装企业两个月内连续发生两起特大火灾，造成多人丧生。这个童装之都瞬间引发社会密切关注，“织里镇应该砍掉童装产业”的呼声四起。

2011 年，织里镇又发生震惊全国的“抗税”事件。一起税收代征人员与一家安庆籍童装企业业主的纠纷，最终导致千余人上街抗议。与此同时，织里镇大量童装企业加工场所集员工住宿、生产车间、材料仓库于一体的“三合一”环境，使外来务工人员难以融入。

突发事件暴露出治理短板，各类上访事件层出不穷，治理水平迟迟跟不上发展的步伐。面对此种困境，织里镇党委政府痛定思痛，开启从“乱”到“治”的改革实践。

党建引领，干部下沉

织里镇党委坚持“发展是第一要务，稳定是第一责任”，充分发挥基层党组织的“战斗堡垒”作用，以“小区域”构建“大党建”格局。织里镇建立以“镇党委—片区党工委—村社党组织—网格党支部（党小组）”全国乡村治理示范乡镇为基本框架的党组织体系，建设几十个党群服务中心、网格党群服务中心和邻里党群服务中心，推动安庆、武汉等地的商会先后成立党支部，吸收 400 多名外来党员，从源头上夯实商会、行业协会的党建工作基础。

2014 年 1 月，为了从根本上解决矛盾纠纷越积越多这一“老大难”问题，湖州市、吴兴区两级党委和政府经过深入调研，决定在织里镇下设 4 个街道、2 个办事处，大量机关干部被下派到街道，沉入基层，副科级领导干部被安排担任街道办事处负责人；建立 9 个实体化运作的区行政职能局织里分局，涉及公安、应急、综合执法等部门；安全生产、综治维稳等数十项职能，全部下放到街道办事处。扁平化的行政管理体系，让群众反映的问题在基层就能直接处理。

2014 年，全镇在机关与基层一线干部数量比为 2.36：1，机关臃肿，基层空心，连一个街面井盖问题都要层层上报，三四天都修不好。截至 2023 年，机关与基层一线干部数量比已达到 1：2.5，基层一线干部责任分工明确。

在不增加行政编制的情况下，织里镇招录编外干部 1 200 多人。这些编外干部直接与镇上签约，全部下派到社区基层一线当安监员、巡查员；全镇辖区划分为 300 多个全科网格，每个网格配备 1 名网格长、1 名网格警长、3 名网格员，实现公安、消防、案件、环卫、市政等职能全部“入格”。2019 年，织里镇荣获“全国乡村治理示范乡镇”。

纠纷调解“一站式”，社会力量齐参与

织里镇坚持一手抓“一站式”纠纷调解，一手抓群众性力量参与，积极吸纳“平安大姐”工作室、老兵驿站、平安公益联盟等社会力量。

织里镇成立由信访超市、代表委员之家、法庭仲裁庭组成的社会矛盾纠纷调处化解中心（简称“调解中心”），实现法律咨询、调解、劳动仲裁、立案开庭等一站式服务，使其成为老百姓解决具体问题的主阵地。在信访超市设立多元化矛盾调解和接待大厅，开设综治、信访、矛盾调解、12345 市民热线等窗口，实现一体化办公、一站式服务；在代表委员之家开展“搭建‘连心桥’，提升群众满意度”人大代表主题实践活动，每月、每季人大代表定期开展接待活动；在法庭仲裁庭为群众提供法律咨询、调解服务、司法援助，致力解决涉法涉诉等疑难纠纷。2019 年至 2023 年，调解中心共调解纠纷 3 万余起，矛盾纠纷化解率达 99%以上。

2015 年，织里镇 24 名创业女性企业家自发组建“平安大姐”工作室。她们积极参与社会矛盾化解，被亲切地称为新居民的“好大姐”。来自全国 10 多个省份的新居民，在织里镇组建了 10 多个商会组织，商会组织负责人多为童装企业主。汲取“抗税”事件中商会组织旁观甚至对立的教训，织里镇党委政府定期与各商会组织负责人座谈，每年评选先进商会，引导商会承担部分劳资维权、矛盾调解、隐患排查等行政职能。

2018 年，为服务退役军人和群众，“老兵警长”陈建如发起成立老兵驿站，先后又建立 4 个分站，将全镇 1 916 名退役军人全部纳入老兵驿站服务管理中。老兵驿站推出“老兵警长热线”“老兵就业服务队”“老兵关爱基金”“老兵法援在线”等创新方式，截至 2023 年，先后帮扶退役军人 73 人次，帮助推荐就业 97 人次，通过电话、网络、视频连线等形式为退役军人提供政策咨询、法律援助 125 人次，为 1 200 余名群众提供了便民服务。

平安公益联盟秉承“服务、奉献”精神，组建平安志愿分队 15 支，核心队员 800 余人，总计 2 000 余人，其积极投身于社区治安巡逻、交通秩序维护、消防隐患排查、民事纠纷调处化解、安全防范常识宣传等各类平安公益活动中。

这些社会组织不断总结具有织里镇特色的劳资调解、工伤调解、新居民调解经验，摸索出警调联合、访调联合和警律联合等调解机制，全力构建共建共治共享的社会治理新格局。

装上智慧脑，安全“掌中”控

随着童装产业逐步壮大，外来人口多、社会治安管理压力大、消防隐患多等成为织里镇社会治理的几大难题，特别是 2006 年童装企业连发两起大火，使解决消防安全问题迫在眉睫。当时的童装企业大多实行一楼店铺、二楼厂房、三楼宿舍的“三合一”作坊式生产经营，生产、生活、仓库混为一体，火灾发生无处逃生。

为此，织里镇党委政府下定决心予以彻底整治。一方面，引导“三合一”生产经营单位全面实现生产、生活区域的分离，将生产楼层与生活楼层之间的楼道用钢筋水泥封死，在室外安装消防连廊和逃生梯。另一方面，开始着手规划建设童装生产园区，引导童装企业生产进园区。

织里镇坚持以大数据为支撑，积极整合公安、消防、安监等相关部门信息，建立社会治理中心，构建推动基层治理智慧化转型的织里镇治理大脑——“智慧织里镇”。网格监管员通过采集辖区内所有童装企业、出租房等基础信息，建立基础消防安全数据库并实时更新，实现火灾事故“精确防范”“精确预警”。通过智慧安监系统，2021 年至 2023 年，织里镇成功处置初起火情 500 多起，无一成灾，避免了数百家企业财产和生命损失，灭火救援效能提升 70%以上，火灾事故率下降 66.7%以上，避免直接经济损失数亿元。

2024 年，织里镇实现财政收入 14.54 亿元，规上工业总产值203.33 亿元，同比增长 6.87%；全社会固定资产投资完成 83.6 亿元，同比增长 6%；外贸出口 120 亿元，外资到位 1 500 万美元。织里镇连续 12 年入围全国百强镇，知名度和美誉度不断提升。

思考讨论

1. 织里镇在社会治理中遇到了哪些问题？是什么导致了这些问题的产生？
2. 健全社会治理制度对于完善社会治理体系、推动基层治理现代化有何意义？

3. 织里镇以一针一线的“绣花功夫”，实现了由“乱”到“治”再到“智”的迭代升级。织里镇的经验给提升基层治理效能、推进中国式现代化带来了哪些启示？

教学建议

本案例主要适用于第十一章第三节“在共建共治共享中推进社会治理现代化”部分的辅助教学。案例主要展示了“中国童装之都”浙江织里镇在发展建设中，因大火与“抗税”事件暴露出治理短板，党委政府深入基层开展改革创新，以精细化治理提高治理效能，最终实现由“乱”到“治”再到“智”的治理实践。

组织教学建议

第一，要引导学生分析织里镇在基层治理中存在的问题及该问题产生的根源。通过提问或组织讨论的方式让学生思考织里镇之痛——两起火灾与“抗税”事件暴露出来的当地基层治理短板，即群众矛盾纠纷反映渠道不畅通、社会治理组织机构干部人数无法满足治理需求、社会治理效能低下等问题。工业化、城市化水平不断提高的织里镇依靠童装产业逐渐发展为新兴城镇，但由于社会治理体制机制不完善、不健全，原生童装产业发展受到严重阻碍，社会矛盾进一步激化。社会经济快速发展与社会基层治理严重滞后的矛盾是织里镇一系列社会问题产生的根本原因。

第二，可以通过分组讨论的方式引导学生分析织里镇为实现基层治理转型所采取的创新做法。面对织里镇童装产业发展困境、社会矛盾纠纷，织里镇党组织和政府痛定思痛，下决心进行改革，形成了党建引领、社会协同、智慧治理的社会治理体制机制。党建引领、干部下沉是织里镇社会治理靶向的指向标；社会协同、群众参与是织密社会治理防护网的重要抓手；构筑“一站式”矛盾纠纷化解组织机制、全方位多层次满足群众需求，是补齐织里镇治理短板的关键手段；智慧治理、科技助力，是加速织里镇社会治理现代化的新引擎。

第三，要引导学生认识和了解基层治理与社会治理之间的关系，以及基层社会治理对国家治理现代化的重要作用。在党的领导和国家治理实践中，基层既是落实党和国家政策的“末端”，也是服务人民、管理社会的“前哨”。为了有效解决社会问题、提供公共服务和规范社会秩序，需要赋予基层更多的资源、服务和管理，使基层既能进行有效的社会治理，又能提供精准的公共服务。加强和创新基层社会治理，逐步实现社会治理结构的合理化、治理体制的科学化、治理过程的民主化、治理方式的智能化，有力推进国家治理现代化。“万丈高楼平地起”，基层治理是国家治理的基石，统筹推进城乡基层治理是实现国家治理体系和治理能力现代化的基础性工程，是筑牢大国治理善政良治底座的现实要求，也是更好地满足人民日益增长的美好生活需要，实现社会秩序平稳运行、和谐发展的必由之路。

总结提升建议

第一，健全社会治理制度是完善社会治理体系、推动基层治理现代化的必然要求。制度是完善社会治理体系的保障，社会治理制度健不健全直接影响到基层治理能力强不强、水平高不高。完善社会治理体系，必须健全社会治理制度，不断推进基层社会治理体系和治理能力现代化。要构建源头防控、排查梳理、纠纷化解、应急处置的社会矛盾综合治理机制，善于运用法治、民主、协商的办法正确处理新形势下的社会矛盾。浙江织里镇在发展过程中，出现了人口流动加快的现象，面临着人口融入社会的社会矛盾。市场经济快速发展与自身滞后的行政体系之间的落差矛盾，暴露了基层治理的体制机制存在严重漏洞与不足。这些漏洞与不足让织里镇下决心进行治理改革：一方面，充分发挥基层党组织的“战斗堡垒”作用，从源头上夯实商会、行业协会的党建工作基础；另一方面，采取招录编外干部的方式加大管理和服务力度，对辖区各领域实行网格化管理，实现精准化与精细化服务。

第二，创新社会治理方式，推动治理重心下移是提升基层治理现代化水平的重要内容。国家大政方针最终落地在基层，社会治理的“毛细血管”也在基层，基层治理涉及面宽、量大、事多，直接面对群众，在整个国家治理体系中占有重要位置。真正重视基层，就要推动社会治理重心下移，把更多社会资源、管理权限和民生服务下放到基层，把矛盾化解在基层，使基层治理进入权责一致的良性轨道。党的二十大报告指出，“健全城乡社区治理体系，及时把矛盾纠纷化解在基层、化解在萌芽状态”。织里镇在发展初期，遇到矛盾与问题没能在基层及时化解，层层上报导致治理效能低下，而在认识到该问题后，织里镇将大量机关干部下派到街道，把职能和权责下放到街道办事处。这种扁平化的行政管理体系，使责任分工更加明确，群众反映的问题在基层就能直接处理。织里镇党委政府定期与各商会组织负责人座谈，每年评选先进商会，引导商会承担部分劳资维权、矛盾调解、隐患排查等行政职能，矛盾纠纷就地解决，最大限度地把矛盾风险防范化解在基层。同时，织里镇建立的 9 个实体化运作的区级行政职能局派驻分局，涉及民生的各个方面，将更多的资源、权限和服务下放到基层，真正做到基层治理的权责统一。

第二，实现基层治理体系现代化，必须畅通群众参与渠道，充分发挥社会合力的强大推动作用。社会治理的核心是人，人民群众是最广泛最活跃的主体。提升基层治理水平，需要吸纳广大群众、社会组织和社会力量，使其积极投身公共管理和服务，实现政府治理、社会调节、居民自治的良性互动。党的二十大报告明确提出，“建设人人有责、人人尽责、人人享有的社会治理共同体”。完善群众参与基层社会治理的制度化渠道，能够激发群众参与治理的内生动力。织里镇创新性地运用了多元综合治理的方式提高基层治理水平，积极吸纳“平安大姐”工作室、老兵驿站、平安公益联盟等社会力量，让企业和商会的成员以及更多的群众参与到社会治理中，充分发挥社会团体参与基层治理的积极性与主动性。

第四，加快构建立体化、信息化的治安防控体系，以智能化治理推动平安中国建设，是提升基层治理现代化水平的关键路径。智能化治理，就是坚持以科技为支撑，构建全覆盖、立体化、智能化的防控体系，注重预测预警预防功能的发挥，将信息技术与实体组织，将专兼力量结合起来，搭建起平安建设网络。作为新时代社会治理创新的技术驱动力，智能化为基层社会治理开辟了新的空间、创造了新的模式，从而使基层社会治理效能实现数据化与可视化，使基层社会治理能力现代化成为可能。织里镇通过加强网络、光网、专网、云平台等基础设施建设，开发实施“智慧安防”“智慧消防”“智慧安监”“智慧人口管理”等子项目，为基层治理植入“最强大脑”。通过数字化智能系统，消防工作能够有效地进行监控与预警，提供更为可靠的安全保障。

启示意义

提升基层治理的现代化水平，要在“精细”二字上做文章。基层是社会的基础细胞，基层治理的效果直接影响到国家治理体系和治理能力现代化的水平。基层治理涉及面广、事项繁多，要肯花心思、愿下苦功，练就成于细、贵在精的“绣花功”，才能一针一线“绣”出群众的获得感、幸福感、安全感，“绣”出基层治理的锦绣华章。推动基层村社治理，要像绣花一样精细。既要推动社会治理重心向基层下移，把更多社会资源、管理权限和民生服务下放到基层，又要借助网格化机制，引入社会化服务模式，发挥群团组织的力量，健全基层综合服务管理平台，及时反映、协调和解决人民群众各方面各层次的利益诉求，更好地为基层百姓提供精准化、精细化的服务。总之，要把基层治理触角延伸到千家万户，让群众从“旁观者”变成“参与者”，形成共建共治共享的社会治理格局。

案例 22

挽住云河洗天青 闽山闽水物华新
——国家生态文明试验区的福建答卷

核心阅读

福建省是我国南方地区重要的生态屏障，是习近平生态文明思想的重要孕育地，也是践行这一重要思想的先行省份。2014 年，福建省获批建设全国首个生态文明先行示范区。习近平为新福建建设擘画了“机制活、产业优、百姓富、生态美”的宏伟蓝图。2016 年，福建省又成为全国首个国家生态文明试验区，系统开展生态文明体制改革综合试验。2023 年，福建省的森林覆盖率为 65.12%，连续 45 年保持全国第一；其主要污染物排放强度为全国平均水平的 60%；省设区城市空气质量优良天数比例为 98.4%，$PM_{2.5}$ 浓度仅为每立方米 20 微克；全省主要流域优良水质比例达 99%，近岸海域优良水质比例达88.7%……一组组数据反映出福建生态文明建设的成效。福建省 17 项生态文明改革成果获国务院肯定，生态文明指数居全国第一。福建省已按下了生态文明建设的快进键，一个人与自然和谐共生的现代化新征程正在脚下铺展。

从探路林改到率先建设生态省，从全国首个生态文明先行示范区到全国首个国家生态文明试验区，从治理水土流失到建设国家公园，福建省生态文明建设不断取得新成效。青山、绿树、河流、飞鸟构成的诱人景致都在以它们特有的方式记述着福建省的奋力探索。

习近平在福建省工作时，开创性地提出了一系列重要理念，推进了一系列重大实践。早在 2000 年，时任福建省省长的习近平就极具前瞻性地提出了生态省建设战略构想，并推动实施。党的十八大以来，习近平多次对福建省工作作出重要指示批示。2014 年 11 月，习近平在福建调研时指出：“要大力保护生态环境，实现跨越发展和生态环境协同共进。”2021 年 3 月，习近平再次到福建考察，为新发展阶段新福建建设擘画了蓝图、指明了方向。“要坚持生态保护第一，统筹保护和发展，有序推进生态移民，适度发展生态旅游，实现生态保护、绿色发展、民生改善相统一。”

在探索生态文明治理现代化的道路上，福建省通过改革创新，把环境保护和生态建设贯穿融入经济社会发展各领域、全过程，凝聚成了包括“长汀样本”“南平样本”“东山样本”等在内的“福建样本”。

保障福建发展体制机制先行

2004年，福建省委、省政府出台《福建生态省建设总体规划纲要》；2006年，省政府办公厅出台《关于生态省建设总体规划纲要的实施意见》；2010年，省人大常委会颁布《关于促进生态文明的决策》，将生态文明建设上升为全省人民的共同意志；连续编制和实施福建生态省建设“十二五”“十三五”专项规划。在生态省建设取得显著成效的基础上，福建省2014年被确定为全国首个生态文明先行示范区，2016年被确定为全国首个国家生态文明试验区。2016年，中共中央办公厅、国务院办公厅印发了《关于设立统一规范的国家生态文明试验区的意见》及《国家生态文明试验区（福建）实施方案》，并发出通知，要求各地区各部门结合实际认真贯彻落实。而后福建省颁布施行《福建省生态文明建设促进条例》等20多部地方性法规，率先将“坚持绿水青山就是金山银山”写入地方性法规；出台《福建省生态环境保护工作职责规定》《福建省省直有关部门生态环境保护责任清单》，筑牢生态环境保护全链条责任体系。强化资源环境约束性指标考核，并将考核结果作为地方党委政府年终绩效考评、干部选拔任用、监督执纪问责的重要参考，不仅让政绩考核的指挥棒“绿”起来，而且使既要金山银山又要绿水青山成为政绩观的新常态。

2022年3月30日，福建省十三届人大常委会第三十二次会议表决通过了《福建省生态环境保护条例》，生态保护补偿、山水林田湖草整体保护、河湖长制……生态保护和绿色发展方面的内容，在此次修订中大量增加。2022年5月1日，条例正式施行，福建省生态文明建设迈上新台阶。

发展绿色产业，“碳”寻绿色发展

发展绿色产业。福建省坚持生态优先、绿色发展，依托自然优势，不断巩固提高生态系统质量，充分利用山、水、茶、竹等丰富的自然资源，拓宽绿水青山向金山银山转化的路径。福建省创新开展具有山海特色的生态产品市场化改革试点，“武夷山水”“红古田”等生态产品区域公用品牌不断打响，寿宁下党“下乡的味道”产品销售额已达4 600万元。

龙岩市新罗区小池镇培斜村坚持绿色发展，因地制宜，探索生活富裕、生态良好的绿色之路，闯出一条富民强村之路。村里“竹茶加工、乡村旅游、农村电商”三大特色产业日益红火，生态旅游蓬勃发展，初步形成一二三产业融合发展的格局。村民们愈加认识到，发展要立足生态优势、顺应自然本色，增绿才能增收，最终才能实现在生态保护中发展、在发展过程中保护。

南平市牢固树立和践行“两山”理念，凝聚全社会生态保护共识，加快培育茶、竹、水等绿色产业和文旅经济，推动发展方式绿色转型。新时代新征程，南平市将围绕建设人与自然和谐共生的现代化，发挥武夷山“双世遗”和国家公园的品牌优势，加快建设环武夷山国家公园保护发展带，打造一批国家公园门户特色小镇，大力培育生态敏感型产业，努力让“好风景”变成“好经济”。

“碳”寻绿色发展路。2021年3月，习近平来闽考察，他强调要把碳达峰、碳中和纳入生态省建设布局，科学制定时间表、路线图。首个省级碳市场综合服务平台、首个农业碳汇交易平台、首个海洋碳汇交易平台、“中国碳票第一村”接连在闽落地；福建省碳市场顺利运行5个履约周期，履约率保持100%，林业碳汇成交量、成交额均居全国首位……“双碳”时代的来临，加速打开“绿水青山”和“金山银山”之间的链接通道。

2021年，福建省获批全国首个新能源产业创新示范区；工业战略性新兴产业增加值占规上工业增加值比重预计达21.5%；累计240个项目入选国家级绿色制造体系……绿色低碳产业体系正加速形成。以占全国1.3%的土地、2.8%的能源消费，创造了占全国4.3%的经济总量，福建省实现了经济发展和生态保护相协调、相促进，成为“绿水青山就是金山银山”的生动诠释。

生态文明试验区的福建答卷

通过20年来持之以恒、锲而不舍地保护绿水青山，福建省成为全国唯一的水、大气、生态环境保持全优的省份，绿色生态成为福建省高质量发展的突出优势，“清新福建”成为亮丽名片。

2025年6月3日，福建省发布的2024年福建省生态环境状况公报显示：2024年福建生态环境质量稳定优良、稳中有进、持续居全国前列。

“气质”稳中向好。2024年，全省9个设区城市空气优良天数比例98.3%，细颗粒物（$PM_{2.5}$）年均浓度20微克/立方米，可吸入颗粒物（PM_{10}）、$PM_{2.5}$年均浓度同比均下降。全国168个重点城市中，福州市、厦门市环境空气质量分别居第5、第3位。

地表水质持续提升。主要流域国控断面优良水质同比提升1个百分点，比例首次达到100%。其中，闽江全流域优质水比例98%、同比提升8个百分点；九龙江全流域优质水比例57.1%、同比提升14.2个百分点。

近岸海域海水质量稳中有升。优良海水面积比例92.6%、同比提升3.9个百分点，首次达到90%以上。

生态质量持续领跑。2024年福建生态质量指数（EQI）75.06、同比提升0.04，稳定为优。森林覆盖率65.12%、连续46年居全国首位。

百尺竿头再进步的背后，是福建省以习近平生态文明思想为指引，坚决扛起生态文明建设政治责任，扎实推进美丽福建建设；守牢环境质量只能更好、不能变坏底线，连续5年污染防治攻坚战考核优秀；成为国家开展生态环境执法大练兵成效考评以来，连续9年位居全国前三的唯一省份；统筹加强生态系统保护修复，目前全省已获国家命名5条美丽河湖、5个美丽海湾、44个生态文明建设示范区（县、市）、9个“绿水青山就是金山银山”实践创新基地，居全国前列。

“长汀县水土流失综合治理与生态修复实践”入选联合国《生物多样性公约》第十五次缔约方大会（COP15）生态修复典型案例；海上养殖综合整治“宁德模式”成为水产养殖高质量绿色发展典型并向全国推广；南平市成为全国首个获批“自然资源领域生态产品价值实现机制试点”的地级市；福建林改贵在探索、贵在创新，重点生态区位商品林赎买等9项福建改革经验被作为国家生态文明试验区的第一批经验成果向全国推广；三明市成为全国首个“全国林业改革发展综合试点市”；龙岩市武平县林业金融区块链融资服务平台入选由人民日报社人民文旅平台主办评选的全国“两山银行”建设十大优秀案例……生态文明建设的“福建经验”进一步凝练，为构建生态文明制度体系贡献更多智慧。

思考讨论

1. 从全国首个生态文明先行示范区到全国首个国家生态文明试验区，从治理水土流失到建设国家公园，福建省是如何做到的？

2. 绿色发展理念为福建省勾勒出了一幅怎样的发展蓝图？

3. 福建省生态文明发展新路为我国其他省市生态文明建设带来了哪些启示？

教学建议

本案例主要适用于第十二章第一节“坚持人与自然和谐共生”部分的辅助教学。案例主要展示的是福建省以生态文明试验区建设为抓手，坚持以绿色发展理念引领经济社会发展，推动发展和生态“两条底线”一起守、“两个成果”一起收，成功打造福建省生态文明指数全国第一的生动实践。

组织教学建议

第一，在组织案例教学活动前，引导学生深刻把握习近平生态文明思想的基本内容，并结合习近平个人的从政之路，尤其是主政福建时为推动绿色发展作出的重要贡献展开教学。习近平生态文明思想是习近平新时代中国特色社会主义思想的重要组成部分，主要包括六个方面的重要内容：坚持人与自然和谐共生、绿水青山就是金山银山、良好生态环境是最普惠的民生福祉、山水林田湖草是生命共同体、用最严格制度最严密法治保护生态环境、共谋全球生态文明建设。习近平生态文明思想对于正确处理好世界现代化进程中经济发展同生态环境保护的关系、推进美丽中国建设、实现中华民族永续发展和人类持续发展、全面建成社会主义现代化强国具有重大指导意义。福建省是习近平生态文明思想的重要孕育地和实践地，习近平在福建省工作期间就极具前瞻性地提出了生态省建设战略构想，推动厦门筼筜湖治理、宁德荒山治理、福州内河治理、莆田木兰溪治理、龙岩长汀水土流失治理等一系列重大实践。帮助学生认识到案例中所讲述的内容正是对习近平生态文明思想内涵的具体阐释，以便让学生更好地将案例内容与理论内容联系起来。

第二，在组织案例教学活动时，帮助学生理解福建省的成功是绿色发展理念科学性的具体体现，是值得大力推广的发展必由之路。绿色发展理念是基于国际发展潮流产生的最新发展理念，是在探索中国特色社会主义道路过程中形成的最新理论成果，它对马克思主义生态文明理论注入了新的时代特征，赋予了可持续发展战略新的科学内涵。绿色发展理念以人与自然和谐共生为价值取向，以绿色低碳循环为主要原则，以生态文明建设为基本抓手，是引领中国未来绿色、低碳、健康发展的指南。福建省生态文明建设之所以能够取得显著成绩，关键在于始终坚持绿色发展理念。通过学习福建省生态文明试验区建设过程中凝结的多个生态文明建设典型案例，学生可以更直观地理解和感受绿色发展理念的具体实践与生动体现。

第三，在组织案例教学活动时，引导学生理解福建省能够成为生态大省的根本原因和内生动力。其一，在“顶层设计”上创新理念方略。福建省是较早实施生态省建设的省份之一。早在 2000 年，时任福建省省长的习近平就前瞻性地提出了生态省建设战略构想。从生态省建设战略构想到国家生态文明试验区，福建省生态文明建设一张蓝图绘到底，始终在“顶层设计”上创新理念方略，谋划发展新模式。其二，努力实现产业兴、百姓富、生态美的有机统一。福建省坚持生态优先、绿色发展，依托自然优势，不断提升生态系统质量和稳定性，充分利用山、水、茶、竹等丰富的自然资源，拓宽绿水青山向金山银山转化的路径。其三，创新生态文明体制机制。福建省在全国率先开展集体林权制度改革，成功培育出生态文明建设“新增长点”。改革过程中，涌现出武平县捷文村、永安市洪田村等一批林改先进典型，为全国林改探路子、出经验、作示范。

■ 总结提升建议

第一，坚持人与自然和谐共生，推动生态环境“高颜值”和经济发展“高素质”协同共进。生态环境“高颜值”体现为让人民群众呼吸上新鲜的空气、喝上干净的水、吃上放心的食物，经济发展“高素质”是指不破坏生态环境的发展模式。二者协同并进，是实现人与自然和谐共生、推进生态文明建设的基本要求。要厘清生态环境保护和经济社会发展的辩证统一关系，坚持在发展中保护、在保护中发展，形成保护和发展协同共进的生态文明路径。“长汀县水土流失综合治理与生态修复实践”入选 COP15 生态修复典型案例，海上养殖综合整治“宁德模式”成为水产养殖高质量绿色发展典型并向全国推广，南平市成为全国首个获批“自然资源领域生态产品价值实现机制试点”的地级市，等等，这些都是福建省实现生态环境“高颜值”和经济发展“高素质”协同共进的最好证明。

第二，坚持绿水青山就是金山银山，积极探索生态优势转化为发展优势的有效途径。绿水青山既是自然财富、生态财富，又是经济财富、社会财富。保护生态环境就是保护自然价值和增值自然资本，就是保护经济社会发展潜力和后劲，使绿水青山持续发挥生态效益和经济社会效益。积极探索生态优势转化为发展优势的有效途径，向绿色转型找出路、向生态产业要动力，持续完善生态产品价值实现支撑体系，努力把自然生态优势转化为经济发展优势，使绿水青山“底色”更亮，金山银山“成色”更足。新时代以来，福建持之以恒实施生态省战略，全力建设国家生态文明试验区，八闽大地天更蓝、水更清、海更碧、山更绿，在全省地区生产总值连跨 3 个万亿大台阶的同时，生态环境保持优良并居全国前列，森林覆盖率连续 46 年保持全国首位，以约占全国 3%的人口、1.3%的土地、2.9%的能耗，创造了全国 4.4%的经济总量，走出一条生态环境“高颜值”和经济发展“高素质”协同并进的福建路径，生动诠释了“绿水青山就是金山银山”的发展理念。

第三，坚持良好生态环境是最普惠的民生福祉，着力解决损害群众健康的环境问题。要坚持以人民为中心的发展理念，紧密围绕群众普遍关心的热点、难点问题，以不断创造更加优美的生态环境和提供更多优质的生态产品为着力点，把解决突出生态环境问题列为民生工作优先领域，确保生态文明建设成果更多更公平地惠及广大群众，从而不断满足人民日益增长的优美生态环境需要。福建省生态文明试验区建设的最终目的就是满足人民日益增长的美好生态需要。无论是综合经济实力提升，还是污染防治共治迈出新步伐，都体现了将人民需要摆在首位的原则。这些努力使得福建省公众生态环境满意率高达 91.9%，生态福利已成为全省人民心底的骄傲和幸福的源泉。

第四，坚持用最严格制度、最严密法治保护生态环境，着力解决生态领域体制机制问题。制度是关系党和国家事业发展的根本性、全局性、稳定性、长期性问题。法律是治国之重器，法治是治国理政的基本方式。只有坚持用最严格制度、最严密法治，才能为生态文明建设提供可靠保障。福建省生态文明试验区建设之所以能够取得成效，其重要原因在于合理的体制机制与完善的法律制度所提供的双重保障。2019 年，《国家生态文明试验区（福建）实施方案》26 项重点任务全面完成，按期取得了 38 项重大改革成果，2020 年，福建省 39 项改革举措和经验做法向全国复制推广。

第五，坚持把绿色发展理念贯穿始终，着力解决发展思路问题。理念是行动的先导。实施绿色发展战略，坚持绿色发展理念，才能推动生态文明建设，引领经济社会可持续发展，从总体上提高生态环境质量。绿色发展理念提出加快主体功能区建设、推动绿色低碳循环发展、全面节约和高效利用资源、加大环境治理力度、筑牢生态安全屏障等举措，充分明确了生态文明建设的主攻方向和精准着力点，目的是要打造科学合理的发展布局，开创生态文明建设新局面，使美丽中国建设取得更多成果和更大进展，由蓝图变为现实。福建省生态文明试验区的建设秉承绿色发展理念，通过改革创新，把环境保护和生态建设贯穿融入经济社会发展各领域、全过程，凝聚成包括“长汀样本”“南平样本”“东山样本”等在内的“福建样本”。

启示意义

第一，必须充分借鉴福建省生态文明建设经验，努力实现人与自然和谐共生的现代化。以改革创新为主线，福建省始终坚持绿色导向、优化绿色布局、加强绿色管控、实现绿色价值。武夷山国家公园成为我国正式设立的首批五个国家公园之一；“长汀县水土流失综合治理与生态修复实践”入选 COP15 生态修复典型案例；木兰溪治理成为新中国水利史上“变害为利、造福人民”的生动实践；其创新开展具有山海特色的生态产品市场化改革试点，“武夷山水”“红古田”等生态产品区域公用品牌不断打响；其推广三明市、武平县林改经验，开展重点生态区位商品林赎买等改革试点……生态文明建设的经验和智慧不断凝练，为构建生态文明制度体系贡献了更多福建力量。在新的征程上，必须进一步从这些宝贵的经验中汲取智慧和砥砺前行的力量，厚植绿色优势。

第二，生态文明建设必须立足全国各地自然生态环境和经济发展水平的客观实际，确保工作的稳步推进和扎实有效。中国疆域辽阔，“西北负昆仑，东南襟沧海”，不同地区的自然环境差异极大。但只要立足自身资源禀赋，因地制宜找定位、定举措、蓄动能，绿水青山就能转化为金山银山。福建把八闽大地每一条河流打造为安全、健康、美丽、繁荣的幸福河流；浙江由山到海、从乡到城建设展示生态文明高度发达的窗口；贵州擦亮“山地公园省·多彩贵州风”品牌；青海守护三江源，守望“中华水塔”……东南西北中，全国一盘棋。各地推动自然资源全要素整合、多元化增值，形成生态文明建设各美其美、美美与共的局面。新时代生态文明建设植根于恢宏壮阔的社会实践和文化土壤，在建设美丽中国中不断丰富完善。

案例
23

木兰溪治理：从“水患之河”到“幸福之河”

核心阅读

在福建，有一条水边遍植荔枝树的溪流，它有一个好听的名字，叫木兰溪。历史上，木兰溪水患频繁，老百姓谈“溪”色变。习近平在福建工作期间，擘画、推动木兰溪治理。20多年来，历届莆田市委市政府始终坚持一张蓝图绘到底，“水安全、水生态、水环境、水文化、水治理”系统施策，木兰溪实现了从“水患之河”到“安全之河”的华丽转身，继而向“生态之河”挺进，成为推动当地经济腾飞的“幸福之河”。木兰溪治理成为新中国水利史上“变害为利、造福人民”的生动实践，打造出全国生态文明建设的木兰溪样本。2021年，“实施木兰溪综合治理”被写入国家“十四五”规划和2035年远景目标纲要。木兰溪治理是新时代生态文明建设的一个生动缩影。

木兰溪发源于福建戴云山脉，自西北向东南流经莆田市全境，干流全长105公里，流域面积1 732平方公里，是福建省六大重要河流之一，被当地老百姓称为“母亲河”。绿荫如盖的荔枝林倒映在宽阔的水面，成群的白鹭在茂密的水草丛中悠闲觅食……今天的木兰溪畔，一派荔林水乡的生态意境。

曾经的木兰溪，虽然有一个充满诗意的名字，但是莆田人民谈“溪”色变已逾千年。当地有“雨下仙游东西乡，水淹莆田南北洋”之说。变水害为水利，成了当地百姓跨越千年的企望。

“是考虑彻底根治木兰溪水患的时候了！”

倒塌房屋近6万间，被淹农田45万亩，近3万名群众寄居他乡，2万名学生被迫停课……1999年10月，超强台风引发历史罕见的暴雨洪水，木兰溪又一次变成“灾难之河”。

灾情牵动了时任福建省委副书记、代省长习近平的心，他第一时间来到莆田，走村入户慰问受灾群众。面对灾情，对木兰溪水患成因有着深入了解的习近平留下了一句掷地有声的话：“是考虑彻底根治木兰溪水患的时候了！”

往事越千年。北宋治平元年（1064年），福州长乐女子钱四娘倾其家资围堰筑陂，但因陂址选择不当，刚筑成即被洪水冲垮，钱四娘愤而投水自尽。受钱四娘的治水精神感召，木兰溪上的治水者前赴后继，历经艰难困苦，终于在1083年建成了木兰陂，为雨季奔腾汹涌的溪水扎上了“腰带”。

“水利无遗，海波不兴，人受其益，将及千年。”历经后世修整，木兰陂至今仍发挥着引水、蓄水、灌溉、防洪、挡潮、水运等综合功能，成为我国东南沿海拒咸蓄淡的典型代表工程。作为我国现存最完整的古代灌溉工程之一，木兰陂被誉为福建的“都江堰”。

木兰陂展现了古人治水的决心和智慧，却没能让莆田人民就此告别洪水的袭扰。由于木兰陂下游河段防洪能力不足，洪水频发；河道千回百转、弯多且急，每逢狂风暴雨或天文大潮来临，依然泛滥成灾，沿岸人民深受其害。据1952年至1990年近40年的资料统计，木兰溪平均每10年发生一次大洪水，每4年发生一次中洪水，小灾几乎年年有。因为连年水患，所以农民不敢种植收成好但生长期长的水稻品种，只能种植生产期仅2个月的早稻，便于抢在雨季前收割，虽然守着肥沃的平原，但老百姓却一直过着苦日子。

1999年12月27日，习近平将当年全省冬春修水利建设的义务劳动现场安排在木兰溪，并与当地干部群众、驻军官兵6 000多人一道参加了义务劳动。习近平在现场说：“今天是木兰溪下游防洪工程开工的一天，我们来这里参加劳动，目的是推动整个冬春修水利掀起一个高潮，支持木兰溪改造工程的建设，使木兰溪今后变害为利、造福人民。”木兰溪下游防洪工程建设由此拉开序幕。随着一锹锹挥土和一根根落桩，莆田人根治水患的千年企望一步步走向现实。

“豆腐上筑堤”，“安全之河”终建成

一个郑重承诺，许在了世纪之交，两个世界级难题也摆在了眼前：软基河道、弯多且急、冲刷剧烈，建设一道能抗御30年一遇洪水的堤防，工程技术上必须裁弯取直，新挖河道。其中突出的是两个技术难题：一是木兰溪下游河道蜿蜒曲折，行洪不畅，裁弯取直后抗冲刷难度巨大；二是木兰溪处于沿海淤泥地质带，在此基质上筑堤，无异于在“豆腐上筑堤”。

水患治理，科学为先。习近平多次关心、调研木兰溪的治理工作。他请来国内权威水利专家，找到“软体排”技术，该技术通过了水利部的技术鉴定；他推动全国首个“软基河道筑堤”物理模型实验，让裁弯取直对自然原生态的影响降到最小，并在木兰溪张镇段成功试验。

2003年，木兰溪裁弯取直工程完成，原来16公里的行洪河道，裁直为8.64公里，缩短了7.36公里。2011年，两岸防洪堤实现闭合、洪水归槽，防洪标准大大提升，木兰溪也由原来的“水患之河”变为“安全之河”。

由“怕”变“爱”，“生态之河”绿色惠民

在木兰溪防洪工程建设之初，习近平指出：“治理木兰溪功在当代，利在千秋。现在已起步，但力度尚需加大。”木兰溪治理始于下游防洪工程建设，但治理目标绝不仅限于防洪。早在2012年，莆田就开始按照防洪保安、生态治理、文化景观“三位一体”的理念，推进木兰溪治理从下游走向上游，进而走向全流域系统治理，以河道水域为纽带，串联淡水湖景与人文景观，清水脉、融地脉、铸文脉，“三脉”汇流，让木兰溪生态文明建设全线提升。2013年7月，木兰溪防洪工程仙榜段动工建设，总投资约5.9亿元，建设堤线 31.9 公里。工程布局为“一轴两带三区”，即以木兰溪为轴，形成木兰溪两岸人文及自然生态景观带，打造生态休闲、工艺文化和滨水生态区，并统筹考虑慢道绿网及美化、亮化等配套工程。木兰溪下游的莆田城区，将莆田人文、治水文化、生态堤景、运动休闲等元素结合起来，先后建成了木兰溪城区景观试验段、木兰陂景观提升、左岸绿道等工程，积极推进玉湖新城段堤岸生态修复提升工程。2014 年，莆田开始在木兰溪推行河长制。2017 年中央全面推行河长制后，莆田市加大了河长制工作创新力度，创设了木兰溪流域党政主官双河长，创立了河长日，推出了企业河长，创建了民间河长基金，创新了定期通报、公开曝光、有奖举报、服务外包、严肃问责五项工作机制，开启了河长牵头抓总、全民参与护河的管河模式。

人给河出路，河才能给人生路。2017 年，莆田生态绿心保护修复项目荣获“中国人居环境范例奖”。如今的木兰溪沿线风景如画，空气清新，木兰溪治理不易，莆田人更应珍惜木兰溪治理效果，保护“母亲河”生态环境。

算好“加减法”，全流域打造“幸福之河”

2015 年，木兰溪迎来治理的第三阶段——全流域治理，即坚持绿色发展，通过算好“加减法”打造高素质产业，既保护绿水青山，又收获金山银山。

“做减法”，即把存量做优，减少污染排放，淘汰落后产能，杜绝“两高”项目，加快“腾笼换鸟”。上游封山育林，设立源头自然保护区，面积 27 万亩，保护水系、森林、动植物等生态系统，森林覆盖率高达 73%，莆田市 2018 年获评国家森林城市；中游退耕还林、退田还草，保证清水下山、净水入库；下游保护荔枝林和生态绿心，系统修复河口和湿地。流域内全面禁止新建水电站、石材加工、矿山开采等项目；工业园区外严禁审批工业企业项目，沿岸食品加工等污水排放企业逐步退出或搬迁；将木兰溪干流两岸 1 公里和汇水支流两岸 500 米划为“禁养区”，养殖场全部取缔，土地全部复垦或转型成苗圃等第三产业用地，主动淘汰一批投资大、税收高但高耗水项目。

“做加法”，即把增量做大，抓龙头、品牌、创新和数字赋能，做大做强 12 条重点产业链。与此同时，抓住“双碳”、绿色低碳循环发展等战略机遇，加快培育一批绿色智能制造企业，不断提高莆田产业的含金量、含新量、含绿量，推动经济结构向绿色低碳转型。2017 年，莆田市人民政府出台《关于莆田市重点产业投入与产出控制指标的意见》，创造性地加入了环保、能耗等产业准入条件，推动产业布局和经济结构加速向绿色低碳转型，重点构建电子信息、鞋业、工艺美术等 6 个千亿级产业和高端装备等 4 个 500 亿级产业，构建 LNG 冷能梯级利用等循环经济产业链。

2021 年，木兰溪流域 18 个国省控断面水质优良比例超过了 94%，以生态旅游、电子信息、新材料等为代表的产业集群加快形成。2021 年，莆田地区生产总值达到近 2 900 亿元，是 2012 年的 2 倍多，年均增长达 8.5%。2022 年，福建省人民政府办公厅印发《福建省推进绿色经济发展行动计划（2022—2025 年）》，提出支持莆田木兰溪打造生态产品区域公用品牌，为莆田市探索品牌赋能生态产品、提升生态产品溢价提供了有力保障。

思考讨论

1. 莆田之所以叫莆田，与木兰溪紧密相关。木兰溪流域雨量充沛，只要上游一下大雨，下游就水流漫滩，引发洪涝灾害。而且，木兰溪与海相连，海水因涨潮溯溪而上，潮去洪退，盐碱遍地，木兰溪两岸的南北洋只生蒲草，不长禾苗。因此，以前莆田的“莆”，其实是蒲草的“蒲”。历经千年之久，从洪水肆虐到安澜清波，从不长禾苗到良田万顷，木兰溪是如何实现华丽转身的？

2. 从“安全之河”到“生态之河”再到“幸福之河”，木兰溪推进治水兴水的经验有哪些？

3. 江河流域是生态文明的重要载体，以绿色发展理念为指导，该如何处理好生态安全、生态保护和经济发展之间的关系？

教学建议

本案例主要适用于第十二章第一节“坚持人与自然和谐共生”部分的辅助教学。案例主要展示的是福建省莆田市坚定不移走生态优先、绿色发展之路，持续纵深推动木兰溪流域综合治理的发展历程，全面展现了木兰溪从“水患之河”到“生态之河”再到“幸福之河”的嬗变，再现了一幅人与自然和谐共生的生态文明美丽画卷。

组织教学建议

第一，在教学导入环节，可以给学生讲述历史上木兰溪治水的故事，增加学生对木兰溪水患的了解，其和当前木兰溪之治形成鲜明对比。木兰溪水患由来已久，变水害为水利，是莆田百姓长久以来梦寐以求的愿望。北宋治平元年（1064 年），福州长乐女子钱四娘有感于莆田人民遭受水患痛苦，倾其家资围堰筑陂。但由于陂址选在河道比较狭窄的地方，其抗水流冲击能力不足，刚筑成即被洪水冲垮，钱四娘愤而投水自尽。北宋熙宁元年（1068 年），又一位长乐人林从世携家产 10 万缗来莆田筑陂。他吸取钱四娘失败的教训，将大坝基址选在水流缓慢的下游温泉口。然而，此处虽溪流缓慢，但太靠近兴化湾，海潮汹涌。工程即将完成时，被大潮冲毁，筑陂第二次失败。第三次修陂是在王安石变法时期，政府下诏请有识之士兴建水利，于是轰轰烈烈的农田水利建设在全国展开。熙宁八年（1075 年），应诏而来的闽侯人李宏携 7 万缗钱来莆，他选择木兰山麓为陂址。木兰陂建造设计复杂，工程浩大，施工难度大。在民众的大力支持帮助下，历经 8 年终于完成木兰陂的建造。木兰陂展现了古人治水的决心和智慧，基本驯服了河海交攻、水流漫野之灾，但并没能让莆田人民彻底告别洪水的袭扰。特别是木兰溪上下游落差大，上游来水速度较快，如果碰到天文大潮和强降雨，就会形成洪、涝、潮三碰头，并且下游河流多达 22 个弯道，洪水极易在两岸形成漫溢，带来严重的洪涝灾害。

第二，引导学生理解在木兰溪治理中习近平生态文明思想的指导作用。习近平在福建工作期间，指挥推动木兰溪流域治理，先后四次来到木兰溪现场调研，多次审查并实地检查方案和技术准备，强调一定要“科学治水”，既要治理好水患，也要注重生态保护；既要实现水安全，也要实现综合治理。党的十八大以来，福建广大干部群众牢记总书记嘱托，坚持不懈、久久为功，木兰溪再次迎来绿色之变，昔日“水患之河”如今已成为造福人民的“生态之河”“发展之河”。

第三，引导学生把握木兰溪治理中久久为功、一张蓝图绘到底的精神。历史上的木兰陂历经三次修筑始成，前两次失败都是因为选址不当而功亏一篑。汲取前两次失败的经验教训，第三次选址在木兰山下，使木兰陂至今屹立不倒。新时代以来的木兰溪治理则更是体现了久久为功、一张蓝图绘到底的精神。历届莆田市委市政府牢记习近平“变害为利、造福人民”嘱托，牢固树立“功成不必在我”的政绩观，传承接力，从成立木兰溪下游防洪工程建设领导小组至今，历届市委书记都任领导小组组长、市长都任指挥部总指挥，保持“一张蓝图绘到底，一任接着一任干”的战略定力。

第四，在讨论环节，引导学生思考，处理好生态安全、生态保护和经济发展之间的关系要坚持综合治理的系统观。在20余年的木兰溪治理中，不是片面地就水治水，而是把治水兴水放在经济社会发展大局中来研究推进，实现治水与环境保护、产业转型、城市建设、民生事业等的有序衔接、措施同步，着力构建全域治水格局。开展综合整治，防抗洪水、抓好节水、保障供水、治理污水，实现节水蓄水调水有机统一和山水林田湖草系统治理。

总结提升建议

第一，推进生态文明建设，要始终坚持以人民为中心的根本立场。良好生态环境是最普惠的民生福祉，是关系民生的重大社会问题。生态文明建设要坚持生态惠民、生态利民、生态为民，让良好生态环境成为人民幸福生活的增长点。习近平在福建工作期间，一直致力于推动木兰溪治理。强调要“变害为利、造福人民”，不仅体现了木兰溪治理的智慧，更彰显了治理者的初心。从一切为了人民的根本立场出发，木兰溪进行了彻底的水患治理，结束了“福建全省唯一一座洪水不设防城市”的历史，使莆田人民更加安居乐业。同时，木兰溪治理还体现了一切依靠人民的工作方法。对于木兰陂的建成，钱四娘、林从世、李宏等古代先人作出了重大贡献。筑陂过程中，财力、物力、人力耗费巨大，当时莆田广大百姓和南洋平原大户等许多助力者也是筑陂的主力军。从历史的智慧中汲取营养，当代的木兰溪治理同样一直有群众和民间力量广泛参与，实施木兰溪防洪工程时更是发动全市乃至全省各界人士一起出力。当时，福建省委副书记、代省长的习近平参加了木兰溪工程的义务劳动。木兰陂建设发展、木兰溪治理之所以能取得显著成效，靠的就是众人拾柴火焰高，众人植树树成林，体现的是一切依靠人民的工作方法。总之，以人民为中心既是生态文明建设的出发点，也是生态文明建设的最终落脚点。我们要始终坚持以人民为中心的发展思想，积极回应人民群众所想、所盼、所急，努力破解生态文明建设的各项难题。一切为了人民，一切依靠人民。

第二，推进生态文明建设，要以科技创新和体制机制创新为重要保障。水患治理，科学为先。尊重科学，实质就是尊重客观规律，运用科技力量解决现实问题。科技创新在生态文明建设中发挥着基础性和战略性的支撑作用。千百年来，木兰溪水患难以根治，与其治理难度大息息相关，也与当时科技发展水平不高不无关系。木兰溪治理需要解决一系列世界级技术难题，必须在尊重客观规律的基础上进行科技创新。在进一步治理过程中，河长管河模式的创新、打造安全生态水系的创新、水资源资产化的新路都是依靠体制机制创新，从而将生态文明理念落到实处。勇于创新是木兰溪治理的重要特色，对科学治水和生态文明建设具有重要借鉴意义。

第三，推进生态文明建设，要坚持人与自然和谐共生的绿色发展观。实现人与自然和谐共生——这既是马克思主义关于人与自然关系的思想践行和发展，也是对西方传统工业化道路的反思和扬弃。木兰溪治理，表面看是为了解决危害人民群众生产生活的水患问题，深层次看则是着眼于修复人与自然的关系。木兰溪治理因时、因地制宜，成功破解了“裁弯取直”“软基筑堤”难题，同时最大限度地保留了原有水生态和原始河道，形成了城市内湖，湖心水域面积超过 700 亩，最大限度地保护了流域生态系统原有的平衡和循环，丰富了城市生态内涵。在木兰溪全流域治理中，注重经济社会发展的绿色转型，通过做好“加减法”，一方面减少污染排放，淘汰落后产能，另一方面打造更多新兴产业、优势产业，通过一增一减，莆田人民不仅享受到了优美的生态环境，还有效地把木兰溪的生态优势转化为驱动经济发展的动力，实现生态保护与经济发展协同推进。

■ 启示意义

大自然是人类赖以生存和发展的基本条件。尊重自然、顺应自然、保护自然，是全面建设社会主义现代化国家的内在要求，也是实现地方经济社会发展的必然要求。在新时代新征程上，必须以更大决心、更有力的举措推动绿色发展，促进人与自然和谐共生，必须站在人与自然和谐共生的高度谋划发展，以实际行动扎实推进生态文明建设。木兰溪从“水患之河”到“幸福之河”的嬗变，为新时代开展生态文明建设树立起新的标杆。

案例 24

“以煤为基”守好能源安全底线

核心阅读

能源是国民经济和社会发展的重要基础，能源安全是关系国家经济社会发展的全局性、战略性问题。以国家能源集团宁夏煤业有限责任公司为代表的能源企业认真贯彻习近平提出的“四个革命、一个合作”能源安全新战略，积极开展能源技术革命，依靠自主创新实现了煤制油技术的重大突破，打破了国外少数国家的技术封锁和垄断，使我国成为世界上唯一同时掌握百万吨级煤间接液化和直接液化两种煤制油技术的国家。2023 年，我国煤制油年产能已超 900 万吨，建成了世界上单体规模最大的煤制油项目，有力提高了国家能源保障和安全能力，在直接液化煤制油的基础上奋力开辟新赛道，在大型间接液化煤制油成套技术方面达到国际领先水平，奋力书写了端牢能源饭碗的崭新篇章。

从银川驱车向东，穿过黄河大桥，途经我国最早发掘的旧石器时代文化遗址水洞沟，再前行 25 公里，世界级超级工程、全球单体规模最大煤炭间接液化项目——国家能源集团宁夏煤业 400 万吨/年煤炭间接液化示范项目厂区，便映入眼帘。百米高塔比肩林立、球形储罐星罗棋布、望不到头的管道纵横交错……现代化大型能源企业的壮观景象扑面而来——这是世界上单体规模最大、投资最多的煤制油项目。穿过厂区内长约 3 800 公里的各类管道，化为柴油、石脑油、液化石油气、粗白油、液体蜡、精制蜡……一段由黑变白、从黑转绿的神奇旅程就此完成。

作为全球最大能源消费国，富煤、缺油、少气的资源禀赋决定了我国以煤为主体的能源结构短期内难以改变。因此，利用我国相对丰富的煤炭资源发展煤制油产业，对解决我国石油资源短缺问题、降低对外依存度、托底石油供给、提升国家能源安全保障能力具有重大战略意义。国家能源集团宁夏煤业有限责任公司（简称“宁夏煤业”）勇于承担维护国家能源安全的重担，积极致力于煤制油项目的研发生产，成功打造保障我国能源安全的重要“底牌”，在新时代推进能源革命、保障国家能源安全的砥砺奋斗中当好标杆旗帜。

“一块煤”裂变，托底能源饭碗

宁夏煤炭已探明储量 340 亿吨，是我国能源化工“金三角”的重要一极。为提升煤炭资源利用价值，20世纪90年代末，宁夏煤企开始探索煤制油项目的可行性。2004年，国家发展改革委以项目招投标的方式，确定由宁夏煤业承建煤炭间接液化示范项目。2005年，宁夏煤业开始与相关国外企业展开谈判，希望引进生产线，但始终没能就具体条款达成一致。

技术既然买不来，那就靠自己研发。2013年9月，400万吨/年煤炭间接液化示范项目在宁东能源化工基地正式开工建设。项目占地560公顷，有工艺设备1.3万台、电气设备1.5万台、仪表设备11万台、阀门25万台。这是世界石油化工及煤制油化工行业一次性投资建设规模最大的化工项目，需要建设两条200万吨生产线，由1 000余个子系统、156个系统组成的复杂巨系统集成，工艺复杂，技术难度大。团队首先锚定37项自主国产化任务，推进产业装备制造水平提升，同时联系国内29家大型装备制造企业，开始逐一攻克各项国产化难题。最多有3万人同时施工，他们无惧严寒、酷暑，只为项目投产。

2016年7月19日下午，习近平在银川考察了宁东能源化工基地，指出在我国西部建设这样一个能源化工基地，特别是建设一个目前世界上单体规模最大的煤制油项目，具有战略意义。有了总书记的关心和指示，宁夏煤业全体员工昂扬奋发，誓要将总书记的要求落到实处，原计划工期5年的工程，最终仅用39个月就完成了建设：2016年12月21日，项目打通工艺全流程，油品A线产出合格柴油。至此，我国成为世界上少数掌握煤制油全生产链技术的国家之一。推动煤炭由单一燃料向燃料与原料并重转变，成为能源技术革命和煤炭清洁高效利用的重要途径。项目建成投产后，习近平发来贺信，指出这一重大项目建成投产对我国提高能源自主保障能力、推动煤炭清洁高效利用、促进民族地区发展具有重大意义，是对能源安全高效清洁低碳发展方式的有益探索，是实施创新驱动发展战略的重要成果。截至2024年6月，37项自主国产化任务全部完成，工艺设备国产化率达到98.5%。

自2016年投产运行以来，400万吨/年煤炭间接液化项目年转化煤炭2 400万吨，占宁夏煤炭年产量1/4，吨煤转化成油的价值提升7倍。该项目实现了从建起来、开起来到稳起来、优起来的转变，我国的煤间接液化成套技术创新开发及产业化也处于国际领先水平。

“一棵树”繁茂，崛起产业高地

依托煤制油技术的创新开发和应用，一批企业在宁东能源化工基地加大布局，持续提升煤化工的工艺技术和装备水平，自主或合作研发单碳切割、精细分离、精准合成等新技术，发展包括煤制油、煤基烯烃等在内的现代煤化工产业，产出包括甲醇、烯烃等初级产品，高端纺织及化纤制品、新材料、精细化工高端润滑油等十几种精细化工产品，促进现代煤化工产业向高端化、多元化、低碳化发展。

2020年12月3日，嫦娥五号着陆器携带的五星红旗在月球表面成功展开，惊艳太空。这面红旗不仅能抵御月球表面的恶劣环境，还能保证不褪色、不串色、不变形。制作红旗的基础材料之一——高性能芳纶纤维，竟是以黝黑的煤炭为原料加工而成的。生产这种材料的泰和新材有限公司，是宁东能源化工基地的骨干企业之一。

除了产出高品质的柴油、汽油，宁夏煤业还通过优化工艺路线使煤炭产出高端润滑油、食品蜡、航空航天燃料等多种煤化工产品。2023 年 4 月，天龙二号遥一运载火箭首飞成功，成为世界上第一个以煤基航天煤油为燃料的液体运载火箭，其使用的煤基航天煤油是煤制油延长煤化工产业链的重要成果之一。

着力于高端化、多元化、低碳化的目标，宁夏煤业煤制油已初步形成“五大类、21 种”产品集群，实现了由单一油品向多元化高端产品的转变。经过技术攻关，宁夏煤业攻克了煤基聚烯烃弹性体（POE）成套技术，其产品外观状若珍珠、小颗粒洁白如雪，这是广泛应用于汽车、建筑、电器等领域的合成橡胶材料，具有优异的物理特性和稳定性，颇受市场青睐。我们日常生活中使用的塑料饭盒、水杯、口罩等都是 POE 产品加工的。依托煤制油装置 α-烯烃优势，宁夏煤业未来每年可生产 40 万吨的 POE 产品。

经过多年的建设发展，宁东能源化工基地已经成为我国四个现代煤化工产业示范区中规模最大、产值最高的园区，煤化工生产能力达到每年 2 800 万吨以上，形成我国最大的煤制油和煤制烯烃生产基地，构建了煤化工与煤炭开采、电力、石化化工、精细化工、新材料、清洁能源、节能环保等产业融合发展的新局面。

同舟共济扬帆起，乘风破浪万里航。新时代以来，在能源安全新战略指引下，我国能源事业蓬勃发展，发展理念不断深化、举措全面落地、成效加快显现，有力地保障了我国能源安全。尤其是在煤制油领域，我们取得了从跟跑到领跑的历史性成就，能够在关键时刻为保障国家能源安全兜底。展望未来，我们将继续贯彻落实能源安全新战略，筑牢我国能源安全的“压舱石”，为以中国式现代化全面推进中华民族伟大复兴筑牢能源屏障。

思考讨论

1. 2023 年 7 月，习近平在江苏考察时指出：“能源保障和安全事关国计民生，是须臾不可忽视的‘国之大者’。”结合案例，应如何理解维护能源安全的重要意义？

2. 党的二十届三中全会提出，国家安全是中国式现代化行稳致远的重要基础。为此，必须坚持以总体国家安全观为指导构建新安全格局。结合当前的安全形势，应如何构建统筹各领域安全的新安全格局？

3. 进入新时代，习近平高度重视高质量发展这个首要任务和国家安全这个头等大事，强调“坚持统筹发展和安全，坚持发展和安全并重，实现高质量发展和高水平安全的良性互动”。在新征程上，我们为什么必须坚持统筹发展和安全？

教学建议

本案例主要适用于第十三章第二节“构建统筹各领域安全的新安全格局”部分的辅助教学。案例介绍了在国际能源安全格局深刻变化、能源安全形势错综复杂的时代背景下，以宁夏煤业为代表的能源企业在能源安全新战略指引下，大力推进关键技术攻关，实现了煤制油技术研发和应用的重大突破，用科技创新推动产业创新，走出一条具有中国特色的能源行业高质量发展之路，为新时代保障能源安全、维护国家安全提供了有益参照。

组织教学建议

第一，本案例适用于教学导入环节。教师在讲授“构建统筹各领域安全的新安全格局”这一教学内容之前，可以先讲解本案例，并由案例分析和讨论引出教学主题。随着全球经济和地缘政治格局深刻调整，大国博弈更趋激烈，极端气候多发，能源问题政治化、工具化、武器化，新征程上维护我国能源安全面临诸多困难和挑战。案例介绍的宁夏煤业就是在这样的背景下大力推进能源技术创新和能源产业升级，为实现高质量发展和维护国家能源安全进行成功探索。教师通过讲解案例，要让学生更全面地了解习近平提出的能源安全新战略以及在其指导下我国为维护能源安全所取得的新成就，从而强化其维护国家能源安全意识，使其积极参与维护国家能源安全的社会实践。

第二，教学中要对案例内容，尤其是我国当前面临的能源安全形势进行补充介绍。近年来，国际能源安全风云激荡，受气候变化、地区危机、单边限制措施等因素影响，国际能源供需在矛盾与合契中演绎着新的大变局，国际能源版图深刻变迁。这种情况下，必须认真落实能源安全新战略，深入推动能源革命，将能源的饭碗牢牢端在自己手里。此外，尽管我国能源行业近年来的发展取得了巨大成就，供给和消费结构不断优化，科技创新加快布局，国际合作扎实推进，但客观来看，能源高效供给、高水平科技创新、深层次体制机制变革、全方位国际合作等方面还存在不少制约因素，油气能源对外依存度居高等问题依然没有有效解决，特别是新一轮能源革命蓬勃兴起，绿色低碳转型步伐明显加快，这就需要我们大力进行能源技术和产业革新。上述形势分析能够让学生认识到维护国家能源安全、筑牢国家安全屏障的重要性和紧迫性，进而深化对构建新安全格局的思考和认识。

第三，案例讲解时要注意坚持总体国家安全观的视角。能源安全是总体国家安全的重要组成部分，也是经济社会稳定发展的基础，只有站在总体国家安全观的高度，才能全面把握能源安全在新时代新征程的重要性，才能形成对能源安全的准确认识。而且，能源安全与经济安全、环境安全、气候安全等安全议题紧密相关，只有立足于总体国家安全，对各重点领域的国家安全进行有效统筹，才能构建起系统完备、科学规范、运行有效的国家安全制度体系，国家安全体系和能力现代化水平才能不断提升。

第四，可以运用相关文献资料来辅助开展案例教学。2024年6月，中共中央党史和文献研究院编辑的《习近平关于国家能源安全论述摘编》一书由中央文献出版社出版，在全国发行。该书分8个专题，共计217段论述，摘自习近平2012年11月至2024年5月期间的报告、讲话、演讲、谈话、贺信、回信、指示、批示等130多篇重要文献。系列重要论述，立意高远，内涵丰富，思想深刻，对于新时代新征程统筹好新能源发展和国家能源安全，深入推动能源革命，加快建设能源强国，为中国式现代化建设提供安全可靠的能源保障，具有十分重要的意义。另外，国际能源署（IEA）、中国社会科学院、中国石油集团经济技术研究院等相关机构近年来发布了多份能源安全报告，对全球能源安全形势进行分析评价。组织学习和讨论上述文献，可以让学生进一步深化对能源安全问题的认识，深化对总体国家安全观和新安全格局的认识。

总结提升建议

第一，能源安全事关经济社会发展全局，对国家繁荣发展、人民生活改善、社会长治久安至关重要。我国是世界上最大的能源生产国和消费国，如何确保国家能源安全、保障经济社会发展，始终是能源事业发展面临的首要问题。受国际能源形势波动和自身能源资源禀赋等因素的影响，我国的能源安全形势十分严峻，维护国家能源安全的任务十分艰巨。为此，党的二十大报告提出，“加强重点领域安全能力建设，确保粮食、能源资源、重要产业链供应链安全”，明确将确保能源资源安全作为维护国家安全能力的重要内容。案例内容也生动显示了能源安全的重要性：宁夏煤业通过自主创新实现了煤制油技术研发和应用的突破，不仅对破解能源困境、推动能源产业升级有重要意义，而且助力现代煤化工产业的快速发展，实现煤炭利用方式从“以燃料为主”向“以化工原料为主”的转变，使“一块煤”裂变成“一滴油”“一块布”“一根丝”，既促进能源高效利用，也促进经济社会发展。2023 年 7 月，习近平在江苏考察时指出，“能源保障和安全事关国计民生，是须臾不可忽视的‘国之大者’”，强调要加快推动关键技术、核心产品迭代升级和新技术智慧赋能，提高国家能源安全和保障能力，对保障能源安全提出了新的要求，也凸显了维护能源安全的重要性。

第二，必须坚持总体国家安全观，贯彻落实好能源安全新战略。习近平站在统筹中华民族伟大复兴战略全局和世界百年未有之大变局的高度，从总体国家安全的角度出发，于 2014 年提出了“四个革命、一个合作”能源安全新战略，围绕推动能源消费革命、能源供给革命、能源技术革命、能源体制革命，全方位加强国际合作，实现开放条件下能源安全，提出一系列新理念新观点新要求，为新时代我国能源高质量发展指明了方向、提供了遵循。宁夏煤业在煤制油研发应用领域取得的进展就是贯彻落实能源安全新战略的重要成果，从能源技术的更新换代到能源供给形式的多元架构，从能源消费结构的优化到能源管理体制的改革，宁夏煤业全方位地深入践行能源安全新战略，助力我国能源发展实现一系列历史性、转折性、全局性变化。党的二十大报告也提出，“深入推进能源革命”，“加大油气资源勘探开发和增储上产力度”，“加强能源产供储销体系建设，确保能源安全”。以此为指导，要实现能源高质量发展、有效保障能源安全，必须坚持以总体国家安全观为指导，深刻理解和把握能源安全新战略的丰富内涵与深远考量，毫不松懈地抓紧抓细抓实能源安全保障工作。

第三，构建新安全格局是应对国家安全形势新变化、新趋势的战略选择。以习近平同志为核心的党中央从坚持和发展中国特色社会主义的战略高度，审时度势地回答了新时代新征程如何既解决好大国发展进程中面临的共性安全问题，同时又处理好中华民族伟大复兴关键阶段面临的特殊安全问题，作出了构建新安全格局的重大战略部署。新时代新征程，构建新安全格局，要始终坚持党对国家安全工作的绝对领导，坚持党中央对国家安全工作的集中统一领导，充分发挥党在中国特色国家安全实践中总揽全局、协调各方的领导核心作用，确保党的领导和我国社会主义制度不动摇，确保中国特色国家安全道路越走越宽广。在构建新安全格局的过程中，理论层面进一步拓展和深化了对新时代国家安全工作的规律性认识，丰富和发展了马克思主义国家安全理论，实践层面则为推进中国式现代化、实现中华民族伟大复兴提供了安全保障。以案例中宁夏煤业围绕煤制油技术的研发应用为代表，坚持以科技创新打造发展新质生产力的主引擎，维护国家能源安全的能力显著提升，国家安全体系和机制也不断健全，切实发挥了守好重点领域国家安全的主阵地和主战场作用，统筹推动国家安全工作深入开展。

第四，新时代必须坚持统筹发展和安全，实现高质量发展和高水平安全良性互动。坚持统筹发展和安全，增强忧患意识，做到居安思危，是我们党治国理政的一个重大原则。面对复杂多变的安全和发展环境，党的十九届五中全会首次把统筹发展和安全纳入“十四五”时期我国经济社会发展的指导思想，党的二十大强调“统筹发展和安全”，并将其写入党章，党的二十届三中全会指出要“实现高质量发展和高水平安全良性互动”。发展和安全是紧密相关的两件大事，处理好发展和安全的关系，对在复杂环境下更好推进我国经济社会发展具有重大指导意义。习近平曾指出：“安全和发展是一体之两翼、驱动之双轮。安全是发展的保障，发展是安全的目的。”作为总体国家安全的重要组成部分，维护能源安全也必须坚持统筹发展和安全，能源是经济社会发展的重要物质基础和动力源泉，推动能源行业更好统筹高质量发展和高水平安全，对于以中国式现代化全面推进强国建设、民族复兴伟业具有重要意义。为此，宁夏煤业既注重生产安全，也强调行业安全和环境安全，坚持以新发展理念引领保障能源安全。在前进道路上，我们既要善于运用发展成果夯实国家安全的实力基础，又要善于塑造有利于经济社会发展的安全环境，实现发展和安全互为条件、彼此支撑。

启示意义

实现中华民族伟大复兴的中国梦，保证人民安居乐业，国家安全是头等大事。能源安全作为总体国家安全的重要组成部分，在新安全格局中占有重要位置。以习近平同志为核心的党中央提出了能源安全新战略，深刻揭示了世界能源发展的大趋势、大逻辑，指明了新时代我国能源发展的特点规律和方向趋势，对于保障国家能源安全、推动我国能源行业高质量发展具有重大意义。宁夏煤业深入践行这一战略，大力发展煤制油产业，为优化能源结构、巩固国家能源安全提供了技术战略储备。

2024年4月23日，习近平在重庆主持召开新时代推动西部大开发座谈会并发表重要讲话时指出，要坚持统筹发展和安全，提升能源资源等重点领域安全保障能力。以此为遵循，我们必须在新安全格局与新发展格局相互促进中推动高质量发展和高水平安全良性互动、深度融合、协同共进，实现更高质量、更有效率、更加公平、更可持续、更为安全的发展。

案例 25

从古田会议到“新古田会议”：铸牢永远不变的军魂

核心阅读

人民军队是中国特色社会主义的坚强柱石。建设强大人民军队，首要的是毫不动摇坚持党对人民军队绝对领导的根本原则和制度。党的十九大把“坚持党对人民军队的绝对领导”确定为新时代坚持和发展中国特色社会主义的一条基本方略。党对人民军队绝对领导的根本原则和制度，发端于南昌起义，奠基于三湾改编，定型于古田会议。1929 年召开的古田会议以思想建党、政治建军的鲜明特色，成为我党我军发展史上的一个重要里程碑。2014 年召开的古田全军政治工作会议是人民军队逐梦新征程、奋进新时代的“始发站”。两次古田会议，一条治军红线。正是牢牢铸就坚持党对军队的绝对领导这一“军魂”，人民军队才有攻无不克、战无不胜的强大法宝。两次会议一脉相承、薪火相传，精神相通、主旨相同，在党和军队建设历史上都具有里程碑意义。

中国闽西的小镇古田，是新型人民军队定型的地方。1929 年召开的古田会议第一次以决议的形式，确立了党对军队绝对领导的根本原则，由此，人民军队军魂铸就。2014 年在古田召开的全军政治工作会议，对新时代强军兴军作出新的政治擘画。古田见证了人民军队两次重要关头、两次革故鼎新、两次凤凰涅槃、两次浴火重生。

古田会议：军魂从此铸就

1927 年的南昌起义打响了武装反抗国民党反动派的第一枪，成为中国共产党独立创建人民军队的开端。两年后，红军尚处“幼年”，还不是一支完全成型的无产阶级人民军队。兵员的成分非常复杂，多种非无产阶级思想在军中滋长起来。这时的中国共产党，诞生也还不到八年，同样处于“幼年”，又刚刚拿起了枪杆子。年轻的中国共产党和更为年轻的中国工农红军，还在披荆斩棘地探索着前路。新的考验与挑战已经倏然来临：在农村游击战争环境中，在党员成分主要是农民的条件下，如何把党建设成为无产阶级先锋队，把以农民为主体的军队建设成为新型无产阶级军队？

一系列的思想困惑、原则问题摆在眼前，亟待厘清，分歧和争论也就不可难免。红四军内部发生了激烈争论。有些来自旧军队的指战员不习惯党的领导，认为当兵就纯粹是为了“吃饭”，甚至认为政治部是“卖狗皮膏药”，不赞成红军宣传和组织群众、创建革命根据地，而是热衷于攻打城市，主张“走州过府”、四处游击。毛泽东较早地看到问题的严重性，开始加以纠正，但是纠正的过程并非一帆风顺。

1929 年 4 月 3 日，一名中央军事部特派员带着中央写给红四军前委的“二月来信”，来到瑞金。此人和此信的出现，如同一股冬日寒流，吹得红四军上下惶惶不安。

读罢来信，朱德紧锁眉头，毛泽东气愤地说：“不知道中央是什么意思？太悲观了，太悲观了！我不离开，我不走，拿轿子抬我也不走！”

原来，“二月来信”对红四军作了如此“重要指示”：“应有计划地有关联地将红军的武装力量分成小部队的组织，散入湘赣边境各乡村中进行和深入土地革命”；“依据目前的形势，决定朱毛两同志有离开部队来中央的需要”，“因为朱毛两同志留在部队中，目标即大，徒惹敌人更多的注意”。

4 月 5 日，毛泽东主持召开红四军前敌委员会会议，讨论“二月来信”。会后，毛泽东以红四军前敌委员会的名义给中央复信，陈述了不同意见，并向中央报告了红四军的状况和计划。中央不再坚持之前的意见。然而，“二月来信”中的消极思想却在广大红四军官兵中传开了。

红四军指战员就如何建设党领导下的新型军队产生了激烈的思想碰撞，尤其是围绕党如何领导军队这个课题争论得尤为激烈，甚至在红四军军长朱德与前委书记兼党代表毛泽东之间也发生了争论。红四军“七大”决定给朱德警告处分，给毛泽东严重警告处分，毛泽东落选前委书记而到地方工作，红四军“八大”则因为缺乏领导核心无果而终。

敌军“会剿”形势严峻，统一红军思想问题迫在眉睫。陈毅专程赴上海向党中央汇报工作。中共中央专门成立了由周恩来、李立三、陈毅组成的委员会，在反复研究讨论取得一致意见的基础上，由陈毅起草、周恩来审定了《中共中央给红四军前委的指示信》，史称“九月来信”。“九月来信”肯定了红四军成立以来的成绩和经验，并对红四军党内的争论问题作了结论，明确要求朱、毛团结合作，要求红四军维护朱、毛的领导，毛泽东应仍为前委书记。9 月 28 日，中央政治局讨论通过了这封信。

11 月 26 日，毛泽东和朱德、陈毅在长汀红四军军部重逢了，三双大手握在了一起。三位老战友各自作了自我批评后，便心情愉快地投入红四军“九大”的准备工作中去了。

1929 年 12 月 28 日，雪花覆盖了福建省上杭县古田的山川和大地，也给彩眉岭下的曙光小学披上了洁白的盛装。120 多名代表精神振奋，围坐在篝火旁，召开“中国共产党红军第四军第九次代表大会”。会议一致通过了毛泽东起草的《中国共产党红军第四军第九次代表大会决议案》，充分肯定了自三湾改编以来毛泽东的建军主张，把党对军队绝对领导这一新的军事领导制度理论化、规范化、制度化。决议指出红军“是一个执行革命的政治任务的武装集团”，军事的“一切工作，在党的讨论和决议之后，再经过群众去执行”，“每连建设一个支部，每班建设一个小组，这是红军中党的组织的重要原则之一”。

古田会议探索出思想建党、政治建军的光辉道路，新型人民军队由此走上了发展壮大的历史征程。

新古田会议：铸牢强军之魂

中国共产党领导的人民军队闯过了革命战争年代的“雄关漫道”，进入 21 世纪，在新的历史条件下遇到了新的“激流险滩”。

在外部，随着中国综合国力的迅速增长，世界正处于百年未有之大变局，国际敌对势力想方设法遏制中国：发动“颜色革命”，宣扬“军队国家化”，贩卖“历史虚无主义”……“铸魂与蛀魂、固根与毁根”的较量更加激烈。

在内部，承平日久，党和军队中出现了一些不良现象，全军官兵的政治思想阵地受到了严重冲击。

历史迎来拐点，拐点仍在古田。2014 年 10 月，闽西古田，漫山红遍，层林尽染。白墙青瓦的古田会议会址庄重古朴，“古田会议永放光芒”8 个大字熠熠生辉。习近平率 400 余名高级干部走进古田，召开新世纪第一次全军政治工作会议。

“我提议到古田召开全军政治工作会议，就是要寻根溯源、正本清源、温故知新，引导全军思考我军是怎么走过来的，现在的问题和差距在哪里，下一步要往哪里走，新形势下要成为一支什么样的军队。”习近平的决策考量，赋予这次会议深厚的历史承载、深刻的现实意义、深远的政治意蕴。

接见会议代表，参观古田会议会址、纪念馆，瞻仰毛主席纪念园，同老红军、军烈属代表座谈，和基层官兵同吃“红军饭”，观摩“红色印迹——红军标语展示”……

从清晨到傍晚，习近平的日程安排得满满当当。

在全军政治工作会议上，习近平指出“紧紧围绕实现中华民族伟大复兴的中国梦，为实现党在新形势下的强军目标提供坚强政治保证”，是军队政治工作的时代主题。这是党赋予我军政治工作的新使命，是政治工作的根本出发点、落脚点。部队中存在的突出问题到了非解决不可的时候，否则军队就有变质变色的危险。他指出，加强和改进新形势下我军政治工作，最紧要的是把四个带根本性的东西立起来：把理想信念在全军牢固立起来，把党性原则在全军牢固立起来，把战斗力标准在全军牢固立起来，把政治工作威信在全军牢固立起来。要着力抓好铸牢军魂工作，着力抓好高中级干部管理，着力抓好作风建设和反腐败斗争，着力抓好战斗精神培育，着力抓好政治工作创新发展。“坚持党对军队绝对领导是强军之魂。”习近平郑重指出，铸牢军魂是我军政治工作的核心任务，任何时候都不能动摇。

古田全军政治工作会议后，人民军队重整行装再出发，开启新时代强军兴军之路。人民军队的铸魂重塑，是一场前所未有的大变革，更是一次政治上的大检阅。加强思想政治引领，驰而不息纠风，从严从紧肃纪，高压严治惩贪，政治生态明显好转。人民军队回归传统、回归本色，重塑思想、重塑作风。围绕实现党在新时代的强军目标，深入推进政治建军、改革强军、科技强军、人才强军、依法治军，聚力备战打仗，国防和军队建设取得历史性成就、发生历史性变革。凝聚在党的旗帜下，伟大的人民军队始终军魂永驻、信念如磐。

思考讨论

1. 为什么说古田是新型人民军队定型的地方？“党指挥枪”这一原则的确立在人民军

队发展史上发挥了什么样的作用？

2. 强军必先强心，强心重在铸魂。如何理解习近平指出的“坚持党对军队绝对领导是强军之魂”？为什么说新古田会议是人民军队政治工作接续发展的新起点？

3. 要不要坚持党对人民军队的绝对领导，始终是我们同各种敌对势力斗争的一个焦点。敌对势力极力鼓吹“军队非党化、非政治化”和“军队国家化”。你认为这种观点有何谬误性、危害性？

教学建议

本案例主要适用于第十四章第三节“加快推进国防和军队现代化”部分的辅助教学。案例主要介绍了古田会议如何提出党对军队绝对领导的思想以及中国特色社会主义进入新时代后中国共产党人对这一思想的新发展，彰显了“党指挥枪”这一人民军队建设的根本原则对始终坚持人民军队的性质和宗旨具有的重大而深远的指导意义。

组织教学建议

第一，在案例讨论前，教师可以组织学生在课外线上观看中央军委政治工作部组织拍摄的大型纪录片《强军》第二集《铸魂》，了解两次古田会议从思想上、政治上建设军队的基本情况，也可以组织学生在课外线上观看国家广播电视总局、中央广播电视总台、中央军委政治工作部等联合出品的大型文献专题片《我们走在大路上》第二十一集《强军战歌》或大型文献专题片《敢教日月换新天》第二十二集《强军兴军》，了解在习近平强军思想的引领下，人民军队在新时代走出的中国特色强军之路，为案例讨论打下良好基础。

第二，在案例讨论开始时，教师可以采用情景教学法，向学生介绍1927年大革命失败到1929年古田会议召开前，红军建设过程中所面临的各类困难，引发学生思考确立“党对军队绝对领导”的必要性。可以根据《中国共产党红军第四军第九次代表大会决议案》中所列的各类非无产阶级意识进行阐发，如结合历史提问学生：当时红军战士政治水平低，认识不到红军任务与国民党军队的根本不同点，应当怎么办？有人提出“司令部对外”的口号，主张以军队垄断政权，走像国民党军队那样的道路，这种思想错在哪里？很多红军战士由俘虏兵转化而来，带有浓厚的雇佣观念，认为自己只对长官负责，而不是对革命负责，应如何教育并转化其观念？激发学生的问题意识，使学生对相关理论问题产生兴趣并深入思考，进而提升学生分析问题、解决问题的能力。

第三，在案例讨论中，教师可以引导学生结合近代中国历史分析“坚持党对军队绝对领导”为何是建军之本、强军之魂。在中国共产党诞生之前，近代中国的舞台上曾产生过各种各样的政党和军队，却终究没能让一个古老大国走出苦难。是什么样的正确思想有如此强大的凝聚力，让一个新兴的无产阶级政党带领人民军队“唤起工农千百万”，完成救亡图存的历史使命？答案就是：思想建党、政治建军。听党指挥是建军、强军的灵魂，决定军队建设的政治方向。人民军队由党缔造，人民军队从诞生之日起，就始终在党的绝对领导下行动和战斗。有了中国共产党，有了中国共产党的坚强领导，人民军队前进就有方向、有力量。1929 年的古田会议，围绕“建设一支什么样的军队、怎样建设军队”的历史课题，明确规定了红军的性质、任务，确立了思想建党、政治建军的原则，确立了党对军队绝对领导的根本原则。这个根本原则奠定了新型人民军队的基础，从根本上解决了“为了谁、依靠谁、跟谁走”的大问题，并赋予这支新型人民军队强大的军魂。古田，是新型人民军队定型的地方。从古田出发，人民军队矢志不渝听党话、跟党走，铸就了攻无不克、战无不胜的钢铁雄师。历史告诉我们，坚持“党指挥枪”、建设自己的人民军队，是党在血与火的斗争中得出的颠扑不破的真理。党的十八大以来的建设成就告诉我们，只有坚持党对人民军队的绝对领导，大刀阔斧深化国防和军队改革，才能实现人民军队体制一新、结构一新、格局一新、面貌一新。

总结提升建议

第一，党对军队的绝对领导是我们党和国家的重要政治优势和制度优势，是人民军队的建军之本、强军之魂。坚持党对军队的绝对领导，是马克思主义建党建军的一条基本原则。中国共产党缔造和领导的人民军队，从来都不讳言自己的政治属性，公开承认自己是执行党的政治任务的武装集团。巩固国防和强大人民军队是新时代坚持和发展中国特色社会主义、实现中华民族伟大复兴的战略支撑。党的十九大把“坚持党对人民军队的绝对领导”确定为新时代坚持和发展中国特色社会主义的一条基本方略。党在新时代的强军目标是建设一支听党指挥、能打胜仗、作风优良的人民军队，把人民军队建设成为世界一流军队。党对军队的绝对领导是我国的基本军事制度，与中国特色社会主义政治制度相配套、相吻合。必须牢牢坚持党对军队的绝对领导，把这一条当作人民军队永远不能变的军魂、永远不能丢的命根子，任何时候、任何情况下都以党的旗帜为旗帜，以党的方向为方向，以党的意志为意志，以党的初心为初心，以党的使命为使命。对党绝对忠诚、永远听党指挥，已经融入人民军队的血脉和基因。习近平在党的二十大报告中指出：“如期实现建军一百年奋斗目标，加快把人民军队建成世界一流军队，是全面建设社会主义现代化国家的战略要求。”坚持党对人民军队的绝对领导，坚持政治建军，全面加强人民军队党的建设，确保枪杆子永远听党指挥，是实现建军一百年奋斗目标、开创国防和军队现代化新局面的必然要求。

第二，党对军队的绝对领导，具有坚实的理论基础，来源于丰富的实践经验，符合现实政治需要，具备充分的法律依据。马克思主义认为，在阶级社会中，军队必定从属于某一阶级，因而也必须由代表这个阶级的政党来领导。以毛泽东同志为主要代表的中国共产党人在中国的革命实践中，旗帜鲜明地提出坚持党对军队绝对领导应作为人民军队建设的根本原则。这一原则不是凭空产生的，而是我们党和军队以鲜血为代价换来的、历经艰辛探索得来的。这一根本原则和制度，发端于南昌起义，奠基于三湾改编，定型于古田会议，是人民军队完全区别于一切旧军队的政治特质和根本优势。古田会议决议是在同各种错误思想倾向的斗争下，创新性地提出了把以农民为主要成分的军队建设成为无产阶级性质的新型人民军队这个根本性问题的原则方向，光耀我党我军史册。党的十八大以来，党对军队绝对领导与军队党的建设统一于新时代改革强军伟大实践，共同推动人民军队建设取得一系列伟大成就。与此同时，我国的宪法、《国防法》都强调中华人民共和国的武装力量受中国共产党领导。中国特色社会主义进入了新时代，我国的国防和军队建设也进入了新时代。新时代新征程上，全军必须深入贯彻习近平强军思想，坚持走中国特色强军之路，努力建设同我国国际地位相称、同国家安全和发展利益相适应的巩固国防和强大人民军队，为实现中华民族伟大复兴提供战略支撑。推进强军事业，必须毫不动摇坚持党对军队的绝对领导，确保人民军队永远跟党走。

第三，党的十八大以来，强军事业取得历史性成就、发生历史性变革，最根本在于以习近平同志为核心的党中央坚强领导，在于习近平强军思想的科学指引。当今社会正处于一个剧烈变化的时期，“两个大局”同步交织、相互激荡，发展道路和发展模式的竞争更加激烈，以信息化为核心的世界新军事革命正加速推进，国际军事竞争日趋激烈；我国处于由大向强发展的关键阶段，实现中华民族伟大复兴正处于关键时期。“船到中流浪更急、人到半山路更陡”。强国必须强军，军强才能国安。强军必先强心，强心重在铸魂。坚持党对军队绝对领导是确保党长期执政、国家长治久安的根本法宝，是我军能打仗、打胜仗的根本保证，是我军始终保持人民军队性质宗旨的根本保证。2014 年古田全军政治工作会议，研究解决新的历史条件下党从思想上、政治上建设军队的重大问题，确立新时代政治建军方略，引领全军重整行装再出发。以习近平同志为核心的党中央，在波澜壮阔的强军实践中，带领全军深入进行理论探索和实践创造，形成了习近平强军思想，深刻回答了“新时代建设一支什么样的强大人民军队、怎样建设强大人民军队”的时代课题。“坚持党对人民军队的绝对领导”是习近平强军思想突出强调的根本原则，并且上升为新时代我们党的基本方略。新时代党对军队的绝对领导主要是通过党对军队的思想领导、政治领导和组织领导实现的。党旗所指，军旗所向。党的领导，是人民军队始终保持强大的凝聚力、向心力、创造力、战斗力的根本保证。

第四，必须旗帜鲜明地抵制“军队非党化、非政治化”和“军队国家化”错误政治观点。古田会议中以毛泽东同志为主要代表的中国共产党人指出了红四军中流行的各种非无产阶级意识，尖锐地批评了单纯军事观点、极端民主化、非组织观点、个人主义等危害党的领导的错误思想。新的历史条件下，国内外敌对势力极力鼓吹和散布“三化”错误观点，即“军队非党化、非政治化”和“军队国家化”。习近平强调，必须旗帜鲜明地反对“三化”错误政治观点。首先，要认清“三化”错误观点的荒谬性。在政党政治条件下军队总是为一定阶级及其政党实现政治目的服务的。而“三化”的论调，歪曲和割裂了政党、政治、国家和军队之间的必然联系，掩盖了军队为阶级及其政党服务、为政治服务的本质，掩盖了国家的阶级本质，在理论上是荒谬的，在实践上是站不住脚的。其次，要对“三化”错误观点包含的险恶用心有清醒认识。习近平告诫道：“敌对势力别有用心制造种种错误舆论，目的是搞乱我们的思想、搞垮我们的制度，动摇党对军队绝对领导的根基。”我们要认清敌对势力对我们实行西化、分化战略的图谋，企图“化”掉我们党的执政地位、“化”掉我们国家的社会主义性质、“化”掉我们人民军队的政治本色的险恶用心，始终保持理论上的清醒和政治上的坚定。最后，要对“三化”错误观点的严重危害有明确的认识。军事不过硬，一打就败；政治不过硬，不打自败，甚至会导致“城头变幻大王旗”。

否定党对人民军队的绝对领导，把军队从党的旗帜下拉出去，改变人民军队的性质、宗旨，必然会动摇党的执政地位，动摇社会主义大厦的根基。人民军队在建设中必须吸取东欧剧变的教训，引以为戒，充分认清对“三化”错误观点不反对和不抵制的巨大危害性，着力提高坚持党对人民军队绝对领导的政治自觉，真正做到“炼就金刚身，不怕百毒侵”。

启示意义

第一，党的领导是战胜一切艰难险阻的制胜法宝。不管时代如何发展，不论社会如何变化，古田会议精神始终是人民军队永葆本色的关键所在。古田会议孕育形成了以从思想上建党、保持党的无产阶级先锋队性质和建设党对军队绝对领导的新型人民军队为核心内涵的古田会议精神。新时代不断推进党的建设新的伟大工程、加强国防和军队建设，必须大力弘扬古田会议精神，结合新的使命任务，以创新精神积极探索贯彻执行党对军队绝对领导这一根本制度的有效途径和科学方法，确保军队在贯彻执行党的路线方针政策时，绝对忠诚、绝对纯洁、绝对可靠。矢志不渝跟党走是中国青年百年奋斗的最宝贵经验，深深融入血脉的红色基因是中国青年百年奋斗的最宝贵财富。新时代中国青年应通过历史对比、国际比较、社会观察、亲身实践，深刻领悟党的领导、领袖领航、制度优势、人民力量的关键作用，衷心拥护党的领导，努力成长为党、国家和人民所期盼的有志青年。

第二，思想政治工作是党的一切工作的生命线。加强和改进思想政治工作，事关党的前途命运，事关国家长治久安，事关民族凝聚力和向心力。古田会议确立了思想建党、政治建军原则，确立了我军政治工作的方针、原则、制度。思想政治工作成为我党我军的优良传统和突出政治优势，是一切工作的生命线。敌对势力要搞乱一个社会、颠覆一个政权，往往从意识形态领域打开缺口，从搞乱人们的思想下手。事实证明，意识形态领域，我们不去占领，敌人就会去占领。打赢意识形态领域的斗争，夺取意识形态领域斗争的胜利，必须坚持党的领导。思想指引人生方向，信念决定事业成败。新时代中国青年必须把树立正确的理想、坚定的信念作为立身之本，努力成长为堪当民族复兴重任的时代新人。

案例 26

从“北京和解”到《北京宣言》：为维护世界和平贡献中国智慧

核心阅读

风云激荡中举旗定向，沧海横流中掌舵领航。面对当前动荡不安的国际形势，中国不仅热爱和平，而且胸怀天下、勇毅担当，提出了全球安全倡议等多个建设性的重要倡议，奋力开创新时代中国特色大国外交新局面。作为中东国家的战略伙伴，中国始终是中东和平的建设者、中东稳定的促进者、中东发展的贡献者，先于2023年成功推动沙特与伊朗关系缓和，又在2024年助力巴勒斯坦各方在北京成功举行和解对话，为饱受苦难的中东国家和人民带来和平的曙光，也为世界各国通过对话协商解决矛盾提供重要示范，以实际行动证明中国是促进世界和平的重要稳定力量。未来中国将以更广大的胸怀、更宽阔的视野担起时代责任，为维护国际公平正义发声，为推动全球发展进步出力，为民族复兴尽责，为人类进步作出贡献。

进入新时代，中华民族伟大复兴战略全局和世界百年未有之大变局相互交织、相互激荡，世界之变、时代之变、历史之变正以前所未有的方式展开。中东地区作为传统的国际热点地区，面临严峻的地区安全形势，引发了国际社会的高度关注和普遍担忧。作为负责任大国，中国积极推动中东热点问题降温、解决，为各国、各派开展和解对话提供平台、创造机会：从沙特与伊朗的“世纪和解”到巴勒斯坦各方在北京成功举行和解对话，中国正与国际社会爱好和平的国家一道积极推动中东的和平进程，也为动荡变化的世界注入更多确定性和稳定性。

“北京和解”：沙特与伊朗握手言和

北京时间2023年3月10日，由中华人民共和国、沙特阿拉伯王国、伊朗伊斯兰共和国三方共同发布的联合声明一下成为国内外媒体的头条热点，也为这个动荡不安和被俄乌冲突阴霾笼罩一年多的世界增添了一份和平的能量。

声明的核心要义是：沙特和伊朗达成一份协议，包括同意恢复双方外交关系，在至多两个月内重开双方使馆和代表机构，安排互派大使，并探讨加强双边关系。三国表示愿尽一切努力，加强国际地区和平与安全。“北京和解”标志着沙特和伊朗这两个因历史问题、地缘政治、教派冲突等一系列复杂因素而对立的中东大国，结束了长达 7 年的敌对状态和几十年的政治对立，重新迎来了发展睦邻友好的契机。

2023 年 4 月 6 日，沙特和伊朗两国外长齐聚北京并签署联合声明，宣布即日起恢复外交关系。6 月 17 日，沙特外交大臣费萨尔对伊朗进行了 7 年来的首次访问。8 月 17 日，伊朗外长阿卜杜拉希扬访问沙特，这是 2016 年以来伊朗高级官员首次访问沙特。9 月 5 日，新任沙特驻伊朗大使阿卜杜拉·安齐抵达伊朗首都德黑兰，伊朗驻沙特大使埃纳亚提同日抵达沙特首都利雅得，两国复交终于按照“北京协议”确定的路线图和时间表，走完了程序上的最后一步。11 月 11 日，伊朗总统莱希抵达沙特阿拉伯首都利雅得，出席阿拉伯-伊斯兰国家领导人联合特别峰会，讨论加沙局势，这也是伊朗总统自 2012 年以来首次访问沙特。

自“北京和解”以来，沙特和伊朗跨越恩怨、相向而行，实现了历史性和解，两国外交、经济、文体等各领域的交流合作驶入“快车道”。在经济领域，沙特驻伊朗大使阿卜杜拉·安齐在履新后表示，发展与伊朗的关系是沙特“2030 愿景”的重要内容之一。在文体领域，亚洲足球联合会 2023 年 9 月宣布，沙特与伊朗国家队和俱乐部队间的比赛恢复主客场制，不再使用中立场地比赛。在地区事务方面，沙伊两国也进行了直接沟通和立场协调。关于新一轮巴以冲突，双方都强调应尽快结束冲突，强调对巴勒斯坦人民正义事业的支持，同时呼吁伊斯兰世界团结起来。

沙特和伊朗两国在北京达成和解后，中东地区国家间的关系也迎来一轮回暖：

2023 年 4 月 12 日，巴林和卡塔尔宣布正式恢复外交关系。

被阿拉伯世界孤立已久的叙利亚回归阿拉伯国家联盟。2023 年 5 月 7 日，阿拉伯国家联盟同意恢复叙利亚的成员国资格。两天后，沙特与叙利亚宣布恢复中断 10 多年的外交关系。5 月 19 日，叙利亚总统巴沙尔自 2011 年叙利亚危机爆发以来首次受邀参加在沙特举行的第 32 届阿拉伯国家联盟首脑理事会会议。

6 月 19 日，阿联酋和卡塔尔决定恢复驻对方外交代表机构。

7 月，土耳其和埃及发表联合声明，宣布恢复大使级外交关系。除与埃及恢复大使级外交关系外，土耳其总统埃尔多安还访问了沙特、卡塔尔和阿联酋三个海湾国家，土耳其与几个“冤家”的外交解冻掀起了一波小高潮。

10 月 9 日，伊朗和苏丹发表联合声明，宣布两国经过近几个月的高层接触，决定恢复断交 7 年的外交关系。

《北京宣言》：巴勒斯坦各派系在北京达成历史性和解

继沙特和伊朗握手言和后，中国为推动中东和平进程又添浓墨重彩的一笔。应中方邀请，巴勒斯坦 14 个派别高级别代表于 2024 年 7 月 21 日至 23 日首次齐聚北京，举行了为期三天的内部和解对话，并签署了《关于结束分裂加强巴勒斯坦民族团结的北京宣言》（简称《北京宣言》），为政治解决巴勒斯坦问题构筑“起点”，为饱受苦难的巴勒斯坦人民带来了宝贵希望。

《北京宣言》强调应在联合国主持下，召开地区和国际广泛参与的具有充分授权的国际会议；同意在巴解组织这一巴人民唯一合法代表的框架下，实现涵盖所有派别的民族大团结；强调根据联合国有关决议，建立耶路撒冷为首都的独立的巴勒斯坦国，坚持包括约旦河西岸、耶路撒冷和加沙在内的巴勒斯坦领土完整；表示将根据巴各派共识，按照巴现行基本法，组建临时民族和解政府，开展加沙重建，并根据通过的选举法尽快筹备并举行大选；强调根据通过的选举法，采取务实举措，组建新的全国委员会；一致同意激活临时统一领导框架并机制性运行，共同进行政治决策；同意成立集体性机制，全面落实宣言各项条款，为落实宣言设定时间表。

巴勒斯坦各派别之间的矛盾分歧由来已久，这在巴勒斯坦民族解放运动（法塔赫）和巴勒斯坦伊斯兰抵抗运动（哈马斯）两大主要派别之间体现得尤为明显。两派在对待以色列和西方的态度、内部治理方式等方面差异巨大，甚至一度拔剑相向，在2007年哈马斯夺取加沙地带控制权后，法塔赫实际控制约旦河西岸地区，巴勒斯坦陷入事实上的分裂，内部无法形成一个声音、一种立场，也使政治解决巴勒斯坦问题面临重重阻力。尤其是自2006年哈马斯赢得立法选举至2023年10月哈马斯对以色列发动“阿克萨洪水”袭击行动，巴勒斯坦内部再也没有举行过任何选举，也没有任何派别代表巴勒斯坦和以色列进行过关于“两国方案”的任何谈判。

此次巴勒斯坦各派别签署《北京宣言》，是巴勒斯坦国内在结束分裂、加强团结上迈出的重要一步。国际社会对巴勒斯坦各派别达成和解表示欢迎，也高度评价中方为加强巴勒斯坦民族团结所作出的贡献，表示期待中国在中东和平进程中发挥更大作用。联合国秘书长古特雷斯发言人迪雅里克在2024年7月23日的联合国例行记者会上说，巴勒斯坦各派别在北京共同签署《北京宣言》是促进巴勒斯坦民族团结的重要一步，秘书长对此表示欢迎，对中国及其他参与推动这一进程的国家表示感谢，并鼓励巴勒斯坦所有派别通过对话解决分歧，敦促各派别履行在对话和宣言中作出的承诺。哈马斯政治局成员胡萨姆·巴德兰强调，签署该文件的地点很重要，因为中国“享有崇高的国际声望，并且坚定支持巴勒斯坦的事业”。法塔赫副主席马哈茂德·阿鲁勒也在《北京宣言》签署仪式上直言，中国对巴勒斯坦人民非常重要，“中国是一道光。中国所作的努力在国际舞台上是罕见的”。

从沙特与伊朗关系缓和，到巴勒斯坦各派别签署《北京宣言》，中国为地区国家搭建了重要的沟通桥梁，将之前各方普遍认为的“不可能”转变为“和平成果”。这是坚持走和平发展道路的中国为维护世界和平所作出的努力，也是一个古老民族的情怀担当，更是人类文明的伟大胜利。

思考讨论

1. 从推动沙特和伊朗关系正常化到支持巴勒斯坦各派别实现政治和解，中国在其中作出了重要贡献。结合案例，你认为中国为什么能够有效推进中东和平进程？

2. 作为中国特色大国外交战略布局的重要组成部分，中国始终支持中东国家通过对话协商推动热点问题的政治解决。结合现实，你认为中国的中东政策体现了中国特色大国外交的哪些理念原则？

3. “北京和解”和《北京宣言》，是构建人类命运共同体理念和全球安全倡议的成功实践，应如何理解全球安全倡议的深刻内涵？

教学建议

本案例主要适用于第十六章第二节“全面推进中国特色大国外交”部分的辅助教学。案例介绍了中国推动中东和平进程的两个里程碑式事件，即 2023 年 3 月沙特和伊朗关系缓和以及 2024 年 7 月巴勒斯坦各派别在北京举行和解对话，这些不仅有助于推动中东地区热点问题的降温和解决、为饱受战火之苦的各国人民带来和平的曙光，而且为世界各国通过对话协商解决矛盾提供重要示范，从而深刻彰显了新时代中国外交鲜明的中国特色、中国风格、中国气派，为维护世界和平与发展贡献了宝贵的中国智慧和力量。

组织教学建议

第一，本案例适用于教学导入环节。教师在对“全面推进中国特色大国外交”这一知识点进行系统讲解之前，可以先引入本案例，并通过案例分析引出教学主题。教师应从案例介绍的中国推动中东和平进程的两个标志性事件入手，着重引导学生思考其背后的深层次原因，即“为何是中国”。中东地区的紧张局势长期持续，国际社会也从多个渠道推动各方进行对话，但均未取得实质性进展，以此引导学生思考为什么中国能够推动各方实现关系缓和并达成一定共识。其背后的原因既与中东国家自身直接相关，也与中国外交所秉持的理念原则、中国多年来所奉行的中东政策直接相关，进而让学生更加全面、深刻地认识和理解中国特色大国外交的理念与实践。

第二，教学中应对案例内容进行一定拓展。中东地区被称为“世界火药桶”，各国各方之间的关系十分复杂，各种矛盾由来已久，这在伊朗与沙特的教派冲突以及巴勒斯坦各派别的政治分歧中有集中体现。教师在教学中可以对其历史进展和热点事件进行一定的补充介绍，沙特和伊朗都是中东大国，拥有重大地缘影响力。由于宗教、地缘和能源等分歧与矛盾，多年来两国一直处于对立、对抗状态，这左右着中东的政治格局，极大影响了中东的地缘安全。自 2021 年以来，沙特和伊朗关系开始出现缓和趋势，两国在伊拉克首都巴格达展开了多轮对话，寻求改善双边关系，但直到此次北京对话，两国关系才正式重启。同时，教师也应向学生介绍沙特和伊朗达成“北京和解”之后两国双边关系的进展及中东地区形势的缓和，让学生更加直观地感受到中东和平进程成果来之不易，更加深刻地认识到中国为完善全球治理体系、破解全球安全治理难点与困境所贡献的中国智慧和中国方案。

第三，教学中应注重引导学生理性、全面、客观认识中东局势及其和平进程所取得的积极成果。教师应对中东形势的复杂性进行讲解，考虑到中东各国之间错综复杂的历史和现状，尤其是域外大国对中东地区事务的干预介入，无论是中东各国关系还是巴勒斯坦内部局势都有不确定性，如以色列对加沙的攻击还没有彻底结束，以色列彻底消灭哈马斯的既定目标也没有改变，所以在联合国等国际组织进一步斡旋并获得更持久停火协议之前，巴勒斯坦的内部统一工作很难实质性展开。虽然《北京宣言》提供了原则性、方向性框架，但巴勒斯坦各派别是否组建联合政府、各种政治力量以何种身份共处、对以色列采取什么态度等，这些问题仍有待通过更多对话加以探讨。只有理性看到政治解决巴勒斯坦问题的长期性和复杂性，才能正确认识到中国始终秉持公平正义立场来推动中东和平进程的难能可贵。

第四，教学中可以借助相关的影视和文献资料，帮助学生直观生动地认识和分析案例。2023年11月30日，中国外交部发布了《中国关于解决巴以冲突的立场文件》，针对2023年10月以来新一轮巴以冲突所造成的严重灾难，提出了五点建议：全面停火止战，切实保护平民，确保人道主义救援，加大外交斡旋，寻求政治解决。既重申了中国在巴以问题上的一贯立场，也针对巴以冲突新态势提出了针对性建议。此外，中国国务院新闻办公室还于2023年9月发布了《携手构建人类命运共同体：中国的倡议与行动》白皮书，对当前的国际形势以及中国致力于携手国际社会构建人类命运共同体的理念实践进行系统阐释。组织学生在课下学习相关文献、在课上交流讨论，可以提升案例教学的针对性，让学生通过案例学习深入理解中国特色大国外交的思想特质和实践进展。

总结提升建议

第一，坚持走和平发展道路，是新时代中国外交的基本原则。自新中国成立以来，中国外交就始终坚持走和平发展道路。党的十八大以来，以习近平同志为核心的党中央积极对和平发展理念展开新探索，赋予了这一外交理念新的时代内涵。习近平曾深刻指出："中国走和平发展道路，不是权宜之计，更不是外交辞令，而是从历史、现实、未来的客观判断中得出的结论，是思想自信和实践自觉的有机统一。"为此，中国坚定奉行独立自主的和平外交政策，既通过维护世界和平来发展自己，也通过自身发展来维护世界和平，始终做国际和地区安全的维护者、建设者和贡献者，这在中国的中东政策上得到了直接体现。正是秉持着和平外交的原则，中国始终从人道主义、公平正义、中东的和平稳定出发，支持中东国家实现战略自主，支持中东国家通过对话协商化解分歧，反对外部势力干涉中东国家内政。习近平在2016年访问阿拉伯国家联盟总部时发表讲话，明确提出"三不原则"，即"不找代理人，而是劝和促谈""不搞势力范围，而是推动大家一起加入'一带一路'朋友圈""不谋求填补'真空'，而是编织互利共赢的合作伙伴网络"。以此为指导，才有了中国助力沙特和伊朗在北京达成和解、巴勒斯坦各派别在北京成功举行和解对话的重要进展，才有了中东和平进程的不断推进。

第二，中国始终坚持在和平共处五项原则的基础上同各国发展友好合作，积极维护国际公平正义。自1953年正式提出以来，和平共处五项原则始终是指导中国外交的基本原则，和平共处五项原则超越了"集团政治""势力范围"等陈旧狭隘观念和对立对抗思维，为和平解决国家间历史遗留问题及国际争端开辟了崭新道路。2024年6月28日，习近平在和平共处五项原则发表70周年纪念大会上指出："我们要秉持公道正义的理念。没有公道正义，强权政治就会横行无忌，弱肉强食就会大行其道。"为此，中国努力探索中国特色的热点问题解决之道，在乌克兰危机、巴以冲突以及涉及朝鲜半岛、伊朗、缅甸、阿富汗等问题上发挥建设性作用。以案例介绍的沙特与伊朗关系缓和及巴勒斯坦各派别在北京举行和解对话为例，中国始终坚持在和平共处五项原则的基础上秉持公平正义理念，推动中东各方开展和平对话。2024 年 5 月 30 日，习近平出席中阿合作论坛第十届部长级会议开幕式并发表主旨讲话，指出中方坚定支持建立以 1967 年边界为基础、以东耶路撒冷为首都、享有完全主权的独立的巴勒斯坦国，支持巴勒斯坦成为联合国正式会员国，支持召开更大规模、更具权威、更有实效的国际和会。正是在中国的积极推动下，沙特和伊朗的双边关系持续改善，巴勒斯坦各派别能够顺利开展对话，中东的地区政治格局逐步发生变化，和平共处五项原则的时代价值在动荡变革的新形势下更加彰显。

第三，推动构建人类命运共同体，是新时代中国对外工作的总目标。党的二十大报告明确提出：“中国始终坚持维护世界和平、促进共同发展的外交政策宗旨，致力于推动构建人类命运共同体。”构建人类命运共同体理念作为新时代中国特色大国外交整体布局的重要组成部分，已经成为指导中国外交砥砺前行的总目标。在携手国际社会共同构建人类命运共同体的进程中，中国始终以实实在在的行动为维护国际公平正义、促进世界和平发展贡献力量。具体到巴勒斯坦问题，中国是最早承认巴勒斯坦解放组织和巴勒斯坦国的国家之一，始终坚定支持巴勒斯坦人民恢复民族合法权利的正义事业，推动巴勒斯坦问题早日得到全面、公正、持久解决。中国始终是积极、善意、可靠的斡旋者，从不迷信武力，从不寻求地缘私利，从不搞强加于人，始终支持中东人民独立自主探索发展道路，积极推动构建人类命运共同体。这是中国能够获得巴勒斯坦各派别的信任、其能够在北京举行和解对话的根本原因，也是中国提出的构建人类命运共同体理念能够获得国际社会高度评价和广泛认同的关键所在。

第四，全球安全倡议为维护世界和平与发展贡献了中国智慧和力量。作为中国为应对国际安全挑战提供的重要公共产品，全球安全倡议凝聚了以团结合作谋求共同安全的国际共识，倡导走对话而不对抗、结伴而不结盟、共赢而非零和的新型安全之路，为维护世界和地区的和平与安全提供了重要合作框架。在全面践行全球安全倡议的外交实践中，中国与国际社会携手同行，取得了一系列积极重要的进展成果，突出体现就是为政治解决地区热点问题发挥了建设性作用。沙特和伊朗两国保持敌对状态长达 7 年，政治对立几十年，宗教分歧更是可以追溯至上千年，两国关系非常紧张，在部分地区甚至爆发了直接冲突和代理人战争。实际上，双方也有意愿缓和关系，但是光有意愿是不够的，还需要一个非常有效的、秉持公正立场的、能为双方所接受的协调人，中国就扮演了这样的角色。在全球安全倡议的推动下，中国鼓励当事国坚持通过坦诚对话沟通化解分歧，寻求热点问题的解决之道，支持国际社会在不干涉内政的前提下，以劝和促谈为主要方式，以公平务实为主要态度，以标本兼治为主要思路，成功促成沙特和伊朗和解，助力巴勒斯坦各派别实现政治对话，带动中东地区形成“和解潮”，为有关地区国家化解矛盾分歧、实现睦邻友好树立典范。全球安全倡议正在获得越来越多的认同，中国也将继续做中东安全稳定的促进者、发展繁荣的合作者、团结自强的支持者，为地区和解、和平、和谐作出更多贡献。

启示意义

当今世界正在经历新的动荡变革，但人类发展进步的大方向不会改变，世界历史曲折前进的大逻辑不会改变，国际社会命运与共的大趋势不会改变。在此时代背景下，沙特和伊朗两个地区大国关系的缓和以及由此带来的地区形势呈缓和趋势，以及巴勒斯坦各派别在北京成功举行和解对话，不仅有助于推进中东和平进程，而且为解决全球热点问题、维护世界和平提供了成功示范。在此过程中，中国挺身而出、积极斡旋，充分发挥中国智慧，坚持公平正义立场，不谋求任何私利、不偏袒任何一方，秉持劝和促谈良好意愿，生动彰显了中国外交的风格气派，构筑起负责任的大国形象。展望未来，以习近平外交思想为指导，以推动构建人类命运共同体为目标指引，以全球安全倡议为重要依托，中国将与爱好和平的各国人民一道，推动建设一个持久和平、普遍安全、共同繁荣、开放包容、清洁美丽的世界。

案例
27

携手同行，共建人类卫生健康共同体

核心阅读

面对新冠疫情挑战，中国在取得疫情防控阻击战重大战略成果的同时，还发出了凝聚全球合力抗击疫情的中国倡议——携手共建人类卫生健康共同体：与 180 多个国家和地区、10 多个国际组织共同举办疫情防控、医疗救治等技术交流活动 300 多场，向 34 个国家派出抗疫医疗专家组，向 150 多个国家和 15 个国际组织提供大量抗疫物资，向 120 多个国家和国际组织提供超过 22 亿剂次新冠疫苗……为全球抗疫贡献了中国智慧和中国力量，让世界看到了一个大国的勇毅担当和一个大党的深厚情怀，也推动构建人类命运共同体理念更加深入人心。展望未来，构建人类命运共同体理念必将焕发出愈发鲜明的真理力量、更为彰显的引领作用和超越时空的思想伟力，为人类社会开辟共同发展、长治久安、持续繁荣的美好愿景。

进入新时代以来，面对“世界怎么了、我们怎么办”的世界之问和时代之问，习近平以政治家应有的担当提出了构建人类命运共同体的中国方案，深刻回答了“建设一个什么样的世界、如何建设这个世界”等关乎人类前途命运的时代课题。十多年来，构建人类命运共同体理念不断丰富发展，实践扎实稳步推进，观念日益深入人心，成为新时代中国特色大国外交的总目标、引领时代潮流和人类前进方向的鲜明旗帜。尤其是面对新冠疫情造成的严重威胁和挑战，中国政府和人民不畏艰险，创造了人类同疾病斗争史上又一个英勇壮举。习近平对共建人类卫生健康共同体理念的深刻阐释，更是为世界冲破疫情至暗时刻带来了光明和希望、贡献了智慧和力量。

中国行动——没有任何国家可以做得比中国更好

新冠疫情是新中国成立以来发生的传播速度最快、感染范围最广、防控难度最大的一次重大突发公共卫生事件，对中国来说是一次危机，也是一次大考。在中国共产党的领导下，中国政府和人民以高度负责的态度推动国内疫情防控形势持续向好，不仅保障了中国人民自身的生命安全和身体健康，而且为国际社会赢得了宝贵的“窗口期”，为各国有效抗击疫情带来了信心和力量。

在有效应对国内疫情的同时，中国也积极推动国际抗疫合作：第一时间向世界卫生组织报告疫情，第一时间分享基因序列，在科学研究、数据分析、临床诊治、防疫策略等方面与国际社会进行信息共享和经验交流，以在抗疫第一线的实践探索为他国提供了重要参照。新冠疫情暴发后，中国毫无保留地与各方分享抗疫中国经验：截至2022年8月末，中国已与全球180多个国家和地区、10多个国际组织举办技术交流活动，还向34个国家派出抗疫医疗专家组。对此，巴基斯坦总理伊姆兰·汗表示，“没有任何国家可以做得比中国更好”，整个世界都感谢并赞赏中方应对疫情的努力与成效。

中国理念——实现所有人都健康安全的最佳路径

新冠疫情的发生再次表明，人类是一个休戚与共的命运共同体。习近平多次向世界阐明中国积极参与全球抗疫的立场，发出构建人类卫生健康共同体的重要倡议：“疫情没有国界，世界各国是休戚与共的命运共同体”。“国际社会必须树立人类命运共同体意识，守望相助，携手应对风险挑战，共建美好地球家园。”“让我们携起手来，让多边主义火炬照亮人类前行之路，向着构建人类命运共同体不断迈进！”……

2020年3月23日，习近平就法国发生疫情向法国总统马克龙致慰问电时，首次提出“打造人类卫生健康共同体”的重要理念：“中方愿同法方共同推进疫情防控国际合作，支持联合国及世界卫生组织在完善全球公共卫生治理中发挥核心作用，打造人类卫生健康共同体。”

2020年3月26日，二十国集团领导人应对新冠肺炎特别峰会举行。习近平在峰会上提出坚决打好新冠肺炎疫情防控全球阻击战、有效开展国际联防联控、积极支持国际组织发挥作用、加强国际宏观经济政策协调等四点倡议，为全球团结抗疫指明方向。

2021年5月21日，在全球健康峰会上，习近平进一步提出推进国际抗疫合作的五项主张，宣布支持全球团结抗疫的五大举措，号召各国携手并肩，坚定不移推进抗疫国际合作，共同推动构建人类卫生健康共同体，共同守护人类健康美好未来。

2022年1月17日，在世界经济论坛视频会议上，习近平再次强调，世界各国要加强国际抗疫合作，积极开展药物研发合作，共筑多重抗疫防线，加快建设人类卫生健康共同体。

一句句真挚话语，一项项真诚倡议，中国为世界贡献了应对现实挑战、着眼未来发展的正确路径和深邃思考，在世界范围内引发强烈认同和广泛共鸣，构建人类卫生健康共同体的倡议也被认为是“实现所有人都健康安全的最佳路径”。世界卫生组织总干事谭德塞表示：“中国正在做的事情是正确的。这就是我们要团结——团结，团结，还是团结。”美国库恩基金会主席罗伯特·劳伦斯·库恩也说：“人类命运共同体理念富有远见、内涵深刻，在各国抗疫的当下，它为世界提供了急需的新思维方式，传达了希望。”

中国贡献——中国人民以付出巨大自我牺牲的方式，为全人类作出重大贡献

在这场史无前例的抗疫斗争中，中国得到了很多国家的支持和帮助，也开展了大规模的全球人道主义行动，为全球抗疫作出了重要的中国贡献，得到了国际社会的高度认可。

面对新冠疫情跌宕反复，中国提出了一系列有效开展联防联控国际合作的重要倡议和举措：在同二十国集团成员一道落实“暂缓最贫困国家债务偿付倡议”、缓债总额超过13

亿美元的同时，中国还为应对疫情冲击、助力实现可持续发展目标提出了全球发展倡议和全球安全倡议，建立了中国新冠疫情防控网上知识中心，与联合国合作在华设立全球人道主义应急仓库和枢纽，与非洲国家合作建立 40 多个对口医院合作机制，中国援建的非洲疾控中心总部一期项目主体结构已于 2021 年 11 月封顶……尤为可贵的是，中国始终坚守疫苗作为全球公共产品的承诺，不断推进疫苗国际合作，助力弥合国际“免疫鸿沟”。截至 2022 年 5 月，中国累计向 153 个国家和 15 个国际组织提供了 46 亿件防护服、180 亿人份检测试剂、4 300 余亿个口罩、22 亿剂新冠疫苗等抗疫物资，体现了大国担当和国际人道主义精神。此外，中国还积极同国际社会分享中医药抗疫经验：2022 年 3 月，中国组建和派出了首个中医抗疫专家组和医疗队赴柬埔寨开展疫情防控和临床救治工作。截至 2022 年 6 月，中国已向 150 多个国家和地区介绍中医药诊疗方案，向 10 多个有需求的国家和地区提供中医药产品，选派中医专家赴 29 个国家和地区帮助指导抗疫……

一项项数据和举措背后，是一个个中国与国际社会携手抗疫的动人故事：塞尔维亚总统武契奇亲迎中国援塞医疗专家和防疫物资，深情亲吻五星红旗；意大利民众自发在阳台上奏响《义勇军进行曲》，高喊“感谢中国”；埃塞俄比亚航班机组和广州塔台在广州白云机场上演隔空对话，“谢谢中国”“中非友谊万岁”……2020 年 6 月 1 日，塞尔维亚国防部向中国赴塞抗疫医疗专家组的 3 名轮换专家授予军队最高级别纪念勋章——“为塞尔维亚国防作出杰出贡献纪念勋章”；2021 年 2 月 15 日，塞尔维亚总统武契奇授予 9 名支援塞尔维亚抗疫的中国医疗专家“金质功勋奖章”，授予帮助塞尔维亚修建“火眼”病毒检测实验室的华大集团专家“一等塞尔维亚国旗勋章”，以表彰他们在帮助塞方防控新冠疫情中的付出和贡献。

新冠疫情深刻影响了人类发展进程，但人们对美好生活的向往和追求没有改变，和平发展、合作共赢的历史车轮依然滚滚向前。事实再次表明，在全球性危机的惊涛骇浪里，各国不是乘坐在 190 多条小船上，而是乘坐在一条命运与共的大船上。只要全世界人民心怀希望和梦想，秉持构建人类命运共同体理念，目标一致、团结前行，就一定能够战胜各种困难和挑战，建设更加繁荣美好的世界。

思考讨论

1. 携手抗疫、共建人类卫生健康共同体是对构建人类命运共同体理念的重要实践。结合案例，谈谈中国为推动构建人类卫生健康共同体提出了哪些理念主张和现实举措。

2. 面对“世界怎么了、我们怎么办”的世界之问和时代之问，中国提出了构建人类命运共同体的中国方案。结合案例，谈谈弘扬和践行构建人类命运共同体理念的重要意义。

3. 构建人类命运共同体不仅需要国家层面的合作，也需要国民层面的积极推进。结合实际，谈谈当代大学生应该如何以实际行动推动构建人类命运共同体。

教学建议

本案例主要适用于第十六章第三节“推动构建人类命运共同体”部分的辅助教学。案例主要介绍了中国共产党领导中国政府和人民在有效应对国内疫情、保障人民群众生命健康的同时，还以自己的实际行动积极推动国际社会深化抗疫合作、携手共建人类卫生健康共同体。

组织教学建议

第一，本案例主要适用于教学导入环节。教师在讲授“推动构建人类命运共同体”这一知识点时，可以通过提出问题来引出案例内容和教学主题：面对新冠疫情这样的全球性威胁和挑战，国际社会应该怎样来有效应对呢？我们中国提出的方案就是共建人类卫生健康共同体。本案例的教学要让学生懂得：当前，世界之变、时代之变、历史之变正以前所未有的方式展开，人类面临许多共同挑战，新冠疫情就是其中的典型代表。在此背景下，人类是一个命运共同体，唯有团结协作才能应对各种全球性风险挑战，国际社会应共同坚守和平、发展、公平、正义、民主、自由的全人类共同价值，推动构建新型国际关系，推动构建人类命运共同体，共同创造更加美好的未来。

第二，运用本案例组织教学时应注意理论与实践的结合。习近平曾提出推动思政课改革创新的“八个相统一”的教学要求，其中一条就是要坚持理论性和实践性相统一：所谓“理论性”，是指思政课内容具有很强的理性属性，特别是马克思主义理论及其中国化理论成果作为思政课教学的核心内容有着突出的理论性，但这并不是说思政课只能单纯地讲理论，更不是空洞地就理论讲理论，而是必须贯彻党的理论联系实际的原则，高度重视教学内容和方式方法的实践性。遵循这一要求，教师不仅要将中国所倡导的构建人类命运共同体理念的思想意蕴讲清楚，还要把新时代以来中国为推动构建人类命运共同体而采取的行动、出台的举措、取得的成效等内容向学生进行系统阐释，引导学生形成对构建人类命运共同体理念的全面认识，并能够自觉运用这种认识去分析解读当前相互依存的国际现实，去正确理解新时代中国特色大国外交的政策实践。

第三，在教学过程中可以对案例内容进行适当拓展，并组织学生在课前和课后围绕与本案例主题相关的资料来深化学习。2020年6月7日，国务院新闻办公室发布了《抗击新冠肺炎疫情的中国行动》白皮书，这是真实记录中国抗疫艰辛历程的重要文献。白皮书的第四部分“共同构建人类卫生健康共同体”对中国深化抗疫国际合作、倡导共建人类卫生健康共同体的理念实践进行了系统介绍，能够帮助学生更全面地了解中国提出共建人类卫生健康共同体的相关举措和重要贡献。2023年9月26日，国务院新闻办公室发布了《携手构建人类命运共同体：中国的倡议与行动》白皮书，全面介绍了构建人类命运共同体的思想内涵和生动实践。此外，教师还可以对习近平围绕共建人类卫生健康共同体的相关论述进行汇编和简要分析，课上组织学生结合案例来学习理解这些重要论述，不仅能够帮助学生深化对构建人类命运共同体理念的认识，而且有助于推动习近平新时代中国特色社会主义思想入脑入心。

总结提升建议

第一，推动构建人类命运共同体是以中国式现代化全面推进中华民族伟大复兴的必然要求。倡导构建人类命运共同体是中国共产党坚持胸怀天下的使命必然，是中国共产党立足全球视野、厚植天下情怀、担当大国责任的生动体现。要实现构建人类命运共同体美好愿景，担当与行动是关键。面对肆虐的新冠疫情，中国提出了深化国际抗疫合作、构建人类卫生健康共同体的中国主张：首先，中国明确表达与世界各国携手共御疫情的立场和守望相助、患难与共的真诚愿望，为人类社会共同抗击新冠疫情指明了路径、注入了动力，为世界各国抗击疫情树立了榜样，彰显了负责任大国的担当和作为。其次，中国采取系列切实举措来为人类卫生健康共同体的构建注入活力，如及时主动透明向全球通报疫情信息，毫无保留分享中国抗疫经验，积极开展多双边合作，凝聚全球团结共识，支持世界卫生组织在全球抗疫中的领导作用，向有需要的国家提供抗疫医疗物资援助，并向多个疫情严重的国家派出多支医疗队等。这些切实举措，既深刻诠释了构建人类命运共同体理念的丰富内涵，充分彰显了中国共产党的使命担当，也赢得了国际社会的广泛赞誉。为人民谋幸福、为民族谋复兴、为世界谋大同，是当代中国共产党人全球视野、人类情怀和开放胸怀的集中体现。

第二，推动构建人类卫生健康共同体和人类命运共同体的理念与实践为中国积极推进人类和平发展崇高事业、作出更大国际贡献提供了重要遵循。面对“人类向何处去”的世界之问、历史之问、时代之问，中国给出了清晰回答：构建人类命运共同体。中国不仅大力弘扬构建人类命运共同体理念，还高举和平、发展、合作、共赢的旗帜，推动构建人类命运共同体的实践不断丰富和发展。在推动构建人类命运共同体的进程中，中国把自身发展寓于各国共同发展之中，把自身前途命运和全人类前途命运紧密相连，不断以自身新发展为世界提供新机遇，为人类和平与发展事业注入更强劲的动力。以共建人类卫生健康共同体为例，中国用实际行动为世界构筑起一道坚固的免疫屏障，得到世界卫生组织及许多国家的充分肯定和高度评价，也为推进全球抗疫国际合作发挥了重要作用。立足于层出不穷的新机遇、新挑战，构建人类命运共同体理念展现了更加多样的共同体样态：从构建网络空间命运共同体、核安全命运共同体、海洋命运共同体到打造人类卫生健康共同体、人与自然生命共同体、全球发展共同体。不断丰富的内涵和表现形式、不断扩大的主体构成和地理范围都赋予了构建人类命运共同体理念更加强大的生命力和感召力。

第三，爱国主义与构建人类命运共同体理念的辩证统一是新时代爱国主义内涵的重要体现。党的十九大报告明确指出：没有哪个国家能够独自应对人类面临的各种挑战，也没有哪个国家能够退回到自我封闭的孤岛。在中国特色社会主义新时代，大学生在弘扬和践行爱国主义精神时必须立足于当前相互依存的国际现实，正确认识中国特色与国际比较、世界和中国发展大势，明确中国的发展离不开世界、世界的繁荣也需要中国，进而认识到中国梦与各国人民的梦想息息相通，实现中国梦离不开和平的国际环境和稳定的国际秩序。案例中构建人类卫生健康共同体的倡议就是在这样的时代背景下为共同应对新冠疫情而提出的。面对新冠疫情所带来的全球性威胁挑战，中国政府和人民在取得国内疫情防控战略成果的同时，还积极开展抗击疫情的国际合作，推动构建人类卫生健康共同体，这是新时代爱国主义内涵丰富发展的直接体现：新时代的爱国主义继承并发扬了中华文化协和万邦、热爱和平的优秀传统，对外主张平等互利、和平共处的国际交往原则，积极维护国际和平与文明和谐，这与构建人类命运共同体理念是一致的。因此，当代大学生要弘扬新时代爱国主义、做忠诚的爱国者，就不仅要维护国家利益，还要以人类情怀和世界眼光来关注人类前途命运，坚持“立足中国又面向世界”的价值导向，自觉弘扬全人类共同价值，强化促进世界和平发展与推动人类命运共同体构建的意识自觉、责任自觉和行为自觉，积极为人类社会共同发展贡献力量。

第四，大学生要从自身实际出发，自觉践行构建人类命运共同体理念，为推动构建人类命运共同体贡献青春力量。习近平曾指出：“构建人类命运共同体是一个美好的目标，也是一个需要一代又一代人接力跑才能实现的目标。”这就要求青年作为社会发展进步的生力军自觉承担起推动构建人类命运共同体的时代责任。大学生应以构建人类卫生健康共同体为切入点，逐步树立人类命运共同体意识，自觉强化对构建人类命运共同体理念的认同。2022 年 7 月 21 日，习近平向世界青年发展论坛致贺信，表达了对当代青年群体助力全球发展、构建人类命运共同体的殷殷期盼：“青年代表希望，青年创造明天。中国始终把青年看作推动社会发展的有生力量，鼓励青年在参与推动构建人类命运共同体的实践中展现青春活力。”以此为遵循，青年学生应将自身放入人类命运共同体的国际视野中释放青春激情与创造力，树立共同、综合、合作、可持续的安全观，公平、开放、包容、共赢的发展观，以初生牛犊不怕虎的勇气、越是艰难越向前的胆气，奋力开展国际经济合作、人文交流、志愿服务等活动，与世界各国共创共赢共享、发展繁荣、健康安全、互尊互鉴的美好未来。

■ 启示意义

构建人类命运共同体理念自 2013 年提出以来，在国际社会日益深入人心，推动世界凝聚团结合作共识，汇聚应对挑战合力，展现出引领时代的思想伟力。构建人类命运共同体是世界各国人民前途所在，在抗击新冠疫情的过程中，中国全面开展抗疫国际合作、倡导国际社会携手共建人类卫生健康共同体，赢得了广泛国际赞誉，国际影响力、感召力、塑造力显著提升，这是对构建人类命运共同体理念的生动诠释和有效践行。展望未来，新征程上的中国必将继续高举构建人类命运共同体旗帜，始终坚持维护世界和平、促进共同发展的外交政策宗旨，携手各国朝着世界和平与发展的梦想阔步前行，与国际社会携手构建合作共赢新伙伴、同心打造人类命运共同体，写下中国与世界相互交融、相互成就的崭新篇章。作为最积极、最有生气的社会力量，中国青年当以昂扬奋进的姿态，与世界各国青年携手团结一心，携手建设一个和平发展、亲如一家的“地球村”，为共建人类卫生健康共同体和人类命运共同体贡献属于青春的智慧和力量，为世界人民团结发出青年之声，为全球发展进步注入青春之力。

案例 28

“三大全球倡议”：引领世界潮流浩荡大势

核心阅读

和平稳定、物质富足、精神富有是人类社会发展的基本追求。为此，习近平提出了具有世界影响的“三大全球倡议”，为构建人类命运共同体提供了战略引领：在发展领域，截至 2025 年 5 月，已有 100 多个国家和国际组织支持全球发展倡议，80 多个国家加入“全球发展倡议之友小组”，30 多个国家和国际机构同中方签署合作谅解备忘录；在安全领域，中国积极斡旋推动沙特和伊朗历史性和解，在乌克兰危机、巴以冲突等热点问题上坚持劝和促谈，推动政治解决危机；在文明领域，中国共产党与世界政党高层对话会汇聚全球 150 多个国家 500 多个政党和政治组织的领导人，积极交流现代化建设经验。“三大全球倡议”是中国共产党发展观、安全观和文明观的生动诠释，必将有力引领世界历史发展大势，产生持久深远的影响。

当前，人类社会走到了关键当口，是坚持合作与融合，还是走向分裂与对抗？是携手维护和平稳定，还是滑向“新冷战”的深渊？是在开放包容中走向繁荣，还是在霸道霸凌中陷入萧条？是在交流与互鉴中增进互信，还是让傲慢与偏见蒙蔽良知？

历史的钟摆朝向何方，取决于我们的抉择。中国的答案是携手国际社会构建人类命运共同体，是提出并积极推进全球发展倡议、全球安全倡议、全球文明倡议，是为世界和平与发展、人类文明和进步作出更大的中国贡献。

全球发展倡议：与世界共谋发展之策

2021 年 9 月，习近平在第七十六届联合国大会一般性辩论上发表重要讲话，提出全球发展倡议，呼吁构建全球发展命运共同体。以此为引领，中国致力于推动国际社会扩大发展共识，始终将发展问题置于国际议程中心位置，以切实行动推进联合国可持续发展议程和可持续发展目标的实现。

积极推动应对气候变化南南合作，助力发展中国家绿色低碳转型，是中国落实全球发展倡议的重要途径。2021 年，中国与太平洋岛国成立应对气候变化合作中心，并于 2022 年召开中国—太平洋岛国应对气候变化高端对话会。截至 2023 年底，中国已成功举办 7

期面向太平洋岛国的应对气候变化培训班，支持岛国应对气候变化工作，并与包括马尔代夫、塞舌尔、安提瓜和巴布达、圣多美和普林西比、基里巴斯、斐济、巴布亚新几内亚、汤加、萨摩亚在内的 9 个小岛屿国家合作开展 12 个应对气候变化南南合作项目，通过援助户用光伏发电系统、太阳能路灯等设备物资为小岛屿国家应对气候变化提供支持。

截至 2024 年 11 月 15 日，中国已与 42 个发展中国家签署 54 份合作备忘录，举办 300 多期能力建设培训班，为有关发展中国家培训了 10 000 余人次专家和技术人员，为深化国际发展合作提供人才保障。

全球安全倡议：让和平的钟声响彻世界

2022 年 4 月，习近平在博鳌亚洲论坛 2022 年年会开幕式上发表主旨演讲，深刻剖析了当今世界面临的安全挑战，着眼于人类前途命运郑重提出全球安全倡议，明确回答了“世界需要什么样的安全理念、各国怎样实现共同安全”的时代课题，点亮了政治解决热点问题的希望之光，搭建了促进国际安全交流合作的平台。

中东地区是世界长期关注的热点地区，区域内各种矛盾错综交织，地区形势长期复杂紧张。2023 年 2 月，中国将“落实实现中东安全稳定的五点倡议”作为全球安全倡议框架下 20 个重点合作方向之一，在推动中东地区的和解和平方面取得了一系列振奋人心的成果。同月，沙特和伊朗在中国的支持和推动下，在北京达成历史性和解，中东地区掀起一轮“和解潮”。10 月，新一轮巴以冲突爆发后，中国多次就巴以局势阐明中国原则立场，呼吁立即停火止战，防止冲突扩大，保障人道救援安全畅通，强调根本出路是落实“两国方案”。11 月，作为联合国安理会当月轮值主席国，中国主持召开安理会巴以问题高级别会议，通过了本轮巴以冲突爆发以来首份安理会决议，开启了推动停火的初始步骤；发布《中国关于解决巴以冲突的立场文件》，为结束冲突提出全面、综合、可行的方案。

2024 年 4 月，中国邀请法塔赫与哈马斯两派代表来京磋商并取得积极进展。5 月，中国—阿拉伯国家合作论坛第十届部长级会议在北京召开，中阿发布关于巴勒斯坦问题的联合声明，就巴勒斯坦问题发出维护和平、捍卫正义的强烈呼声。7 月 21 日至 23 日，应中方邀请，巴勒斯坦 14 个派别高级别代表在北京举行和解对话，各派共同签署《关于结束分裂加强巴勒斯坦民族团结的北京宣言》，为饱受苦难的巴勒斯坦人民带来了宝贵希望。

截至 2024 年 7 月，全球安全倡议已经得到 100 多个国家、国际地区组织的支持赞赏，倡议及其核心理念被写入 90 多份中国与其他国家、国际组织交往合作的双多边文件，其成为具有全球影响力的国际共识。

全球文明倡议：在人类文明百花园中播种希望

2023 年 3 月 15 日，习近平在中国共产党与世界政党高层对话会上发表主旨讲话，提出全球文明倡议，表示愿同国际社会一道，努力开创世界各国人文交流、文化交融、民心相通新局面，让世界文明百花园姹紫嫣红、生机盎然。

2023 年 4 月，习近平和来华访问的法国总统马克龙宣布于 2024 年两国建交 60 周年之际共同举办中法文化旅游年。作为中法文化旅游年的重要项目，“紫禁城与凡尔赛宫——17、18 世纪的中法交往”展览以中法两国外交、文化和艺术交流为主题，通过故宫博物院、凡尔赛宫以及其他收藏机构的约 200 件文物精品，展现百年间双方彼此尊重、相互欣赏的政治交往史，彼此借鉴、相互学习的文化交流史。2024 年 5 月的法国，塞纳河畔绿茵如织，鸢尾花绽放。巴黎街头，花神咖啡馆附近一家书店的橱窗里，法文版《三体》等中国科幻作品吸引了不少行人驻足。万里之外的北京，故宫文华殿内人潮涌动，200 多年前紫禁城里的法式风情、凡尔赛宫的中国时尚，透过一件件文物精巧呈现出来，讲述中法文明彼此吸引、交流互鉴的历史佳话。

自全球文明倡议提出以来，中国民众与其他各国民众之间交流合作、相遇相知的情景成为许多人心中难忘的事。突尼斯国家文化遗产研究院研究员尼扎尔·本·斯利曼通过联合考古行动与中国同行结下深厚友谊，也爱上了中华文化；俄罗斯圣彼得堡国际文化论坛期间举办的中国民族管弦乐音乐会给圣彼得堡国立大学教授阿列克谢·罗季奥诺夫留下深刻印象；中国与尼泊尔联合举办的龙舟赛、山地越野赛、足球友谊赛等受到尼泊尔民众欢迎；在德国法兰克福书展上，“良渚文明丛书”英文版发布，德文版正式签约，中外出版机构还宣布在全球共同推广“中华思想文化术语翻译”慕课；成都大运会、杭州亚运会等一系列人文交流活动让世界见证了中国推动文明交流互鉴的切实行动……

中国的发展离不开世界，世界的发展也需要中国。“三大全球倡议”展现出中国共产党人胸怀天下的使命担当和为全人类谋幸福的历史主动精神，也表明中国愿同世界其他各国一道，构建你中有我、我中有你的人类命运共同体的真诚意愿。有理由期待，随着“三大全球倡议”的落地落实，中国将进一步推进全球治理体系建设，为世界的稳定繁荣贡献中国智慧和力量。

思考讨论

1. “三大全球倡议”是中国为维护世界和平与发展而贡献的重要公共产品。结合案例，你认为中国为什么会发起并倡导“三大全球倡议”？

2. “三大全球倡议”是推动构建人类命运共同体的重要依托，请谈谈“三大全球倡议”是如何推动构建人类命运共同体的。

3. 在习近平外交思想的指导下，新时代中国特色大国外交始终坚持把马克思主义基本原理同中国具体实际相结合、同中华优秀传统文化相结合，“三大全球倡议”就是坚持“两个结合”的重要结晶。那么，“三大全球倡议”彰显了中华文明的哪些突出特性？

教学建议

本案例主要适用于第十六章第三节“推动构建人类命运共同体”部分的辅助教学。案例介绍了习近平着眼于百年变局、顺应时代潮流，围绕构建人类命运共同体这个整体性构想，紧紧抓住当今世界的基本矛盾及其主要症结，自 2021 年起先后提出了全球发展倡议、全球安全倡议、全球文明倡议，为有效应对全球性挑战、携手国际社会构建人类命运共同体指明了方向、提供了抓手，表明了中国外交的鲜明立场和使命担当，也彰显了中华文明的价值理念和中华民族最深沉的精神追求。

组织教学建议

第一，本案例适用于教学导入环节。教师在讲授“推动构建人类命运共同体”这一内容之前，可以先引入本案例，通过案例讲解引出教学主题。教学中可以循序渐进地进行启发式教学：面对百年变局的加速演进，中国为什么会提出构建人类命运共同体理念？应该怎样推动构建人类命运共同体？中国为推动构建人类命运共同体做了哪些努力？由此引出案例——中国发起了“三大全球倡议”，这三大倡议与构建人类命运共同体理念同根同源、同向同行，为推动构建人类命运共同体提供了有力支撑。这样可以引导学生既了解案例介绍的“三大全球倡议”，也透过案例深入思考其背后所蕴含的中国理念和实践。

第二，教学中应注重从整体上把握“三大全球倡议”的内在联系，从构建人类命运共同体的高度来阐释“三大全球倡议”的丰富内涵和重要作用。发展是安全和文明的物质基础，安全是发展和文明的根本前提，文明是发展和安全的精神支撑，这三者是紧密相关的，彼此呼应、相辅相成，“三大全球倡议”也是相互促进的有机整体。因此教师在讲解案例时既要把“三大全球倡议”各自的内涵和意义讲清楚，也要系统阐释其所蕴含的价值理念，所彰显的中国特色大国外交的中国风格和中国气派，以及作为推动构建人类命运共同体的重要依托所具有的重要作用，引导学生形成对新时代中国外交的全面认识。

第三，运用本案例开展教学要注意将理论与实践有机结合。“三大全球倡议”是中国外交为推动世界发展进步而提出的中国倡议，既具有丰富的理论内涵，也具有重要的实践价值，既彰显了中华文明的突出特性，也体现了中国特色大国外交的整体架构。在教学中既要讲清楚中国提出和落实“三大全球倡议”的动机与目标，也要补充介绍中国为推进系列倡议、推动构建人类命运共同体而提出的一系列切实举措、所作出的国际贡献。以全球发展倡议为例，中国为推进落实全球发展倡议采取了系列举措，如 2022 年 6 月，习近平主持了全球发展高层对话会，宣布了中方落实全球发展倡议的一系列重要举措，为加速落实联合国 2030 年可持续发展议程注入了强劲动力。到 2025 年 5 月，全球发展倡议得到了 100 多个国家和国际组织的支持，80 多个国家加入“全球发展倡议之友小组”。理论与实践相结合的讲解，可以引导学生更加深刻地理解中国特色大国外交的任务使命和重要贡献。

第四，教学中可以适当补充相关文献资料。2023 年 9 月 26 日，国务院新闻办公室发布了《携手构建人类命运共同体：中国的倡议与行动》白皮书，全面介绍了构建人类命运共同体的思想内涵和十年来的生动实践，也生动展现了“三大全球倡议”的提出和落实情况。此外，围绕“三大全球倡议”，习近平也多次发表重要讲话，如 2021 年 9 月 21 日在第七十六届联合国大会一般性辩论上发表题为《坚定信心 共克时艰 共建更加美好的世界》的重要讲话，2022 年 4 月 21 日在博鳌亚洲论坛 2022 年年会开幕式上发表题为《携手迎接挑战，合作开创未来》的主旨演讲，2023 年 3 月 15 日在中国共产党与世界政党高层对话会上发表题为《携手同行现代化之路》的主旨讲话。组织学生对上述文献资料进行学习和交流，有助于其全面了解“三大全球倡议”的内容，深化对中国提出这些倡议的时代背景、现实要求、本质动因、重要意义等问题的认识和理解。

总结提升建议

第一，“三大全球倡议”是中国外交为建设更加美好的世界提出的中国方案。“三大全球倡议”是习近平立足中国、放眼世界、科学把握时代脉搏和国际局势重大变化，通过不断深化对人类社会发展规律的认识，旨在破解全球治理赤字而提出的中国方略。该系列倡议为处于十字路口的世界指明了前进方向，丰富和发展了习近平外交思想，充分体现了以习近平同志为核心的党中央深邃的历史眼光、宽广的全球视野、深厚的人类情怀。中国提出“三大全球倡议”，倡导以团结精神适应深刻调整中的国际格局，以共赢思维应对错综复杂的挑战，消弭国际冲突根源，各国携手为动荡变化的时代注入更多稳定性和确定性，实现世界的持久和平与发展，为完善全球治理擘画了蓝图，也彰显了中国积极履行国际责任、促进世界和平发展的大国担当。正如案例介绍的那样，中国为推进落实“三大全球倡议”采取了系列举措，支持联合国应对气候变化国际合作，将用历史上最短时间完成全球最高碳排放强度降幅；面对人工智能治理难题，中国发起《全球数据安全倡议》《全球人工智能治理倡议》等，引领新兴领域国际安全治理进程；为维护世界粮食安全，中国在二十国集团框架下提出国际粮食安全合作倡议。由此可见，中国发起并倡导“三大全球倡议”，是中国共产党坚持胸怀天下作出的战略选择，是为人民谋幸福、为民族谋复兴、为世界谋大同的使命自觉。

第二，“三大全球倡议”源于中国对现代化的深刻理解和探索实践，是中国式现代化对世界的重要贡献。“三大全球倡议”是习近平外交思想的重要内容，也是习近平新时代中国特色社会主义思想的重要组成部分，体现了中国式现代化的本质特色。其中，全球发展倡议倡导各国坚持发展优先，坚持以人民为中心，坚持普惠包容，坚持创新驱动，坚持人与自然和谐共生，坚持行动导向。这“六个坚持”生动诠释了中国式现代化的中国特色、本质要求和重大原则，充分彰显了中国式现代化的发展理念，破解了西方现代化的迷思、弊端和“陷阱”，为广大发展中国家独立迈向现代化、探索现代化道路的多样性提供了全新选择。全球安全倡议则体现了中国式现代化的和平基因，有力践行了走和平发展道路的现代化理念，也重申了中国不走殖民掠夺的老路、不走国强必霸的歪路的坚定决心。全球文明倡议着眼于推动文明交流互鉴、促进人类文明进步，展示了中国式现代化蕴含的独特世界观、价值观、历史观、文明观、民主观、生态观，展现了不同于西方现代化模式的新文明图景。

第三，“三大全球倡议”紧扣人类社会进步的三大主题，共同构成了人类命运共同体大厦的“三大支柱”。构建人类命运共同体理念已经提出十余年，要将理念主张和思想共识转化为现实成果，离不开具体的政策工具和平台，“三大全球倡议”就为推动构建人类命运共同体提供了重要依托。全球发展倡议从发展维度明确回答了“人类需要什么样的发展理念、怎样实现全球发展”的时代之问，为推动构建人类命运共同体提供了物质之基。全球安全倡议从安全维度明确回答了“人类需要什么样的安全理念、怎样实现普遍安全”的世界之困，为推动构建人类命运共同体打造了安全之基。全球文明倡议从文明维度明确回答了“人类需要什么样的文明理念、怎样实现交流互鉴”的历史之惑，为推动构建人类命运共同体夯实了文明之基。以全球安全倡议的推进落实为例，中国不断加强卫生安全、粮食安全、能源安全、海洋安全等领域的国际交流合作，同各国携手应对恐怖主义、气候变化、网络安全等非传统安全挑战；针对乌克兰危机、朝核问题、阿富汗局势、中东问题等地区热点问题，中国提出重建安全理性和维护世界和平的解决方案，为维护全球安全和人类福祉作出了不懈努力。“三大全球倡议”的提出，对于我们构建人类命运共同体、推动人类现代化和人类文明进步具有极为重要的意义。

第四，“三大全球倡议”是马克思主义基本原理同中华优秀传统文化相结合的光辉典范，有力彰显了中华文明鲜明的自主性、包容性、和平性等精神底色。习近平指出：“应对共同挑战、迈向美好未来，既需要经济科技力量，也需要文化文明力量。”中华文明以整体性、共生性思维看待和理解不同地域、不同语言的社会与人群，主张民胞物与、协和万邦，追求天下为公、天下大同的社会理想，奉行富民厚生、义利兼顾的经济伦理，尚德远战、止戈为武的安全理念，和而不同、美美与共的和合精神，讲信修睦、亲仁善邻的交往之道，这为“三大全球倡议”打下了坚实的精神基础。构建人类命运共同体理念和“三大全球倡议”所秉持的命运与共、和平共处、和衷共济、合作共赢、包容共享等原则，传承中华文明基因，有力彰显了中华文明突出的连续性、创新性、统一性、包容性、和平性特征。案例中介绍的中国推动中东各国关系和解的努力，就生动彰显了中华优秀传统文化所蕴含的崇正义、尚和合、求大同的价值理念，也从根本上决定了中国始终是世界和平的建设者、全球发展的贡献者、国际秩序的维护者，决定了中国不断追求文明交流互鉴而不搞文化霸权，决定了中国不会把自己的价值观念与政治体制强加于人，决定了中国坚持合作、不搞对抗，决不搞“党同伐异”的小圈子。

启示意义

建设一个持久和平、普遍安全的世界，是各国人民的强烈愿望，是世界各国的共同责任，更是时代前进的正确方向。在百年未有之大变局加速演进、世界进入新的动荡变革期的关键阶段，习近平心系全人类前途命运和安危福祉，以大国领袖的雄韬伟略和世界情怀，高瞻远瞩地提出全球发展倡议、全球安全倡议、全球文明倡议。“三大全球倡议”成功解锁“众人拾柴火焰高”的合作共赢密码，汲取团结协作的发展力量，共同维护世界和平与安全，共谋世界发展与繁荣，共创人类文明交流与互鉴，是中国特色大国外交创新成果之集大成，是习近平外交思想的最新成果，向世界展现了中国胸怀天下、勇于担当的大国形象，也彰显了中华文明自主性、包容性、和平性的精神底色。以“三大全球倡议”为引领，中国将始终站在历史正确的一边、站在人类文明进步的一边，同世界上所有爱好和平、追求幸福的国家和人民携手同行，并肩守护地球家园的和平安宁，共同开创人类更加美好的未来。

案例 29

“红墙意识”聚合力 对党忠诚显担当

核心阅读

中南海周边环绕着一道长约 5 公里的红墙，那鲜艳的一抹红成为人们心中圣洁的象征。作为离红墙最近的人，北京市西城区党员干部和群众在增强“四个意识”（政治意识、大局意识、核心意识、看齐意识）、提高政治站位、强化职责担当、弘扬优秀文化、不断提升思想境界和价值追求的过程中，逐步形成以“绝对忠诚、责任担当、首善标准”为内涵的“红墙意识”。近年来，“红墙卫士”、“西城大妈”、街巷长、邻里守望志愿服务队等治理力量活跃在群防群治第一线，构建了具有首都功能核心区鲜明特点的共建共治共享社会治理新格局，西城区也因此荣获“2017—2020 年度平安中国建设示范区”称号，连续四次获得“长安杯”。“红墙意识”实际上是“四个意识”在北京市西城区的具体体现和特有的形象呈现，是以党建引领基层治理推进国家治理体系和治理能力现代化的生动实践，是全面推进中国式现代化的西城实践。

北京市西城区，是距共和国心脏最近的所在。西城人嘴边常说，“我们离党中央最近”，也正是这特殊的地理区位和文化底蕴决定了其特殊的历史使命和政治责任。全心全意服务党中央、保障党中央、守护党中央，已成为一代又一代西城人的自觉意识。

作为离红墙最近的人，北京市西城区党员干部和群众在增强“四个意识”、提高政治站位、强化职责担当、弘扬优秀文化、不断提升思想境界和价值追求的过程中，逐步形成以“绝对忠诚、责任担当、首善标准”为内涵的“红墙意识”。

1999 年，西长安街街道在执行国庆 50 周年庆典服务保障任务时首次提出了“红墙意识”概念。

2001 年，街道工委把“红墙意识”归纳为“四个必须”，即必须始终具有良好的政治素质，必须始终具有昂扬的精神状态，必须始终具有高新的工作标准，必须始终具有务实的工作作风，“红墙意识”成为凝聚辖区单位及居民共住共建共享的精神象征和动力源泉。

2010 年，西城区委书记王宁在西长安街街道调研时，提出打造“三个品牌”要求，即“红墙意识”政治品牌、“5S”精益服务品牌、“京城第一街道”发展品牌。在此基础上，街道工委把“红墙意识”进一步梳理为“五个一流”，即一流的精神风貌、一流的和谐环境、一流的工作标准，一流的工作业绩和一流的干部队伍，其成为干部教育必修课。

2014年，西城区委将西长安街街道提出的“红墙意识”写入全区工作指导思想，从而使“红墙意识”从街道共识上升为全区性工作理念。

2016年，西城区委在“两学一做”学习教育中总结提炼出“绝对忠诚、责任担当、首善标准”的“红墙意识”核心内涵，使“红墙意识”成为党中央提出的“四个意识”在西城的具体体现、“两学一做”在西城的生动实践。

忠诚需要用行动来表达。工作在红墙边的西城人骨子里就有一种“为党中央站好岗、放好哨”的信念。府右街派出所，离中南海仅一街之隔，被称为“中国第一所”，这里的民警也被称为“红墙卫士”，承担着维护中南海周边治安秩序、处置各类突发事件和警卫中央领导出行安全等任务。外勤四中队副中队长姚孟介绍，夏天的新华门，地面温度最高超过50摄氏度，两小时下来能晒脱一层皮；冬天的北海大桥，北风呼啸，有民警穿12层衣服，不到半小时就被冻麻了……外勤一中队队长顾刚说：“保卫党中央，忠诚、担当、奉献，时刻坚定捍卫核心、时刻向党中央看齐，做到绝对忠诚、绝对可靠。”“这就是我们的誓言，再辛苦，我们都愿意。”“围着中南海的红墙，我们巡查一遍走下来，快一点儿要45分钟，慢一点儿要1小时20分钟”，府右街派出所的民警们不知道围着红墙走了多少圈。从建所第一天就在这里上班的民警聂建春，2018年作为10名“红墙卫士”先锋岗典型人物之一在接受媒体采访时说：“这里的工作看似简单，就是站岗、巡查、维护治安，可是责任重大。如果不把‘忠诚’两个字刻在心里，这份工作真干不下来。”25年来，聂建春累计站岗执勤3万多小时，巡逻里程16万公里，可以环绕地球4周。“为党中央站岗，为居民守宿值勤”是府右街派出所民警们每天的生活写照，这股“站好每一班岗”的精神，在派出所里处处可见。不光是府右街派出所的“红墙卫士”，西城区每一个岗位上的党员干部都时刻将对党、对人民和对事业的绝对忠诚铭刻在心。

担当需要用信念来铸就。在西城，有一支近十万人的志愿组织，身穿红马甲，头戴小红帽，肩挂红袖标，他们讲政治，爱红墙，守社区，人们亲切地称呼他们“西城大妈”。名为“西城大妈”，其实不全是大妈，有男有女，有老有少，甚至还有不少外国友人。“大妈”们在西城的大街小巷维持秩序、邻里守望、排查隐患，发现可疑情况，第一时间向社区和警方提供线索，是西城区群防群治的中坚力量。“西城大妈”平安志愿者队伍团队前负责人陶莉介绍，“西城大妈”队伍中退休的大爷大妈占团队人数的70%，他们是除恶扬善的“胡同侠”，是最忠实的“红墙”守护者。被评为“最美西城大妈”的老党员谭道亮就是一位男版“西城大妈”，他率领团队为255个大杂院绘制了平面图，一草一木都有迹可循，方便安全管理。“既要发挥人的主观能动性，也要大力推进先进技术手段运用。”时任西长安街街道工委副书记、办事处主任的桑硼飞介绍，在西长安街街道，民生服务、城市管理、应急处置等工作，通过社会治理创新大数据分析与应用平台已经可以做到24小时全天候响应。按照“万无一失，一失万无”的标准，西城区通过制定实施“长安计划”，做细做实各类应急预案，推行模块化、分布式管理，全面提升区域安全与社会和谐稳定维护能力水平。不仅仅是“西城大妈”，穿街过巷的街巷长，答疑解惑的文明引导员，守护百姓平安的“红墙卫士”，西城区全体党员干部始终把强化“红墙意识”作为锤炼党性的基本功、必修课，下基层、接地气，顺民意、解民忧，转作风、树形象，涌现出了“百姓亲闺女”沈琦、男版“西城大妈”谭道亮、“小巷管家”潘瑞凤等一批敢于担当、勇挑重担的优秀党员干部，赢得了广大基层群众的信任和欢迎。

“首善标准”是“红墙意识”的外在表现，体现了敢为人先的思想状态、舍我其谁的精神风貌和永争一流的工作作风。背街小巷一直是老北京城精细化管理的“第一考场”，西城区在推进背街小巷整治提升的过程中，首创了在背街小巷实施多元主体协同共治的机制，以街巷长为核心、以社区为基础、以理事会为组织形式，将居民自治组织、物业公司、驻区单位编织成治理网络，从而形成政府主导、社会协同、多元共治的格局。

2023 年，西城区实施新一轮背街小巷环境精细化治理三年行动，491 条背街小巷焕然一新，新添 60 个“最美院落”，6 个小院入选全市首批十个“最美庭院”。为解决群众的操心事、烦心事、揪心事，西城区积极破解平房院内不达标厕所改造难题，2023 年完成 250 座三类公厕品质提升，7 座平房院内未达标厕所治理，改造二类公厕 20 座；创新开展“送气入户 以送带检”服务模式，为 10 万余户居民安装配件；大力推进电动汽车“充电无忧”示范区建设，建成北京儿童医院和新华 1949 立体停车楼、里仁街 3 号院居住区立体车库，新增车位 1 466 个，新增错时共享车位 939 个。为打通服务群众的“最后一公里”，西城区不断健全完善全响应服务管理工作体系，建立民生工作民意立项工作机制，积极落实党建引领“街道吹哨、部门报到”改革，实施“接诉即办”，打造“社区通”平台，送出“百姓服务包”，社区治理水平不断提升。一直以来，西城区始终以人民需求为导向，通过提升治理能力现代化水平，认真办好群众家门口的事，西城区连续六届获“全国文明城区”称号、连续十次荣获“全国双拥模范城（县）”称号。

思考讨论

1. “红墙意识”是“四个意识”在北京市西城区的具体体现和深刻诠释，是西城区党员干部群众把政治意识、大局意识、核心意识、看齐意识转化成听党指挥、为党尽责的实际行动。如何理解“红墙意识”的时代内涵？

2. 如何理解“红墙意识”是增强“四个意识”的成功实践？

3. 为什么说牢固树立“四个意识”，是确保全党统一意志、统一行动，确保我们党始终成为中国特色社会主义事业坚强领导力量的必然要求和推进全面从严治党的关键所在？

教学建议

本案例主要适用于第十七章第二节“以政治建设为统领深入推进党的建设”部分的辅助教学。案例主要展示的是北京市西城区“红墙意识”的形成和发展概况，尤其是通过具体示例全景式呈现“红墙意识”“绝对忠诚、责任担当、首善标准”的新时代内涵。

组织教学建议

第一，引导学生认识和把握新时代“红墙意识”的科学内涵。进入新时代，西城区广大党员干部群众以履行好首都功能核心区职责使命的实际行动，赋予了“红墙意识”“绝对忠诚、责任担当、首善标准”的新内涵，使之成为“四个意识”在西城区的生动体现。“红墙意识”是一种直接与政治意识对接的精神体现，是政治意识的形象化和具体化标识。“红墙意识”通过对接政治意识而统一于“四个意识”，这样不仅能把握“红墙意识”的思想源头和宣传初衷，也能找到“红墙意识”的实践意义与发展方向。

第二，组织学生观看中央电视台《焦点访谈》在 2017 年 5 月 7 日播出的《西城区的“红墙意识”》，使学生全面了解“红墙意识”。引导学生把握本案例的展示思路，本案例梳理了“红墙意识”的起源和发展历程，从“绝对忠诚、责任担当、首善标准”这三个维度分别展开，为师生描绘了一幅幅西城人如何在日常生活中弘扬和践行“红墙意识”的生动景象。

第三，引导学生从对“红墙意识”的理解进入对“四个意识”科学内涵的把握。建议教师以“红墙意识”为典型和突破口，通过以案说理，首先讲述政治意识的深刻意蕴，同时借助其他教学案例，进一步扩展到对大局意识、核心意识和看齐意识的含义解读。要让同学们认识到，增强“四个意识”绝不能仅停留在宣传口号上，我们要基于各自实际，挖掘自身潜力，整合多方资源，创造性地将之应用到日常实践当中去。

第四，引导学生深刻认识增强“四个意识”的重要意义。西城区通过践行“红墙意识”，踊跃出了“西城大妈”“红墙卫士”“小巷管家”等典型榜样人物，凝聚了全区党员干部群众的思想共识和基层党建的整体合力，提高了城市发展品质，树立了党员干部的良好形象，增进了群众对党和政府的政治认同。由此引导学生讨论增强“四个意识”是维护党的团结和集中统一、推进全面从严治党的关键，只有不断增强“四个意识”，才能筑牢全面从严治党的思想基础，我们党才能担负起团结带领全国各族人民以中国式现代化全面推进中华民族伟大复兴的历史使命。

总结提升建议

第一，“四个意识”的核心是政治意识，其根本特征就是旗帜鲜明讲政治。政治建设是党的根本性建设，旗帜鲜明讲政治是马克思主义政党的本质属性。因此，全党必须增强政治意识，善于从政治上看问题，善于把握政治大局，不断提高政治判断力、政治领悟力、政治执行力。通过“西城大妈”“红墙卫士”的案例可以看到，政治意识是具体的而不是抽象的，它有着强烈的现实针对性。西城区的“红墙意识”把对党忠诚作为首要政治原则，把服务党中央、保障党中央、守护党中央作为首要职责，把维护区域绝对安全稳定作为首要工作。

第二，增强“四个意识”要坚持集中性思想教育与实践传帮带相结合。党内教育是加强党的自身建设，尤其是思想建设的重要内容。增强“四个意识”必须坚持集中教育和经常教育相结合，实现内化于心、外化于行，通过党员、领导干部与各级组织的集体行动逐步推进，把抽象的“思想命题”转换为具体的“实践命题”。西城区在增强“四个意识”的具体实践活动中，除了建立“红墙意识”党性教育基地之外，“百姓亲闺女”沈琦、男版“西城大妈”谭道亮、“小巷管家”潘瑞凤等一批敢于担当、勇挑重担的优秀党员干部发挥带头作用，引领“红墙意识”大家学的热潮等，通过一系列的教育和传帮带活动提高全区广大党员干部群众增强“四个意识”、坚决做到“两个维护”的政治自觉、思想自觉和行动自觉。

第三，增强“四个意识”要坚持人民至上的理念，以人民为中心是其价值旨归。人民群众是我们党一切工作的出发点和落脚点，增强“四个意识”必须贯彻新时代党的群众路线，紧紧围绕以人民为中心的根本立场，不断提高党的领导水平和治理现代化水平。为人民服务是“红墙意识”的直接体现，案例中可以看到西城区广大党员干部始终坚持以首善标准践行“为人民服务”的理念，提升民生服务水平，认真办好群众家门口的事。党员领导干部走进群众，深入了解群众所思所想、所愿所盼，解决群众的实际问题，并通过互联网大数据等科技赋能政府治理，不断提升治理现代化水平，贯彻好新时代党的群众路线，让“四个意识”真正落实到党员领导干部的工作实践之中。

第四，自觉践行“四个意识”首先要坚决做到“两个维护”。坚持和加强党的全面领导，最重要的是坚决维护党中央权威和集中统一领导；坚决维护党中央权威和集中统一领导，最关键的是坚决维护习近平同志党中央的核心、全党的核心地位。党的十八大以来，党和国家事业取得历史性成就、发生历史性变革，根本在于有习近平掌舵领航，有党中央权威和集中统一领导。“红墙意识”所强调的“绝对忠诚、责任担当、首善标准”的原则和要求，归根结底都是坚决维护以习近平同志为核心的党中央，坚决落实以习近平同志为核心的党中央的指示要求和决策部署，切实以习近平新时代中国特色社会主义思想为根本指导扎实推进中国式现代化的西城实践。

启示意义

第一，增强“四个意识”是加强党的政治建设的内在要求，是全面从严治党的关键，必须扎实推进“四个意识”在全国各地的落地生根。增强“四个意识”，是确保全党统一意志、统一行动，确保我们党始终成为中国特色社会主义事业坚强领导力量的必然要求，是推进全面从严治党的关键。北京市西城区在贯彻落实的过程中，使之与本地特有的红色文化“红墙意识”结合起来，让“红墙意识”成为“四个意识”的具体体现，让“四个意识”在工作中落地生根，各项工作呈现出新气象。同时，这启示我们，要以“红墙意识”为榜样，学习借鉴“红墙意识”得以取得卓著成效的宝贵经验，使“四个意识”与各地自身实际情况结合起来，让“四个意识”在京华大地落地生根。

第二，强化党建引领基层治理是推进国家治理体系和治理能力现代化的必然要求，是全面推进中国式现代化的重要方面。北京市西城区创造性地将“红墙意识”融入西城区基层治理各方面，不断强化基层党组织的领导核心作用，凝聚党员群众的政治认同和思想共识。西城区践行“红墙意识”的生动实践表明，必须始终坚持党对基层治理的领导，强化党的思想政治引领，既确保基层治理的正确方向，同时又将广大党员干部和人民群众的力量凝聚到基层治理中来，切实提高共建共治共享水平，使基层党建、基层治理焕发出新的生机与活力，不断推进国家治理体系和治理能力现代化，进而以中国式现代化全面推进中华民族伟大复兴。

参考文献

[1] 邹伟，胡浩，林晖，等. 在磨难中砥砺复兴力量：中国抗击新冠肺炎疫情伟大斗争启示录. 光明日报，2020－09－08（1）.

[2] 董瑞丰，彭韵佳，屈凌燕，等. 号令四面 组织八方：从统筹疫情防控和经济社会发展看中国特色社会主义制度优势. 新华网，2022－09－23.

[3] 中共广西壮族自治区委员会. 在脱贫攻坚第一线谱写新时代青春之歌. 求是，2019（18）.

[4] 王子锋. 追忆黄文秀：以秀美人生谱写新时代的青春之歌. 人民网，2022－06－17.

[5] 刘华新，庞革平，李纵. 青春之花，绽放在扶贫路上：缅怀广西乐业县百坭村第一书记黄文秀. 人民日报，2019－06－30（5）.

[6] 本报特约评论员. 习近平总书记的成长之路. 学习时报，2017－07－28（1）.

[7] 遵义会议纪念馆. 中国革命的伟大转折. 求是，2021（19）.

[8] 张旭东，赵超，吴晶，等. 丹心如一为人民：习近平总书记同人民在一起的故事. 人民日报. 2022－01－31（2）.

[9] 张晓松，朱基钗，王思北，等. 习近平的人民情怀. 人民日报，2022－04－11（1）.

[10] 郑良，陈弘毅，吴剑锋. 三明医改：一个闯出来的医改样板. 瞭望，2021（29）.

[11] 三明医改：敢为人先 人民至上. 民生周刊，2024（16）.

[12] 丁凤云，范志凯，俞声扬. 领先领跑，江苏无锡细绘“高质量发展”图景. 央广网，2020－11－01.

[13] 钱英洁. 自立自强，无锡因创新而有为. 无锡日报，2022－07－18（2）.

[14] 陆健，严红枫. “数”化浙江：让数字经济深植发展的肌理血脉. 光明日报，2020－06－24（8）.

[15] 马跃明，岑文华. 勇立潮头的数字经济变革实践：浙江深入推进数字经济高质量发展综述. 今日浙江，2022－08－10.

[16] 黄超. 新松公司：抓牢科技创新命脉 提高中国速度. 东北新闻网，2022－10－10.

[17] 张淑虹，金晓玲. 奋进新征程 建功新时代：十六 新松机器人. 求是，2022（20）.

[18] 刘勇，陈坚. 机器人透出“中国制造”的技术奋进. 光明日报，2022－11－22（4）.

[19] 姚雪青. 徐工集团 创新叫响中国品牌. 人民日报，2018－12－05（10）.

[20] 郑晋鸣. 徐工集团：匠心铸造国之重器. 光明日报，2018－12－07（1）.

[21] 张伟弟，夏子航，刘礼文. 装备制造的自主创新之路：来自山河智能的答卷. 上海证券报，2021－06－28（2）.

[22] 光明日报调研组. 坚持以突破核心技术为主的自主创新之路：湖南长沙经济技

术开发区探索建设高水平科技创新平台调研. 光明日报，2022-06-17 (5).

[23] 杨斌英，梅亦洋，王凌云. 建设开放活力新织里. 浙江日报，2024-03-15 (12).

[24] 马剑，岳德亮，李劲峰. 织里绣出美好生活. 瞭望，2019 (7).

[25] 解辛平. 古田之光耀征程：写在古田会议 90 周年和古田全军政治工作会议 5 周年之际. 解放军报，2019-12-28.

[26] 傅柒生. 古田会议的前前后后. 解放军报，2014-09-28 (1).

[27] 宣言. 丹心从来系家国. 人民日报，2020-09-17 (1).

[28] 宣言. 光荣属于英雄的中国人民. 人民日报，2020-09-18 (1).

[29] 李琰，朱玥颖. 携手共建人类卫生健康共同体. 人民日报，2022-03-20 (3).

[30] 李嘉宝. 中国为全球抗疫作出重大贡献：庆祝中国共产党成立 100 周年・中共的世界情怀. 人民日报（海外版），2021-06-17 (7).

[31] 朱炜摄. 信心・智慧・力量：全球抗疫的中国贡献. 北京日报，2020-09-10 (12).

[32] 光明日报联合调查组. 红船起航地描绘共同富裕新画卷. 光明日报，2021-08-02 (7).

[33] 柴燕菲，胡丰盛，施紫楠. 共同富裕的“嘉兴现象”：在红船起航地看见美好中国. 中国新闻网，2021-06-30.

[34] 唐弢，俞菀. 浙江嘉兴：加快打造共同富裕的先行地. 新华社，2021-05-14.

[35] 陈良杰，柳昌林，王晖余. 扬帆竞发自贸港. 瞭望，2021 (47).

[36] 刘紫凌，张宋红，钱沛杉. “以煤为基”守好能源安全底线. 瞭望，2024 (12).

[37] 陆成宽. 煤制油，中国领跑新赛道：世界单体规模最大的煤制油项目攻关纪实. 科技日报，2023-11-10 (1).

[38] 罗沙，杨维汉，白阳，等. 新时代的人民法典：《中华人民共和国民法典》诞生记. 光明日报，2020-05-29 (1).

[39] 张毅，廖文根，王比学，等. 人民美好生活的法治保障：写在《中华人民共和国民法典》诞生之际. 人民日报，2020-05-31 (1).

[40] 刘汉俊. 北京中轴线：一条擘画了七百多年的文明线. 光明日报，2024-08-02 (13).

[41] 李睿宸，张景华. 北京中轴线：绵延历史文脉 绽放古都新貌. 光明日报，2022-08-28 (5).

[42] 朱兆一. 关键时刻，《北京宣言》签了. 中国新闻周刊，2024 (29).

[43] 蔺紫鸥. 沙伊北京对话：和平的胜利 全新的选择. 光明日报，2023-03-15 (12).

[44] 刘建超. 深刻把握构建人类命运共同体理念和“三大全球倡议”的内在关系（深入学习贯彻习近平新时代中国特色社会主义思想）. 人民日报，2023-08-08 (9).

[45] 景向辉. “三大倡议”：引领世界潮流浩荡大势. 北京日报，2023-06-19 (11).

[46] 贺伟军. 民生实事代表票决制：人大践行全过程人民民主的浙江“金名片”. 浙江人大，2021 (11).

[47] 信春鹰．人民代表大会制度是实现我国全过程人民民主的重要制度载体．人民日报，2021-11-15(10).

[48] 林晖．这位网友的建议写入了党中央文件．新华网，2020-11-05.

[49] 金歆．全过程人民民主的生动实践：走进基层立法联系点．人民日报，2022-03-03(18).

[50] 本报评论部．中国民主是广泛真实管用的民主：坚定不移推进全过程人民民主(4)．人民日报，2021-12-22(5).

[51] 孔冰欣．喀什，离“海”最远又最近．新民周刊，2022(7).

[52] 高建进．从“水患之河”到“幸福之河”．光明日报，2022-08-13(9).

[53] 刘亢，刘诗平，涂洪长，等．“人水和谐”的生动实践：福建莆田木兰溪治理纪实．光明日报，2018-09-21(1).

[54] 秋石．践行“红墙意识”绝对忠诚于党．求是，2018(9).

[55] 本报评论员．对“四个意识”的到位诠释．光明日报，2018-04-16(1).

[56] 张骜．西城区：当好红墙卫士 守好百姓日子．北京日报，2022-06-21(6).

[57] 邓伯祥．13名博士贞丰驻村：“最强大脑”的振兴力量．黔西南日报，2023-05-29(1).

[58] 张国凤．“蔬菜博士站”成为乡村振兴“加油站”．农民日报，2023-04-04(7).

[59] 王婷．先行先试探索新模式 引领浦口数字乡村建设．江苏农村经济，2023(6).

[60] 叶子．人工智能、物联网、大数据等信息技术广泛应用：为乡村全面振兴插上“数字翅膀”．人民日报（海外版），2024-04-19(8).

后　记

本书是2021年度教育部高校思想政治理论课教师研究专项重大课题攻关项目“高校思政课习近平新时代中国特色社会主义思想教学案例库建设研究”（项目批准号：21JDSZKZ01）的阶段性研究成果。在课题推进过程中，得到了教育部社科司主管领导的悉心指导，得到了中国人民大学出版社郭晓明、牛晋芳编审的鼎力支持，以及编辑的精心编校，谨此表示衷心的感谢和深深的敬意。

本书是集体智慧的结晶，由课题首席专家杨慧民主持完成，依托教育部高校思想政治理论课名师工作室（大连理工大学）、大连理工大学思想政治理论课案例教学研究中心开展工作，并得到大连理工大学马克思主义学院党政领导的全力支持。除大连理工大学外，大连交通大学、大连工业大学、西安财经大学的部分教师也参与了编统工作。编写组分工如下：

葛丽君、贾迪：案例1、3、4、14、15、25；

王新影：案例2、18、19、20、24、26、27、28；

王娜：案例7、10、11、12、13；

刘鹏飞：案例6；

张超：案例21；

王晶梅：案例5；

刘秉贤：案例8、23；

张灿：案例29；

王冠文：案例9、22；

赵劲：案例16、17。

杨丽丽参加了部分案例编写工作。杨慧民负责统稿、定稿。团队成员3年多来的同心协力、精诚合作和战斗友谊成就了本书，在此一并表示感谢。

习近平新时代中国特色社会主义思想内容丰富，但并非所有内容都适合开展案例教学。有些重大理论问题或理论难题，教学案例难以承载和驾驭，只能靠理论自身的魅力来解答。由此，本书虽主要以全国统编教材《习近平新时代中国特色社会主义思想概论》的主要内容和逻辑结构为编写体例，但所选编案例并非对应或涵括每一个理论框架内的所有内容，章节之间案例分布也稍欠均衡，教师可根据教学需要和自身实际灵活选用。

在编写过程中，我们团队参考了许多相关文献资料，无法一一列出，望相关作者谅解，在此表示诚挚的谢意。由于编者能力水平有限，书中一定存在缺点和不足，敬请方家不吝赐教指正。

本书得到了大连理工大学马克思主义学院教材出版经费的资助，特此感谢。

主编

2024年10月

图书在版编目（CIP）数据

新时代高校思想政治理论课教学案例精选．第2辑／杨慧民，王新影主编．-- 北京：中国人民大学出版社，2025.8. -- ISBN 978-7-300-33954-2

Ⅰ．G641

中国国家版本馆CIP数据核字第2025MB9833号

新时代高校思想政治理论课教学案例精选（第2辑）

主　编　杨慧民　王新影

Xinshidai Gaoxiao Sixiang Zhengzhi Lilunke Jiaoxue Anli Jingxuan

出版发行	中国人民大学出版社		
社　　址	北京中关村大街31号	**邮政编码**	100080
电　　话	010－62511242（总编室）		010－62511770（质管部）
	010－82501766（邮购部）		010－62514148（门市部）
	010－62511173（发行公司）		010－62515275（盗版举报）
网　　址	http://www.crup.com.cn		
经　　销	新华书店		
印　　刷	中煤（北京）印务有限公司		
开　　本	787 mm×1092 mm　1/16	**版　　次**	2025年8月第1版
印　　张	12.5插页1	**印　　次**	2025年8月第1次印刷
字　　数	283 000	**定　　价**	79.00元